中国古代名人大传

诸葛亮传

启文 —— 主编

ZHUGE LIANG
ZHUAN

中国国际广播出版社

图书在版编目（CIP）数据

诸葛亮传 / 启文主编 . —— 北京：中国国际广播出
版社 , 2023.2
ISBN 978-7-5078-5296-7

Ⅰ . ①诸… Ⅱ . ①启… Ⅲ . ①诸葛亮（181-234）—
传记 Ⅳ . ① K827=362

中国版本图书馆 CIP 数据核字（2022）第 241240 号

诸葛亮传

主　编　启　文
责任编辑　张博文
校　对　张　娜
设　计　博文斯创

出版发行　中国国际广播出版社有限公司 ［010-89508207（传真）］
社　址　北京市丰台区榴乡路 88 号石榴中心 2 号楼 1701
　　　　邮编：100079
印　刷　金世嘉元（唐山）印务有限公司

开　本　720 毫米 ×1020 毫米　1/16
字　数　230 千字
印　张　16
版　次　2023 年 2 月　北京第一版
印　次　2023 年 2 月　第一次印刷
定　价　69.80 元

前言

由于小说《三国演义》的渲染，将诸葛亮塑造成"未卜先知"的"半仙"。让人觉得他事无巨细、大小通吃（因为别人的智慧差他太多），甚至因而误解诸葛亮独断独行，不懂得用人和培养人才，所以最后才会"鞠躬尽瘁，死而后已"。

其实，诸葛亮无法达成恢复汉室的夙愿，倒不是他治理蜀国效果不彰，除了蜀国本身的实力太弱外，应归于对手太强（曹操、曹丕、司马懿、孙权的确皆是一时之选）以及本身运气不佳所致。

为了让广大读者了解历史上真实的诸葛亮，我们推出了这本以《三国志·蜀书·诸葛亮传》为蓝本的《诸葛亮传》。

《三国志》作者陈寿，对诸葛亮评价道：

诸葛亮之为相国也，抚百姓，示仪轨，约官职，从权制，开诚心，布公道；尽忠益时者虽仇必赏，犯法怠慢者虽亲必罚，服罪输情者虽重必释，游辞巧饰者虽轻必戮；善无微而不赏，恶无纤而不贬；庶事精炼，物理其本，循名责实，虚伪不齿；终于邦域之内，咸畏而爱之，刑政虽峻而无怨者，以其用心平而劝戒明也。可谓识治之良才，管、萧之亚匹矣。然连年动众，未能成功，盖应变将略，非其所长欤！

刘备不但称赞诸葛亮对自己来说是"如鱼得水"，还将身后大事完全委托诸葛亮，毫无猜疑，相信他对诸葛亮的人格必有相当深入的观察吧！

或许是诸葛亮的努力，使他在广大的中国百姓中，成为三国时代最受尊敬和怀念的人物，祭祀他的庙宇最为普遍，有关他的故事也流传最广。唐太宗在评论陶侃时表示："机神明鉴似魏武（曹操），忠顺勤劳似孔明（诸葛亮）。"这四个字"忠顺勤劳"，可以说是最明确的诸葛亮"形象"。唐代的孙樵表示："武侯死殆五百载，迄今梁汉之民，歌道遗烈，庙而祭者如在。其爱于民如此而久也。（诸葛武侯去世已五百年，迄今梁、汉一带人民，仍然歌颂其事迹，立庙和祭祀者大有人在，对他的怀念是如此久远而深刻。）"

成都武侯祠，存有大量纪念诸葛亮的文物，其中以"蜀丞相诸葛武侯祠堂碑"最有价值。碑中称赞诸葛亮有"开国之才""治人之术"，并和历史名臣姜尚（太公望）、伊尹、管仲、萧何等人相比，更认同他的军事成就，"北伐中原，曹魏震恐"。特别是赞扬诸葛亮权倾一国，却能功高不震主的高贵品德及情操，充分显示后代政治人物，对诸葛亮的敬仰和怀念。

除了成都外，白帝城的武侯祠、南阳武侯祠及襄阳武侯祠也都享有盛名。

宋朝的民族英雄岳飞，在瞻仰武侯祠后，对诸葛亮的忠诚为国感慨万千。据传他在当晚亲笔书写《出师表》，留于祠中，表达自己的心志和对诸葛亮的怀念。

对历史人物，由于立场的不同，后代的评价常有高有低、有好有坏、有正有邪，但数千年来，人们对诸葛亮的评价却都是正面的，或许有程度的高低，但基本立场则是清一色的赞扬、钦敬及怀念。

本书以史实为本，深度还原诸葛亮生平大事。全书共二十一章，语言风格严谨又不失幽默，相信能够为读者朋友带来不错的阅读体验。

诸葛亮

- **本名：**诸葛亮
- **别名：**诸葛武侯
- **字：**孔明
- **号：**卧龙

- **所处时代：**汉末三国
- **民族：**汉族
- **出生地：**徐州琅琊阳都
- **出生日期：**181年
- **逝世日期：**234年10月8日

- **官职：**丞相、益州牧、司隶校尉
- **爵位：**武乡侯
- **谥号：**忠武
- **逝世地：**五丈原（今陕西省宝鸡市岐山县五丈原）
- **后世追谥：**武兴王（东晋）；武灵王（唐）等

- **主要作品：**《出师表》《后出师表》《诫子书》《兵法二十四篇》
- **主要成就：**隆中决策；协助刘备夺取荆益和建立蜀汉；安定南中，五次北伐。
- **相关发明：**孔明灯、木牛流马、八阵图、诸葛连弩、木兽、孔明锁、地雷、孔明棋、馒头、诸葛菜、诸葛鼓等

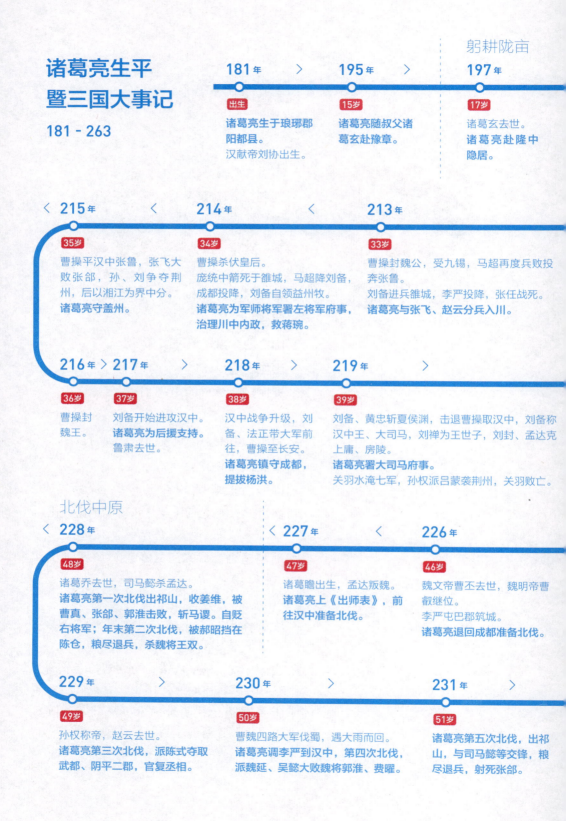

诸葛亮生平
暨三国大事记

181 - 263

躬耕陇亩

181年 > **195**年 > **197**年

`出生`
诸葛亮生于琅琊郡阳都县。
汉献帝刘协出生。

`15岁`
诸葛亮随叔父诸葛玄赴豫章。

`17岁`
诸葛玄去世。
诸葛亮赴隆中隐居。

< **215**年 < **214**年 < **213**年

`35岁`
曹操平汉中张鲁，张飞大败张郃，孙、刘争夺荆州，后以湘江为界中分。
诸葛亮守盖州。

`34岁`
曹操杀伏皇后。
庞统中箭死于雒城，马超降刘备，成都投降，刘备自领益州牧。
诸葛亮为军师将军署左将军府事，治理川中内政，救蒋琬。

`33岁`
曹操封魏公，受九锡，马超再度兵败投奔张鲁。
刘备进兵雒城，李严投降，张任战死。
诸葛亮与张飞、赵云分兵入川。

216年 > **217**年 > **218**年 > **219**年 >

`36岁`
曹操封魏王。

`37岁`
诸葛亮为后援支持。
鲁肃去世。

`38岁`
汉中战争升级，刘备、法正带大军前往，曹操至长安。
诸葛亮镇守成都，提拔杨洪。

`39岁`
刘备、黄忠斩夏侯渊，击退曹操取汉中，刘备称汉中王、大司马，刘禅为王世子，刘封、孟达克上庸、房陵。
诸葛亮署大司马府事。
关羽水淹七军，孙权派吕蒙袭荆州，关羽败亡。

北伐中原

< **228**年 < **227**年 < **226**年

`48岁`
诸葛乔去世，司马懿杀孟达。
诸葛亮第一次北伐出祁山，收姜维，被曹真、张郃、郭淮击败，斩马谡。自贬右将军；年末第二次北伐，被郝昭挡在陈仓，粮尽退兵，杀魏将王双。

`47岁`
诸葛瞻出生，孟达叛魏。
诸葛亮上《出师表》，前往汉中准备北伐。

`46岁`
魏文帝曹丕去世，魏明帝曹叡继位。
李严屯巴郡筑城。
诸葛亮退回成都准备北伐。

229年 > **230**年 > **231**年 >

`49岁`
孙权称帝，赵云去世。
诸葛亮第三次北伐，派陈式夺取武都、阴平二郡，官复丞相。

`50岁`
曹魏四路大军伐蜀，遇大雨而回。
诸葛亮调李严到汉中，第四次北伐，派魏延、吴懿大败魏将郭淮、费曜。

`51岁`
诸葛亮第五次北伐，出祁山，与司马懿等交锋，粮尽退兵，射死张郃。

隆中对策

201年 〉

21岁

刘备兵败汝南，投奔荆州刘表。

207年 〉

27岁

刘备三顾茅庐，诸葛亮献《隆中对》。 刘禅出生。

初出茅庐，定鼎荆州

208年 〉

28岁

司马懿出仕曹操，刘表去世，曹操大军南下，曹、刘、孙赤壁之战，刘备夺取南四郡。 **诸葛亮出使东吴促成联盟，赤壁战后任职军师中郎将，督长沙、桂阳、零陵三郡。**

212年 〈

32岁

刘备与刘璋翻脸，进兵涪城。

211年 〈

31岁

曹操击败马超。张松、法正勾结刘备，刘备、庞统、黄忠、魏延等入川。 **诸葛亮与关羽、张飞镇守荆州。**

210年 〈

30岁

周瑜去世，孙权借南郡给刘备，庞统出仕刘备。

209年 〈

29岁

周瑜取南郡。

220年 〉

40岁

曹操死，曹丕继位，篡汉立魏，汉献帝退位，东汉亡。 法正去世，黄忠去世，孟达叛投魏国。 **诸葛亮劝刘备杀刘封。**

221年 〉

41岁

刘备称帝，刘禅为皇太子，张飞被害，刘备东征孙权。 孙权降魏，封吴王，受九锡。 **诸葛亮为丞相、录尚书事、假节、兼司隶校尉，镇守国内。**

先主托孤

225年 〈

45岁

诸葛亮平定南中。

224年 〈

44岁

诸葛亮促使吴蜀联盟达成。

223年 〈

43岁

杨洪平定黄元之乱，汉昭烈帝刘备托孤，去世，后主刘禅继位，邓芝出使联吴。 **诸葛亮为武乡侯，领益州牧，总揽大权。**

222年 〈

42岁

刘备败于夷陵，马超去世，马良被害，黄元造反。 **诸葛亮前往白帝城。**

病重而逝

234年 〉

54岁

汉献帝刘协去世。 **诸葛亮第六次北伐，出斜谷，与司马懿相持于渭水南岸，病死。** 魏延杨仪内讧，魏延被杀。李严亦死。蒋琬为尚书令。

263年

刘禅立诸葛亮庙，诸葛瞻、诸葛尚战死，刘禅出降。蜀汉亡。

诸葛亮家族关系图

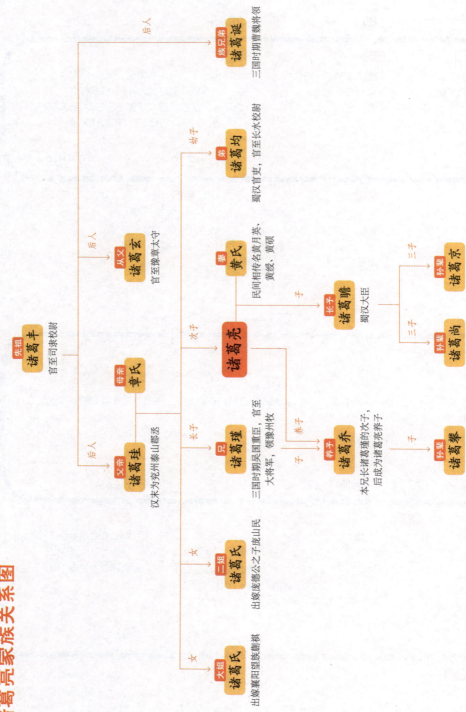

先祖
诸葛丰
官至司隶校尉

后人 — **从父** 诸葛玄 官至豫章太守 — **后人**

族兄弟 诸葛诞 三国时期曹魏将领

父亲 诸葛珪 汉末为兖州泰山郡丞

母亲 章氏

大姐 诸葛氏 出嫁襄阳望族蒯祺

二姐 诸葛氏 出嫁庞德公之子庞山民

长子 **兄** 诸葛瑾 三国时期吴国重臣，官至大将军，领豫州牧

次子 诸葛亮

幼子 **弟** 诸葛均 蜀汉官吏，官至长水校尉

妻 黄氏 民间相传名黄月英、黄婉、黄硕

养子 诸葛乔 本兄长诸葛瑾的次子，后成为诸葛亮养子

长子 诸葛瞻 蜀汉大臣

孙辈 诸葛攀 诸葛乔之子，因诸葛恪被杀，无嗣，便回作诸葛瑾之后

三子 **孙辈** 诸葛尚

三子 **孙辈** 诸葛京

目录
CONTENTS

目录

3

隆中苦读

汉献帝刘协和诸葛亮出生于同一年（公元 181 年），同为家中次子，同样经历幼时丧母、少时丧父，同样为了"光复汉室"而斗争了数十年。更为巧合的是，他们还死于同一年。不过后世对二人的评价却有着天壤之别：前者被冠以"窝囊""无能"之名，后者则被视为"智慧""忠诚"的杰出代表。

· 童年 ·

黄巾军起义的那个甲子年（184）二月，诸葛亮正好满四岁。

诸葛亮的父亲诸葛珪，当时出任泰山郡郡丞，泰山郡中的泰山是华夏自古以来有名的灵山，诸葛亮便在这附近度过了他最早期的童年时光。

诸葛亮本籍在琅琊郡，当时称为阳都县，约在今山东省临沂和沂南县之间，同属于山东省的西北区。司马迁在《货殖列传》中记载：

泰山之南有鲁国，北方则有齐国、濒山临海间有块相当肥沃的平原，或产桑树和麻类植物，麻、绢等织制品便成了这里的名产。主要的大城市临淄位于渤海及泰山间，这里的人思虑较深，且好议论，行事从不轻举妄动，这些人的个人能力都很强，但集体作战的能力则偏弱，这里是典型的工商社会，国家经济繁荣而活跃。

思虑周密、绝不轻举妄动的性格，的确可以相当明显地在诸葛亮身上发现。

从姜太公在齐地建国以来，这里一向是南北贸易中心，经济力量旺盛，因此文明程度也比其他地方高，东汉到六朝时代，有不少名人皆出于此。

另一个特色是齐国的兵学思想。齐军一向以怯战出名，因此更用心于研究战争的技巧和方法。姜太公的兵法学是战争的原则，也是争战策略。兵学宗师孙武也是齐国人，相信《孙子兵法》中的准备和应变功夫也与齐国传统的处世哲学有关。《鬼谷子兵法》也以齐国为发源地，孙膑、庞涓，甚至苏秦、张仪都是在这里学成的。除了在襄阳地区居住时，和当地的名士学者切磋研习外，诸葛亮的思想、言行及人生观，显然也是和齐国传统的文化有关。

韦昭写的《吴书》中记载：诸葛亮的先祖原姓葛氏，居住在琅琊郡诸县，当时他们整族人不知在什么原因下，迁往阳都县。由于阳都县里也住有很多葛氏人家，为了有所区别，于是自诸县迁徙而来的葛氏便自称为诸葛氏。

诸葛亮的祖父诸葛丰曾任东汉王朝的司隶校尉（京城警备总监），他是位负责尽职的官员，个性刚强正直，执法起来毫不在意任何权势。

官位高居侍中的外戚许章，平常假借皇威为非作歹。诸葛丰下令将其逮捕，许章逃往禁宫，要求皇帝保护。诸葛丰也曾正式上文弹劾许章，并要求严厉处分，以免伤害皇权。虽然皇帝有意调节两人的争执，但诸葛丰义正词严，皇帝不得已，只得处分许章。然而不久，诸葛丰便被免除司隶校尉之职务，并且废为庶人，不过诸葛丰这种高风亮节、执法严正的个性，显然也遗传到了诸葛亮的身上。

诸葛亮之父诸葛珪，其妻章氏，两人共育有五位子女，诸葛亮排行老三，长兄诸葛瑾，弟弟诸葛均，另有两位姐姐。诸葛亮九岁时母亲章氏去世，为了照顾年幼的子女，父亲另娶了后母，但三年后父亲也去世了。丧失双亲的诸葛兄弟，由于后母无力抚养他们，全靠叔父诸葛玄接济。长兄诸葛瑾大诸葛亮七岁，母亲去世后，曾在洛阳太学府游学，专攻《毛诗》《尚书》《左传》《春秋》，成绩优异。母亲去世时，他为了服丧及照顾弟妹，毅然放弃学业，返回家乡。

琅琊郡属徐州，黄巾军起义初期，这里也备受干扰，但当朝廷派来武夫出身的陶谦为徐州刺史后。形势总算平息了下来。其后的董卓之乱，关东诸侯勤王起兵的战争，徐州在陶谦力保中立的政策下，总算未受波及。所以当洛阳一带陷入战乱时，不少人"流移东出，多依徐土"。但就在汉献帝初平四年（193）起，雄踞兖州的曹操，其父曹嵩在徐州意外被害，曹操乃兴兵攻打徐州，陶谦虽奋勇抵抗，但整个徐州立刻陷入兵荒马乱中，位于徐州北部的琅琊郡也遭到波及。有些地方甚至"鸡犬亦尽，墟邑无复行人"。负责一家安危的诸葛玄，不得不设法离开家乡，暂避战乱。

隔年，诸葛亮十四岁的时候，诸葛玄被袁术任命为豫章郡（今江西南昌附近）太守。诸葛玄带着年幼的诸葛亮姐弟们前往赴任。并借以暂避祸乱。但年纪已二十一岁的诸葛瑾。必须担负重建家庭的责任，因此他决定另找生路，以免寄人篱下，几经思索后，和继母远赴江东。一家人从此离散，各奔东西。

从徐州北部经由豫州，南下到豫章的路途上，这几年的兵荒马乱最为严重，曹操及陶谦间数度恶战，不少农民叛变都发生在这些地方。青少年时期的诸葛亮目睹战争对社会所带来的恶果：土地荒废，人民妻离子散，善良百姓被迫拿起刀剑铤而走险。这种悲惨情景，对诸葛亮的人生观想必有着深远的影响。

更不幸的是，诸葛玄到任后不久，东汉朝廷又派朱皓为豫章太守，使豫章太守的位置闹了"双胞"。不过朱皓上任的时候，由扬州刺史刘镖处借得大批军队，直接向"非正牌"的诸葛玄施压。诸葛玄方面，袁术虽然声势浩大，但正准备和曹操交战，自顾不暇。根本无法给诸葛玄任何实质的帮助。何况自己非朝廷命官，名不正言不顺，势单力薄，自然无力抵挡，为了顾全面子及家人安全，只得匆匆撤离。

家乡是不可能回去了，诸葛玄只好将诸葛亮一家带到荆州的襄阳城，去依靠老朋友荆州刺史刘表了。荆州刺史刘表早年也名列"八俊"之一，声望崇高，是清流派在官场中的主要领袖之一。他不赞成卷入不必要的争执中，所以一向闭关自守，既未参加董卓和反董卓联盟间的战争，对袁绍、袁术兄弟间的明争暗斗，也保持中立，所以荆州内部还算安稳，不太受汉末战乱的影响，而且文风鼎盛，是个相当不错的"避风港"。

不过，由山东到江西，再由江西到湖北，辗转千里之远，光是逆着长江到荆州，就要有十几天的舟楫颠簸之苦，对年轻的诸葛亮而言，倒也增长了不少见识，流离之间，也更让他体会到了家园及和平的重要性。

虽然刘表很高兴，也颇热诚地接待了诸葛玄，但丢掉了官职的诸葛玄，只得委屈在刘表府里当幕僚，过着寄人篱下的生活。对于一个高傲又有原则的文人，这种打击几乎比生活上的困苦还要大，因此一年后，诸葛玄便忧郁成疾、一病不起了。幸好刘表仍顾念旧情，承担起诸葛亮一家的物质生活，诸葛玄在这一年内结交的一些文人名士，给了这个丧失大家长的家庭不少精神上的鼓励和支持。

由于刘表的关系，诸葛亮的姐姐嫁给了荆襄名门庞德公之子庞山民，总算了却一桩心愿。十六岁的诸葛亮决定带领弟弟独立生活，不再接受荆州襄阳府的"人道援助"。他将叔父仅有的些微财产变卖，直接去晋见刘表，表明自力更生的意愿。刘表非常高兴，便帮助他们以极少的代价，在襄阳城西二十多里一个叫作隆中的地方，将这两个年轻的兄弟安顿下来，二人自行耕种。这年正是汉献帝建安二年（197），"流浪两兄弟"找到了他们的第二故乡，开始了半耕半读的隐居生涯。

·隐居·

从官渡大战双方的布局时期开始，到袁氏势力被铲除的这段时间，十七岁的诸葛亮正在荆襄城外二十里的隆中，过着晴耕雨读的生活。

隆中在沔水（汉水）南岸，由一个不太大的谷口进入，大约经过三四里的山路，便是隆中村——一个山明水秀的山中小村。据《三国志》记载，诸葛亮在此结草庐而居，并且亲自下田耕种（躬耕），一个没有家产又缺乏社会关系的年轻人，一切都要靠自己，绝不能像一般白面书生，过着养尊处优的生活。或许因有这样的经历，诸葛亮善于动手制造工具，从小便养成了自力更生、富有创造力和想象力的个性。

正史的《三国志》，对年轻时候的诸葛亮，做了如下的描述：

亮躬耕陇亩，好为《梁父吟》，身长八尺，每自比于管仲、乐毅，时人莫之许也，惟博陵崔州平，颍川徐庶元直，与亮友善，谓为信然。

古尺八尺，相当于现在的 178 到 180 厘米左右，换句话说，诸葛亮绝非坊间传言中"手无缚鸡之力"的文弱文人，相反地，早年的劳动生活，使诸葛亮长成了雄壮威武的山东大汉。常自比管仲、乐毅这两位春秋战国名将，更可看出诸葛亮早年的志愿，是想做个立功于疆场上、富于谋略的武将。或许由于幼年历经战乱，使他对战争颇为关心，也因为这样，他年轻时便熟读兵书，对军事学有相当深入的研究。只是由于环境的限制，使他从小没有"习武"的机会，从现有史料看来，诸葛亮似乎是位只能动脑，却无法亲自手执武器作战的大将。在所有保存的记录中，也从未看到诸葛亮手执刀剑的画像。

少年的苦难生活，使诸葛亮形成早熟的个性，他严肃、谨慎而尊重礼节，思虑周密，对自己颇具自信。因而结交的人大都比自己年岁大很多。有资历的徐元直，就比诸葛亮大上十五六岁，几乎已是上一辈的了，崔州平、石广元、孟公威等据说比徐元直还年长。即使和当地名族庞德公家族的来往，诸葛亮也似乎比较常接触年龄至少大三十岁的庞德公，而对和他年龄相近，只大他三岁的庞统，交往上就少得多了。因此，同辈对诸葛亮了解不多，更少有来往，对诸葛亮自比管仲、乐毅的说法，同辈们更是不服气的"莫之许也"。

不过，诸葛亮对这些比自己年长颇多的友人，却一点"自卑"感也没有，反而很自然又大方地和他们相处，经常共同讨论时事及未来的志向。裴松之注《三国志·诸葛亮传》中有这么一段记载：徐元直、崔州平，孟公威常和诸葛亮讨论学问，徐元直等三人做学问倾向"精熟"，即重在某些经典的专精研究，让自己有相当彻底的了解，再将其心得用于日常为人处世上。但年轻的诸葛亮却不同，他独观"大略"，也就是说他涉猎较广，并着重在实务应用上，务求多方面的融会贯通，属于"通才"式的学习。当然，这多少和诸葛亮过人的学习能力有关，他精通儒、法、道、杂等诸子经典，对天象、地理、土木工程、易经、兵法也有相当深入的研究，可以称得上是位相当"杂"的"杂家"。

不过，诸葛亮倒是相当具有"企图心"的，他绝非如《前出师表》上所言"苟全性命于乱世，不求闻达于诸侯"的"名士派"，相反地，他对自己未来的仕途，期许颇高。

裴松之在注解中记载道：有一天，诸葛亮对徐元直等表示，"你们将来仕官，凭才干一定可以当上刺史或郡守的"。徐元直等反问道："那你呢？"诸葛亮则"笑而不言"。徐元直日后官至曹魏王朝的中郎将及御史中丞，孟公威则任梁州刺史，石广元也历任郡守，并累官至典农校尉。诸葛亮常自比管仲、乐毅，从其中也可看出诸葛亮的确胸怀大志，欲求做"一人之下，万人之上"的人臣极尊。裴松之称赞他是少有的"逸群之才，英霸之器"，年纪轻轻已表现出他与众不同的一面。

·名士结交·

荆襄地区一向也是清流派的根据地，一共有六大豪族，分别为庞、黄、蒯，蔡、马、习。荆州刺史刘表在清流派中身份极高，名列"八俊"之一。因此当荆州陷入动乱，刘表以中央官员单身赴任时，便得到蒯、蔡两大家的支持，尤其是蒯越兄弟的谋略，使荆襄地区很快安定下来。蒯越及蔡家的蔡瑁，都成了刘表"政权"的重要支柱，刘表还续弦娶蔡瑁之妹，双方有着密切的亲戚关系。

但蒯、蔡两家对刘表的过度支持，加上刘表一向注重虚名，如同徐庶（元直）对他的批评——"善善而不能用，恶恶而不能去"（尊重善人却不能重用之，厌恶恶人却又不能去除之）。因此，其他以"名士"自居的四家，一向对刘表敬而远之，常明显地不予以合作，刘表对他们也无可奈何。

六大名族中，以庞家力量最大，庞家的领袖便是替诸葛亮取"卧龙"雅号的庞

人物档案

庞德公是荆州襄阳人，东汉末年名士、隐士。庞德公与当时徐庶、司马徽、诸葛亮、庞统等人交往密切。庞德公曾称诸葛亮为"卧龙"，庞统为"凤雏"，司马徽为"水镜"，被誉为知人。对诸葛亮、庞统等人早年影响较大，并得到诸葛亮的敬重。庞德公最后隐居于鹿门山，采药而终。

诸葛亮传

第一章 隆中苦读

007

德公。庞德公慷慨重义气，交游甚广，学问又好。刘表几次请他出仕，都遭到婉拒。《后汉书·逸民传·庞公传》中便有这么一段记载：

有一天，刘表亲自去拜访庞德公，说道："先生不肯出来为官，日后将遗留些什么给子孙呢？"庞德公表示："我和别人不同，别人留给子孙危险（伴君如伴虎），我却留给他们安全（独善其身）。"

刚在隆中定居下来的诸葛亮。对庞德公非常敬重。据说诸葛亮十七八岁时便主动拜入庞德公门下为"小徒弟"，经常"独拜床下""跪履益恭"，颇为虔诚。庞德公原本只认为他是位早熟又懂礼貌的年轻人而已，只允许他借看府内藏书，并未给任何指导。但不久，善于观人的庞德公便看出年轻的诸葛亮有他不凡的一面，进而加以特别照顾。他对诸葛亮的才气寄予很大的希望，并以诸葛亮住在隆中，便称之"卧龙"，一位尚未为人所认识的俊杰，如同一条蛰伏在大泽内的卧龙，只要气势造成，必可直上云霄，施展非凡的本事。这个雅号，经由庞德公所赐，年轻的诸葛亮一夕之间，成为荆襄地区的名人。

在庞德公的安排下，诸葛亮的姐姐嫁给了庞德公的儿子庞山民。荆襄首席豪主，却和外地的孤儿家联婚，势必震撼了荆襄地区的士人，这也是庞德公器重诸葛亮的一种表现。

庞德公的侄儿庞统（字士元），长诸葛亮三岁，外表长得质朴，但才华奇高，除了荆襄士人因他为庞家人，而给予尊重外，很少有人真正了解庞统的能力。只有司马徽，由于经常有机会和他交谈，深知庞统非凡的才华，称赞他为荆襄之冠，号为"凤雏"。

诸葛亮和庞统虽也常相处，但诸葛亮的谨慎有礼，和庞统的潇洒粗鲁，在个性上正好相反，加上诸葛亮喜欢和"老人家"交往。同辈又大而化之的庞统，只得站在一边"纯观赏"了。

庞统的弟弟庞林，则娶襄阳城南习家的主要一分子习祯的妹妹，习家被称为"宗族富盛，世为乡豪"。当地人对习祯颇为尊崇，裴松之注《三国志·杨戏传》中，记载习祯"有风流，善谈论，名亚庞统，而在马良之右"。可见习祯在荆襄地区是相当受重视的。诸葛亮通过庞家的关系，和习祯也有相当密切的来往。

马家住在襄阳不远的宜城。马良是年轻一代的领袖人物。后来颇受诸葛亮器重的马谡，便是马良的亲兄弟，不过，马谡是幺弟。所以和马良在年龄上相差颇大。马良在写给诸葛亮信中，称之为"尊兄"，显示两人间的密切关系。日后马家更是在刘备建立荆州政权时，最为重要的地方支持力量。庞统、庞林、马谡、习祯也分别成为蜀汉政权的重要干部，对蜀汉的政治发展，发挥了相当大的作用。

另外一个势力上仅次于庞家的，是位于沔南的黄家。黄家的领袖，是荆襄地区的宿老黄承彦，他也是蔡瑁的姐夫，因此与同属蔡瑁姐夫的刘表有亲戚关系。他和庞德公一样，婉拒刘表任何仕官的邀请，而一直保留在野豪族的地位。

不过，黄承彦却非常喜欢年轻的诸葛亮。有一天，他直接到诸葛亮的草庐中。向他提议道："我有一个女儿，她长得不漂亮，而且有点怪异，黄头发，黑皮肤，外貌虽不好，才华却相当高，而且品德也不错，我想将她许配于你，不知你愿不愿意接受她。"

想不到，诸葛亮欣然地接受了，连提议的黄承彦都感到意外。

由于诸葛亮长得高壮俊挺，才华又高，虽然个性高傲，交友不多，却得到不少前辈、宿老的器重，知名度也不差，不少荆襄名媛的父母，都认为他是位理想的女婿。只是诸葛亮对于成婚一点也不急，使大家都认为他一定眼光很高，更不敢随便与他做媒。但谁也想不到"身长八尺，容貌甚伟"的诸葛亮，居然会看上黄承彦家的丑女孩。

当时的人们对诸葛亮和黄承彦之女结婚这件事，也是无法理解的，裴松之注解《三国志·诸葛亮传》中，曾记载当时有一则俚谚："莫作孔明择妇，止得阿承（指黄承彦）丑女。"

意思是以诸葛亮这样好的条件，却只挑了一个丑媳妇，实在很不值得学习。

也有不少好事者，甚至认为诸葛亮是为讨好黄承彦，为了结交名士，对自己事业有帮助，才出此下策的。其实这批评很不公平。

因为诸葛亮早已获得庞德公和司马徽的器重，在名士派中建立了良好关系，根本不必刻意去讨好黄承彦。并且从诸葛亮日后对刘备政权"鞠躬尽瘁"的作风看来，诸葛亮绝不是位现实派的功利主义者。

其实，结婚后的诸葛亮对他的妻子始终相敬如宾，即使日后贵为宰相，他也未再纳妾。

而黄氏对诸葛亮更是体贴入微，家务事处理得有条有理，让诸葛亮可以完全无后顾之忧，专注在学问和事业上的扩展，的确是位让先生"放得下心"的贤妻良母。

《诸葛亮集·故事》卷四《利作篇》引范成大的《桂海虞衡志》中，有这么一段轶事：由于诸葛亮在荆襄地区的知名度大为提升，家中常有大量客人，为了款待这些来宾，黄氏创造了一部木制磨面机器，省时又省力，效率极高，连诸葛亮都大感惊异。特别拜其妻为师，学习木制机器的制造原理。

据说诸葛亮日后发明的木牛、流马。便是得自黄氏的真传。黄氏过人的才气，或许才是诸葛亮看上她的最主要原因。

襄阳是荆州的政治经济中心，水陆交通都很发达，而且名流云集，各种资讯取得非常方便。

诸葛亮在隆中期间，虽和弟弟诸葛均亲自下田耕种，但农闲期间，他经常四处拜访此间的宿老名流。

汲取学识外，也对天下大势发展的情报有完整的搜集和分析，尤其对《孙子兵法》上的先知功夫，他也必有深刻的感受，日后《隆中策》上详细又富前瞻性的分析，想必是这段时间努力的成果。

这位年轻的策略家，经过十年的磨炼，对时事的观察力、分析力及透视力上，的确已有相当了不起的心得了。

不过，在隆中期间的交往，使诸葛亮拥有相当深刻的"清流派"意识形态。

《后出师表》中"汉贼不两立"的词句，虽有可能是其侄诸葛恪（诸葛瑾之子）的伪作，但想必也是诸葛亮日常的言行，对其侄所产生的影响。

纵观诸葛亮一生的大政方针，离不开联吴制曹的战略，尽管诸葛亮是个相当重视客观形势的务实派政治家，但他终生对曹魏政权的确有着强烈的敌意。

最后更不惜鞠躬尽瘁地演成了"出师未捷身先死"的悲剧下场，那种力挽狂澜，想复兴汉室政权的不合时宜的"夙愿"，明显地受到清流派"政治理念"的影响。

献帝建安十二年（207），二十七岁的诸葛亮，碰到了值得他奉献终生的刘备——一个和当今皇上血统关系已相当疏远的落魄皇族，进而展开了他波涛汹涌的事业生涯。

卧龙出山

诸葛亮二十七岁那年，充满企图心，又被荆襄宿老们看好，在仔细地观察和思考下，他选择了当时既无权也无钱、正落魄寄居在刘表政权下、出任佣兵兵马总指挥的刘备，作为他奉献心智的终生领袖。诸葛亮的《隆中对》让刘备对自己周围的环境有了较完整的了解，首次用全局的视角思考，这扩大了他的视野，也增强了他争霸天下的信心。

·浅水绞龙·

刘备字玄德，幽州涿郡涿县（今河北省涿州市）人。据说他是汉皇室的远房宗亲（350年前西汉景帝之子中山靖王刘胜的后代）。日后他也不断利用这块招牌，建立自己在群雄争霸中的独特形象。

刘备的祖父刘雄曾举孝廉，官至东郡范令。父亲刘弘由于早死，只做到郡县小吏，此后家道中衰，变得十分贫穷。少年的刘备只好和寡母共织草席贩卖为生，几乎沦为贫民阶级了。

不过这位落魄少年贵族，性情上倒颇为豁达。据说在刘备住家东南角有棵桑树，高五丈余，其树冠的样子像个小车盖。有些善于看风水的，都认为这棵树长相非凡，附近必有贵人。也许这些传言被刘备听到了，少怀大志的他便时常和童年玩伴在树下扮家家时表示："我有一天定会乘上像这样的羽葆盖车（皇帝御用车）。"其叔父听了大惊，立刻斥责道："不可讲这种妄语，会灭族的啊！"但叔父暗中却对刘备的表现颇为讶异，经常给予接济。

由于他们是贵族后代，因此仍有机会结交贵族级的朋友公孙瓒和刘德然等，并共同拜同郡名儒九江太守卢植为师。卢植文武全才。刘备等几乎尽得其所学。不过刘备的学费，几乎全由刘德然的父亲资助。刘德然的母亲颇不赞同，但其父亲却表示："吾宗中能有此儿，非常人也。"

不过，在平常人的眼中，刘备的表现一点也不突出。和少年曹操的好学不倦、见识广博正好相反，年轻时代的刘备"不甚乐读书，喜狗马、音乐、美衣服"，一点也不以家贫为意，仍是一副浪荡子模样。

和袁绍、刘表、吕布等汉末豪杰比较，刘备的外表也不起眼。《三国志》记载他身长汉尺七尺五寸（大约165厘米），只比曹操稍高些而已。不过，他的长相却颇为怪异，耳朵特别大，双手特别长。据说他垂手站立时，手掌会超过膝盖，眼睛则可以斜看到自己的耳垂。这样的"异相"，对他长大以后的公众生活势必有很大的影响，或许使他变得比别人更有韧性些，也比较能接受打击。《三国演义》中，当时的人常称呼刘备为"大耳儿"。

打从年轻时代开始，刘备个性上最大的特色，便是很能够压抑自己的情绪。他为人慷慨又没什么脾气，因此容易得到他人的信任和好感，也善于结交各阶层的朋友。特别是和河东解县人（今山西省临猗县西南）关羽，以及同郡人张飞间的异姓金兰，更是名传千古，脍炙人口。《三国志》便描述说：

少语言，善下人，喜怒不形于色，好交结豪侠，年少争附之。

汉末党锢之祸及黄巾起义，各地方治安急速恶化，刘备便结合乡邑中的青年，干起古代的保安工作来。中山郡大商人张世平和苏双深奇之，给予刘备大量的资助，使刘备俨然拥有一支私人保镖部队。

黄巾起义扩大以后，汉皇室向各州郡招募军队，刘备也在涿郡响应，他将这支私人部队扩大组编，加入了校尉邹靖的自卫民军部队。刘备的终身战友——关羽和张飞，便是在此时加入刘备阵营。罗贯中《三国演义》的第一章回"桃园三结义"也是在这里展开的，当时刘备正好二十四岁。

曹操领军消灭袁氏余党后北征大军。由易水回到邺城，在兼并袁绍冀、幽、青、并四州后，加上自己原有的兖、豫、徐三州，曹操在全国十四个行政单位中，占领七州，俨然成了军事强人。在荀攸的策划下，于邺城边建筑一个人工湖，名叫玄武湖，并在其中进行水战的演练，显示曹操已有意南下征服荆州的刘表和江南的孙权了。

孙权的父亲孙坚，是汉末群雄中非常出色的战争英雄，一度被袁术推荐为豫州刺史，却在和刘表的争战中，遇伏战死，部属大多为袁术所兼并。其长子孙策也承袭父亲的战争天才，长大后率领原部众，脱离袁术，渡过长江，南下开拓新天地，他先后平灭了割据江东的刘繇、许贡、王朗等，控制了丹阳郡、吴郡、会稽、庐江、豫章等郡，统有扬州的绝大部分地盘。正待稳定内部，准备向外发展之际，却死于刺客的暗算中。其弟孙权，年仅十八岁，临危受命，承担统帅工作。

孙权在军事才华上虽不如其父兄，但行政干练上却有过之而无不及。他在张昭、张纮的协助下，很快地稳定了内部。"招延俊秀，聘求名士"，经过短短的五六年，便出现"猛士如林"的新情势了。不久，江东首席大军将领周瑜推荐当时有名的政治分析家鲁肃。鲁肃向孙权提出巩固江东、夺取荆州、图取天下的三段式称霸计划，颇得孙权赏识，聘他为随身的大臣。诸葛亮之兄诸葛瑾也在这期间，经由鲁肃推介给孙权。

江东西方是荆州的南半部，再往西走，则是有着天府之国美称的益州。益州地区广大，土地肥沃，物产丰富。但在刘焉、刘璋父子的接续统治下，政治、社会、经济都呈现一片混乱。刘焉是汉室宗亲，原为江夏郡竟陵县人，在灵帝晚年的乱局中，受任为益州牧，拥有政治和军事大权。但刘焉并未认真安抚益州百姓。反而勾结当地豪族，建立特权，剥削百姓。为了防患叛乱，他特别编组外乡进入益州的流民为东州军，进行恐怖镇压。等到他儿子刘璋继位后，情况更为恶化。

益州北方为汉中盆地，由道教大军领袖张鲁实施军事统治。不过，张鲁为人讲道义，富有责任心，使汉中地区军民的团结力强，政权相当稳固。

汉中东北属司隶地区，汉献帝逃出洛阳后，司隶地区便陷入割据局面。汉中西北属凉州及雍州，由马腾和汉化胡人韩遂共同进行军事占领。但这些地区大多属异族部落，因此一向不受汉末群雄们重视。

这时候的刘备倒成了唯一没有地盘的"英雄"，虽然得到刘表的礼遇，但也受到荆州权臣及将领们的猜忌，成了荆州政权下，只有责任没有权力的人而已。

刘备的确一直在反省自己坎坷的官宦生涯。个人方面，刘备拥有一定的知名度，形象和声望俱佳；武装大军方面，拥有天下知名的勇将关羽、张飞和赵云；文职幕僚人员方面，也有孙乾、简雍、糜竺等忠诚策士；一度还曾拥有徐州和部分的豫州统治权，但最后仍无法守成，反而流离失所，寄人篱下。

刘备认识了"水镜先生"司马徽，他以几乎"死赖"的态度，缠着司马徽，请他对自己的事业生涯做彻底的诊断。司马徽为其诚意所感动，直接对他说明，孙乾待人固然努力尽责，但到底只是儒生俗士，如何能识时务？识时务者必须是真正了解天下大势，而且有真才实学的俊杰，也就是说刘备最缺乏的是能做全盘发展的人才。司马徽便进而向刘备推荐荆州地区两位最有名的年轻策士——卧龙先生诸葛亮及凤雏先生庞统。

·三顾茅庐·

　　但让刘备下定决心，寻求"治国"良才的却是诸葛亮的好友徐庶（徐元直）。

　　徐庶原名徐福，少年时好击剑，一心想做个侠客。成年后，仗义为乡人报仇，杀了里中恶霸，逃亡在外，乃改名徐庶。从此弃武从文，"听习经业，义理精熟"。中年以后，避居荆襄地区，和诸葛亮结为忘年之交。

　　徐庶不喜欢刘表，常批评他优柔寡断，好慕虚名，善善而不能用，恶恶而不能去，因此宁可忍受贫穷，也不愿在刘表官府里任职。刘备到新野后，徐庶很想看看这位敢参与谋刺曹操的英雄，便主动前往晋见。刘备和他谈论后甚喜，便留他为幕宾，从事规划和顾问工作。

　　在了解刘备阵营的情况后，徐庶便向刘备表示："我有一位朋友，叫作诸葛亮，人称卧龙，才能之高远在我之上，将军是否愿意见见他？"

　　这是刘备第二次听到诸葛亮的大名，自然非常高兴，便道："那就麻烦先生帮我请来吧！"

　　徐庶却道："这个人生性淡泊，除非将军亲自去邀请他，否则他是不会主动来求仕的，将军可愿意枉屈身份，前往拜访？"

　　求才若渴的刘备，在详细询问徐庶后，深知诸葛亮就是他所需要的人才，因此特别降尊纡贵，亲率两员大将关羽和张飞，冒着寒冬风雪，前往隆中诸葛亮的草庐拜访。

为了试探刘备的诚意，诸葛亮借故一再回避，连续两次不在家中。据传刘备第二次拜访时，曾碰到诸葛亮的岳父黄承彦，想必黄老先生也想亲自来鉴定这位爱婿的未来主公，再作诸葛亮是否应允之意见参考。不过，刘备确实有耐心，他三度冒风雪，微服上隆中。诸葛亮感动之余，乃亲自在家中等待。这便是稗官野史中非常有名的千古佳话"三顾茅庐请孔明"。日后，诸葛亮在《出师表》中便有"先帝不以臣卑鄙，猥自枉屈，三顾臣于草庐之中"的语句，相信这"三请孔明"的故事，应属史实。

面对比他年轻二十岁的后生小辈，刘备仍非常坦然而诚挚地提出了自己所面临的难题：

汉皇室倾危不振，奸臣窃据皇权，皇上蒙受风尘遭难出奔，情势非常危急。因此我不自量力，也不避讳自己不足的声望，拼着命努力，为的是想彰显天下大义。只是不幸自己智术短浅，到今天仍一事无成。虽然挫折连连，我还是想尽最大的努力来完成初愿，希望先生能够给我一点建议……

依照《三国志》的记载，诸葛亮胸有成竹地回答刘备的口试：

自董卓之乱以来，天下豪杰并起，割据州郡自立者不计其数。曹操和袁绍相比，声望不如，兵力更是少得可怜，但最后曹操仍能击溃袁绍，以弱胜强者，不只要抓对时机，更重要的是需要长期的规划。

如今曹操已拥有百万雄师，而且又挟持天子以令诸侯。因此，绝不可以硬碰硬。东南方的孙权，据有江东已历三代，政权相当稳固，

人物档案

徐庶（？—约230年），字元直，豫州颍川（治今河南省禹州市）人。东汉末年刘备帐下谋士，后归曹操。徐庶本名徐福，出身寒门。早年为人报仇，获救后改名徐庶。后与同郡石广元避难于荆州，与司马徽、诸葛亮、崔州平等人来往密切。刘备屯驻新野时，徐庶前往投奔，并向刘备推荐诸葛亮。徐庶南下时因母亲被曹操所掳获，而辞别刘备，进入曹营。后来此事被艺术加工为"徐庶进曹营——一言不发"等歇后语，被广为流传。而徐庶也成为孝子的典范被加以称赞。魏文帝时，徐庶官至右中郎将、御史中丞。

诸葛亮传

第二章 卧龙出山

地势上更有长江天险可守，人民生活富足，军队粮秣充裕，属下贤明能干的人才颇多。像这样的势力，只可以结交为盟友，不要去惹起宿怨。

荆州北据汉江和沔水的地险，南方又拥有南海的财利，东连吴国，西通巴蜀，是兵家必争之地。从目前的情势看来，荆州现有的主人可能无力保卫这块地盘，这不正是上天有意安排给将军您的吗？但主要还是看将军您自己的意愿了。

西方益州，地势险要，沃野千里，是天府之国。当年汉高祖便是在这里建立基业，进而统一天下。现任的益州牧刘璋为人糊涂懦弱，经常受到北方张鲁的威胁。虽然人民勤劳殷实，物产富足，但领导者却不知爱惜这些有利条件。因此国内充满不安气氛，智能之士极希望能有明主前来统治。

将军既是汉室宗亲、帝王后裔，信义著于四海，深得各方英雄归心；如今又有虚心接受他人的雅量，求才若渴，充分表示您有着旺盛的企图心。因此，依我的建议，您应先取得荆、益两州，守住其天险，西和戎人，南抚夷越。外交上要和孙权建立同盟关系，内政上更要励精图治，培养国力，要忍耐以等待最佳时机的到来。

一旦天下大势有变，便可以派遣一名上将率领荆州兵马北上，直接攻打洛阳，将军再亲领益州大军，由秦川进攻，还怕百姓不箪食壶浆迎接将军吗？如果真能依照此计划而行，那么将军之霸业可成；汉室也一定可以中兴的。

诸葛亮的"隆中策"让刘备对自己周围的环境有了较完整的了解，首次用全局的视角思考，这扩大了他的视野，也增强了他争霸天下的信心。因此，他非常诚恳地邀请诸葛亮为其军师，负责规划的工作。经过"三顾茅庐"的波折，诸葛亮对刘备也有了相当的信心，因此非常爽快地答应下来，结束了隆中的隐居生活，选择刘备成为他至死不二的主公。

最让外人感到惊讶的，是诸葛亮这位很想有一番作为、常自比管仲和乐毅的年轻策士，却选择了一位自己的温饱都还有问题的落魄领袖。其实，主要原因是刘备这个人，拥有令人难以拒绝的魅力。

《三国志·先主传》中，陈寿作了如下评语："先主（刘备）之弘毅宽厚，知人待士，盖有高祖（刘邦）之风，英雄之器焉。"刘备在当代素有英雄之名，最主要的原因便在于他待人诚恳、宽厚，他能完全信任别人，所以也很容易受到别人的信任。强烈的亲和力、不摆架子、知人善任，便是刘备最大的个人魅力了。

例如公孙瓒手下的猛将赵云，为人忠诚正直，好谏言，因此不得公孙瓒欢心，但他和刘备一见如故，诚心相交，这使得赵云成了刘备阵营当中仅次于关羽和张飞的得力助手。像徐庶这种敢公开批评刘表的策士，和刘备却能一见如故，还帮他拉来了"择主严谨"的至交好友诸葛亮，刘备对徐庶也是坦诚相待，言听计从。对关羽和张飞这两位兄弟，刘备更是经常"同席而坐""同床而眠""同篮而食"，可以说是长期同甘苦、共患难。

刘备在当平原相时，曾有人派刺客欲暗杀刘备，但由于他在接待刺客时，一副"待人甚厚"的模样，使该刺客不忍心，反而公开告知自己来意，立刻离去。在徐州时，陶谦坚持以他为继承人，便是以刘备必能为"治饥之主""永使百姓知有依归"。裴松之注释中指出，时人都认为"刘备宽仁有度，能得人死力"。曹操当面赞赏"天下英雄，唯使君与操耳"。天下首席霸主袁绍，在刘备最落魄的时候，热情地接待他，因为刘备"弘雅有信义"。连曹操最器重的年轻谋士颍川才子郭嘉都称赞刘备"有雄才而甚得众心"。如此让敌人、友人、毫无关系之人倾心的人物，相信诸葛亮早有相当的了解，或许他认为，只有帮助像刘备这样的人，才能得到足够的尊重和信任，也才能放手去施展自己的抱负吧！

诚如诸葛亮日后在《前出师表》中所写的："先帝不以臣卑鄙，猥自枉屈，三顾臣于草庐之中，咨臣以当世之事，由是感激，遂许先帝以驱驰。"士为知己者死，相信这也是诸葛亮日后鞠躬尽瘁，死而后已的最主要原因之一了。

诸葛亮挚友孟公威，想回中原故乡（孟公威汝南人，属豫州），诸葛亮便劝止他道："中国饶士大夫，遨游何必故乡邪！"其所持的理由是中原之汉室，曹操当权，"权御已移，汉祚将倾"。而"兴微继绝"正是以"清流派"传人自居的诸葛亮，相当执着的理念。放眼天下群雄，只有刘备最忠心于汉献帝，他不但是汉室宗亲的后裔，也是曾为汉献帝牺牲奉献，并敢于参加谋刺曹操行动的大军将领。共同理念，相互提携，这也是必然的道理吧！

<h2 style="text-align:center">·襄阳城内乱纷纷·</h2>

经过多年的努力，曹操终于彻底消灭袁氏政权，成为黄河两岸最具实力的统治者。接下来的目标，只剩下南方的荆州，东南的扬州、交州，以及西南方的汉中和益州了。

荆州和曹操大本营的豫州及司隶区接壤。所以即使在和袁氏对抗期间，曹操已经在荆州努力经营好几年了。除了荆州刺史刘表以他个人声望勉强维持住整个荆州的统治权外，在荆州北方靠近司隶区及豫州的各郡县，心理上都早已投向曹操阵营了。

就连刘表治府的襄阳城中，亲曹派的力量也相当庞大，荆州望族蒯越、蒯良兄弟，刘表的大舅子蔡瑁，以及名士张允、韩嵩等都是主张和曹操联盟的，可见曹操在荆州境内早已拥有相当大的势力了。除了江夏太守，也就是刘表的长期战友黄祖坚决反曹外，几乎襄阳府城中所有少壮当权派，都主张向曹操投诚。由于刘表和袁绍间的长期交情，亲曹派尚不敢过分明目张胆地宣扬他们的主张。

建安十三年（208）春天，孙权为报复当年父亲孙坚被杀的仇恨，派出猛将甘宁、凌统、吕蒙等袭击黄祖。黄祖命令水军都督陈就前往对阵。吕蒙和偏将军董袭等各率敢死队百人，偷袭陈就的主舰，吕蒙更是只身跳上敌舰，格杀了陈就。黄祖大军在无充分准备下，陷入大乱。荆州军退入夏口，东吴军在城外围攻甚急，黄祖率队打算突围，在混战中为东吴军所杀。孙权见复仇目的达成，以夏口深入对方境内，因防守不易，乃下令全军撤退。这场战役虽很快平息，但荆州境内最庞大的反曹力量却意外遭到了消灭。

刘表有两个儿子，长子刘琦为原配所生，次子刘琮为续弦蔡氏所生。少壮派权臣蔡瑁、张允等都明显支持刘琮，加上蔡氏的怂恿，刘表也"爱少子琮，不悦于琦"，使刘琦深感自危，整天提心吊胆地过日子。

刘琦个性温和，身体健康不佳，但在荆州长老军营及各郡守眼中人缘不错，特别是他和刘备相交颇深，因此对年轻又富于谋略的诸葛亮更为尊敬。

刘琦多次请诸葛亮教他"自救之策"，但诸葛亮以客居身份不宜卷入荆州府城内部的权力斗争，更害怕因而危及刘备在荆州本来就不很稳固的地位，因此总是一再回避，甚至不愿和刘琦独处。刘琦深知诸葛亮之能，仍不断寻求机会向诸葛亮求计。

有一天，刘琦趁诸葛亮陪同刘备到

襄阳城讨论军情之便，引他入藏书的阁楼中。刘琦事前令人撤去楼梯，让任何人均不得上下。接着便对诸葛亮表示："今日上不至天，下不至地，言出子口，而入吾耳，可以言未？"诸葛亮不得已乃轻声告诉刘琦："君不见申生在内而危，重耳在外而安乎？"

这是发生在春秋时代晋国的一个事件，晋献公受骊姬影响，有意废长立幼，但嫡长子申生，声望崇高，才能出众，骊姬便想尽办法陷害他，申生被迫自杀身死。但申生的庶兄，原为第二顺位的继承人重耳，由于镇守在晋国北方，因而逃过一劫。申生受害后，重耳仍有时间逃离晋国，一直到四十二年后，晋国发生大乱，重耳再回国掌握政权，是为晋文公。

这个故事无疑在暗示刘琦，请调为外藩，以免在府治城内，反而容易遇害。适逢黄祖阵亡，刘琦便趁机申请防守江夏。刘表也生怕继承事件造成荆州政局的混乱，在与刘备商量后，便委刘琦为江夏太守，驻防夏口。

第三章

临危受命

经过多年的努力，曹操终于彻底消灭袁氏政权，成为黄河两岸最具实力的统治者。接下来的目标，只剩下南方的荆州，东南的扬州、交州，以及西南方的汉中和益州了。平定北方以后，曹操便想乘胜追击，尤其是刘备正屯驻于荆州前线防务重镇的新野——这位曾被曹操称赞为"英雄"的对手，如果不尽快设法铲除，将来势必坐大，成为最难惹的敌人。

· 撤军荆州 ·

原先驻守在新野的刘备，在风闻曹军南下后，便下令全军进入樊城备战，并紧急向襄阳城的刘表报告军情，但一直未得到明确指示，使刘备大惑不解。诸葛亮判断刘表一定已出事，凭己方实力不可能守住樊城，便建议刘备派特使直接晋见刘表，另一方面安排向南撤军的工作。刘琮眼看瞒不住，才命令部属宋忠通知刘表死讯，以及准备全军投降的决定。

由于曹操大军这时已逼近樊城，诸葛亮建议刘备紧急向南撤军，目标是七百里外长江北方的军事重镇江陵，以江陵拥有的军粮和防御工事，再联合江夏太守刘琦的主力军，或可有效地守住荆州的南半部。

　　八月中旬，雄踞江东的孙权，也获知刘表去世及曹操大军南征的紧急军情，立刻派鲁肃前往江陵，探询刘琦和刘备的态度。

　　刘备在仓促中率领直属部队渡过汉水，有不少北荆州地区的军民，自主跟随刘备军南下逃难。到达襄阳城时，刘备停马向城内呼叫刘琮答话。刘琮不敢出面，但襄阳城内不少官吏和军民主动投靠刘备，诸葛亮建议刘备趁机攻打襄阳，取得荆州主导权，再联合驻守各地的荆州各军，共同抵抗曹军，或许可以反败为胜。但刘备不忍心在大敌当前之际，内部自相残杀，乃决定依原计划南下江陵。

　　经过城外刘表的坟墓时，刘备特率众祭拜，涕泣不已，全军为之感动，更坚定抗拒曹军之决心。

　　这时候，曹操的先锋部队张辽和徐晃的大军已进入新野营区，距离襄阳大约只有四天的行程。

　　九月初，刘备大军继续往南撤退四百余里，到达当阳县，一路上荆州地区跟随而来的难民愈来愈多，至此已高达十万多人，大小行李车多达数千辆，道路壅塞，每天行军不到十里路，距离目的地江陵还有三百多里，估计以这种速度至少需要一个月才能到达，根本不可能躲过曹操的追军。

　　刘备不得已召开紧急会议，重新部署撤军计划，他下令关羽率领万余水军由汉水顺流而下，先到江陵布守防务，并派遣特使到夏口紧急会商刘琦，会师于江陵。张飞率领两千人马为断后部队，预防曹军袭击。赵云率预备队数百人保护家小。自己和诸葛亮、徐庶等，率领主力军护卫难民，慢慢上路。

　　不少幕僚人员及将领劝刘备说："为今之计，应迅速确保江陵，现在我们虽拥有数万人，可是真正能拿武器作战者少，加上辎重又多，妨碍行动，万一被曹军追及，如何得了？"

刘备坚决表示："我不是不知道危险。但有心创大业的人，最重要在得人心，现在大家都要跟着我走，我如何忍心弃他们于不顾呢？"

·长坂坡之战·

九月中旬，曹操大军抵达新野，立刻在营区召开军事会议。据探马的情报显示，刘备正全力撤向荆州中部的军事重镇江陵。江陵为粮秣储藏地，对远征的曹军甚有价值。为了不让刘备抢到这批辎重，而加强其防务力量，曹操决定选出精锐轻骑兵五千，亲自率领，并由曹纯配合虎豹骑统一指挥，日夜兼行，追赶刘备。

曹操的轻骑兵一天三百里，终于在当阳长坂坡附近追及刘备撤退中的大军。张飞率领断后部队极力抵抗，但仍无法阻挡曹军攻势，很快便被冲散了。刘备的部队虽比曹操多出许多，但事出突然，加上又要保护跟随的难民，根本无法作战。

在曹操的轻骑兵一阵冲杀下，刘备全军大溃。张飞只好命令断后部队保护刘备及诸葛亮、徐庶等先行撤向南方。

乱军中，赵云发现刘备家小的车队被冲散，乃下令剩余残军保护刘备等南下，自己单骑再冲杀入北方，寻找刘备家小。不久便和糜竺护送的甘夫人碰面，赵云指示糜竺，在得到刘备军行踪后，再往北寻找刘备的长子阿斗。这时刘备的另外两个女儿已被俘，简雍保护糜夫人带着阿斗四处逃避，但为曹军追及，简雍及糜夫人均受重伤，幸而赵云及时赶到，杀退曹军。由于糜夫人伤重，不愿离开，赵云只得要求一军士送简雍先行，自己留在那里苦劝糜夫人。但夫人以幼主要紧，赵云无力一人保护两者，于是夫人趁赵云不注意，投井自杀而死。

无奈之下，赵云身护幼主在铠甲内，单枪匹马往南奔驰，试图和刘备会合，其间遭到不少曹军攻击，赵云奋勇抵抗，杀出重重包围，整件白色战袍都被染成红色。

刘备及诸葛亮一行人且战且走，他们选择漳水及沮水会合处的长坂桥后，进行重新整编工作。因此，刘备令张飞带二十骑断后，抵挡敌人，并接应败退下来的己方兵马。不久，张飞便看到赵云单骑保护幼主奔来，于是立刻前往接他过桥。赵云告诉张飞，追兵已近，宜速做准备。

张飞命令二十骑在桥后平原奔驰，制造沙尘，以为疑兵。自己则横矛骑马立于断桥前头，准备迎战曹操阵营的追兵。

这个地方水势湍急，非常不易渡过，加上长坂桥又已被张飞破坏，除了冒险渡河没有其他通路，因此后面追来的曹兵，也不知怎么办才好。

曹纯亲自赶到现场。只见张飞在对岸横矛直立，大声怒吼："我乃张翼德也，有胆的不妨放马过来决一生死！"

曹纯看他一副有恃无恐的样子，弄不清楚张飞有何诡计，因而不敢贸然渡河。

人物档案

赵云（？—229年），字子龙，常山真定（今河北省正定县）人。身长八尺，姿颜雄伟，汉末三国时期蜀汉名将，与关羽、张飞并称"燕南三士"。

汉末军阀混战，赵云受本郡推举，率领义从加入公孙瓒。期间结识了汉室皇亲刘备，但不久之后，赵云因为兄长去世而离开。赵云离开公孙瓒大约七年后，在邺城与刘备相见，从此追随刘备。

赵云跟随刘备将近三十年，先后参加过博望坡之战、长坂坡之战、江南平定战，独自指挥过入川之战、汉水之战、箕谷之战，都取得了非常好的战果。除了四处征战，赵云还先后以偏将军任桂阳太守，以留营司马留守公安，以翊军将军督江州。除此之外，赵云于平定益州时引霍去病故事劝谏刘备将田宅归还百姓，又于关羽、张飞被害之后劝谏刘备不要伐吴，被后世赞为有大臣局量的儒将，甚至被认为是三国时期的完美人物。

赵云去世后，于蜀汉景耀四年（261年）被追谥为"顺平侯"，其"常胜将军"的形象在后世被广为流传。

双方在断桥的两岸僵持良久。使刘备得以撤退到安全的地方。

为了避免曹军追赶，刘备决定放弃占据江陵的计划，向东南直接退守夏口，他们在汉津口碰到关羽的一万水军，声势复振，总算稳住了情势。不久，江夏太守刘琦北上支援的一万名水兵也会合了，双方便暂时退往夏口驻屯，重新部署防御工程。

当阳长坂坡之役，曹操不仅"大获其人众及辎重"，连刘备的两位女儿也为曹纯所俘。徐庶的母亲随军行动，也被俘虏，曹操风闻徐庶贤能，乃令徐母写信招降徐庶。

徐庶接信后，前来向刘备和诸葛亮辞行，他以手指心对刘备说："本欲和将军共图王霸之业者，以此方寸之地也，今已失老母，方寸乱矣，无益于事，请从此别！"

刘备和诸葛亮虽都有些不舍，但也提不出什么好建议，只好让徐庶前往曹营解救他的母亲。

当阳战役虽呈现一面倒的结果，其实曹操动用的军队并不多，而且除虎豹骑外，大多是新编组的袁氏及荆州降军（文聘大军据传便在其中）。但由于他采用闪电战术，刘备根本无法估算其军力。因此，曹军两个月不

诸葛亮传

到便占据了江陵，统有一半以上的荆州领域，曹操的军事指挥天才，实在令人惊异。相信这一仗，实际参与的年轻诸葛亮一定印象深刻，对他日后的临场经验必有很大帮助。

·去江东·

曹操大军攻陷江陵后，曹操不禁矜然起来。他踌躇满志地派遣特使送给孙权一封信：

近者奉辞（圣旨）伐罪，旌麾南指，刘琮束手（投降），今治水军八十万众，方与将军会猎于吴。

这是封恐吓加招降的书信，孙权此时也到达长江前线的军事重镇柴桑，一方面观察荆州战役的情势，一方面积极准备防御工事。接到曹操信件后，孙权立刻召开临时军事会议，并且"以（书信）示群下（群臣），莫不响震失色"。

年轻的孙权倒显得相当地从容镇静。其实他早就关心曹操南征荆襄的行动，八月中旬便曾派遣鲁肃前往江陵，探听刘备及刘琦之态度。

鲁肃到达南郡时，听说襄阳已失陷，刘备大军正在南撤，立刻兼程赶往当阳，在长坂坡碰到败退下来的刘备，偕同到夏口和刘琦会面。

鲁肃代表孙权向刘备致慰问之意后，便问刘备有何打算，刘备表示江陵虽陷，但长江南岸的荆州尚未被曹军占领，因此他打算在夏口整编后，率众南下，准备卷土重来。鲁肃问他有何助力，刘备表示："苍梧太守吴巨，和我有旧交，我打算去请他帮忙。"

鲁肃则表示不赞同，"苍梧地属偏远，吴巨更是庸才，绝不可靠。讨虏将军（指孙权）聪明仁惠，敬贤礼士，江东英豪无不归附。

如今已拥有江东六郡兵马，粮秣充裕，足以立事。为今之计，应遣心腹，结交江东势力，共济大事。"

这个计划和诸葛亮在"隆中策"所建议的联吴制曹战略，不谋而合，刘备自然是非常高兴，何况又有鲁肃作为引介，事情要容易多了。

鲁肃更进一步向刘备建议，夏口在长江北岸，容易受到曹操陆上部队攻击，不如将驻防移往南岸的樊口（今湖北省鄂州市西北）。这时鲁肃才和诸葛亮谈起他和诸葛瑾之交情，两人因此而备感亲切。日后，在促成孙刘联盟这件艰苦的任务中，诸葛亮和鲁肃的友情，也发挥了相当重要的作用。

进驻樊口的工作完成后，诸葛亮便对刘备说："事急矣，请奉命求救于孙将军。"刘备也感到情势紧迫，曹操或许会很快从江陵顺流而下，凭樊口的军力是不可能阻挡得住的，因此同意诸葛亮随同鲁肃去江东，商谈联合作战之事宜。二十年后，诸葛亮在《出师表》中写道："后值倾覆，受任于败军之际，奉命于危难之间"，指的便是这件事。

第四章

孙刘联盟抗曹兵

孙策遽逝，孙权接任江东。他下令暂停一切扩张行动，以安定内部为主，并招延俊秀，广求名士，以鲁肃、诸葛瑾为宾客。这显现出比孙策时代更积极努力于经营及扩展江东的政治和经济力量的意图。

◆ 诸葛亮与孙权 ◆

鲁肃字子敬，临淮东城人，生而失父，和祖母同居。鲁肃家里非常有钱，但鲁肃素有大志，不治家事，性慷慨好施与：他见天下将乱，于是大散家财、标卖田地，帮助贫家的少年，给其衣食，加以组织，讲武习兵，俨然组有私人部队。周瑜为居巢长时，缺乏粮秣，通过关系向鲁肃借粮。当时鲁肃家中有两大仓库，各有三千斛米，鲁肃指着其中一个，要周瑜拿去用。这下子连一向风流倜傥的周瑜都为他的慷慨吓了一大跳。"瑜益知其奇也，遂相亲结。"不久，便将鲁肃推荐给孙权。

和诸葛亮的"隆中策"一样，鲁肃初见孙权，也提出了"鼎足江东，以观天下之衅，剿除黄祖，进伐刘表，竟长江所极而据守之，然后建号帝王以图天下"的大计划。孙权听了，非常高兴，表面虽一再声明无争霸天下之心，但私下则引鲁肃为知己。

鲁肃个性高傲，文武全才，富谋略，有国际眼光，是个非常优异的军人政治家。尽管张昭等江东老干部，很受不了鲁肃喜欢力排众议的特立独行，经常讲坏话排斥他，但孙权深知鲁肃的规划奇才、真知灼见，常公开表示对鲁肃的特别器重及欣赏。

诸葛瑾字子瑜，是诸葛亮的同胞兄长，为人谨慎忠直，才华内敛。只有孙权姐夫弘咨深知其能，推荐于孙权。孙权以之为宾客。在江东各文武官员中，也只有诸葛瑾和鲁肃最要好，双方结为知己。

建安八年（203年），孙权在其上任后，首度用兵，攻击夏口的黄祖军营，号称为父报仇，其实多少也是鲁肃战略中的第一波行动。虽然这一仗没有什么具体成果，但在这次军事行动中，孙权正式拔擢了太史慈、吕蒙、周泰等第二代江东名将，进一步加强了孙氏政权的军事实力。

建安十二年（207年），孙权再度向夏口用兵，这一次鲁肃运用谋略先行策动不少江夏地区驻守的部队和居民叛离黄祖，使镇守荆州和江东最前线的黄祖军营遭到了极严重的打击。隔年，孙权再派吕蒙、凌统、董袭等江东少壮派将领，精锐尽出，攻打夏口。黄祖不敢抵挡，在撤退中为追及的敌军所杀，名震一时的江夏大军因而溃散。但孙权认为江东大军人数上，仍不足与实力强大的荆州大军长期对抗，在夏口杀黄祖，为父亲报仇后，便将主力部队退回柴桑，暂时驻屯。

一向不喜欢战事，自己又正为健康问题及城内派系斗争头痛不已的刘表，对江夏战役似乎不想而且也无能追究。因此他只派任长子刘琦为江夏太守，前往夏口招抚被击溃的军民，并重新做好防务工作，设法和江东政权和平相处。个性宽

人物档案

吴大帝孙权（182年—252年5月21日），字仲谋，吴郡富春县（今浙江省杭州市富阳区）人。三国时期孙吴开国皇帝（229年—252年5月21日在位）、政治家、军事统帅。孙权的父亲孙坚和兄长孙策，在东汉末年群雄割据中打下了江东基业。建安五年（200年），孙策遇刺身亡，孙权继任掌事，被曹操表为讨虏将军，领会稽太守。又得张昭、周瑜等委心服事，乃招延俊秀，聘求名士，分部诸将，镇抚山越，征讨反抗势力。建安十三年（208年），曹操占有荆州，挥兵南下。议者多劝迎操，唯周瑜、鲁肃坚决主战，孙权遂与刘备联军大破操军于赤壁。建安二十四年（219年），孙权派吕蒙成功袭取荆州，使领土面积大增。黄武元年（222年），孙权被魏文帝曹丕册封为吴王，建立吴国。同年，在夷陵之战中大败刘备。黄龙元年（229年），在武昌正式称帝，国号吴，不久后迁都建业。孙权称帝后，设置农官，实行屯田，设置郡县，并继续剿抚山越，促进了江南经济的发展。黄龙二年（230年），派将军卫温、诸葛直抵达夷州（今台湾）。孙权晚年在继承人问题上反复无常，引致群下党争，朝局不稳。于神凤元年（252年）病逝，享年七十一岁，在位二十四年，葬于蒋陵。谥号大皇帝，庙号太祖。孙权亦善书，唐代张怀瓘在《书估》中将其书法列为第三等。

厚而软弱的刘琦，颇适合处理这项工作，使江夏战线暂时恢复和平状态。

没过多久，孙权接到襄阳城密探紧急报告刘表急病去世的消息，立刻派遣鲁肃前往襄阳祭吊，并观察荆州政局的可能变化。

鲁肃才抵达南郡，曹操南下大军便已攻破樊城，襄阳城内新任荆州牧刘琮举城投降，刘备军被迫紧急往江陵南撤，试图会合夏口北上的刘琦军，重新巩固防线。鲁肃立刻抄近路北上，在当阳碰上被曹操特遣队击溃的刘备残军，鲁肃力劝刘备转向东南，联合江东孙权以共同对抗曹军。刘备在和诸葛亮商议后，也断然决定，派遣诸葛亮陪同鲁肃到柴桑晋见孙权，探求彼此合作的可能性。

这时候，孙权才二十七岁不到，执政未满五年。他虽然年轻，资历又不深，却相当稳重且有主见。

当阳之役后，曹操曾发出一份充满恐吓意味的招降书给孙权。孙权立刻召开紧急会议，丝毫不隐瞒地向江东文武官员透露这个坏消息。在大伙的一片慌乱中，这位年轻领袖颇有自信地冷眼旁观着。

不久，鲁肃带着诸葛亮来到了柴桑，并得到允许，单独先行拜见孙权。

在临时搭建的简单营帐内，孙权以微服接见诸葛亮。一向善于观人的诸葛亮，刚进门已看出孙权的个性。以自己的立场作单方面的诉求打动不了这位年轻的主帅，因此诸葛亮决定让孙权自己去思考、选择及规划。他相信只要初步决策定了，孙权这种人一定会克服万难，坚持到底的。

初会面的寒暄结束后，诸葛亮很坦白又客观地分析曹军的实力和策略："自从海内大乱以来，将军起兵据有江东，刘豫州（指刘备）亦收众汉南，与曹操并争天下。如今曹操已解决了北方敌人，因此乘胜南下，攻陷荆州，威震天下，使英雄无用武之地，刘豫州被迫遁逃至此。情况相当危急。"

孙权冷静地倾听着。

诸葛亮直接地强调曹操闪电军事行动的威力，如今曹军来势汹汹，时间非常紧迫，以江东的立场，是和是战必须立刻决定，以免延误军机。

"将军不妨量力而为，如果认为以吴越（江东）力量，可与中国（中原）相抗衡，不如早和他们断绝交往，以下定己方的决心，集中力量。如果觉得无力抵挡，则应迅速弃甲堰兵，臣服于中国。如今将军表面上和曹操关系友好，实际上却为是战是和犹疑不决，很可能会为国家带来大灾难的！"

孙权听了，仍冷静询问道："曹军既有如此惊人的实力。刘豫州为何不在荆州投降，却仍不自量力地抵抗到底呢？"

诸葛亮叹口气表示："当年田横不过是齐国一壮士耳，却能坚持义不受辱，反抗到底。何况刘豫州是堂堂汉皇室帝胄，声望崇高，早已成为全国反曹的精神领袖，义理上是绝不可以随便让人摆布的，即使失败，也只是天命罢了！"

孙权两眼直盯住诸葛亮，用低沉有力的声音表示，曹操挟天子而令诸侯，足以对抗者，唯刘表、刘备和孙权自己而已，现在刘表已去世，刘备又遭逢失败，只剩东吴了。因此他也绝不容许东吴数十万军民，任意遭人欺凌。他希望诸葛亮能够提出孙刘联合抵抗曹操大军的策略。

诸葛亮见孙权心动，便提出了进一步的分析，他表示以他在荆州战役现场搜集到的情报，曹操的大军虽多，却有四大弱点：

第一，曹军号称百万，其实真正南下的部队绝不会超过二十万，而且大部分并非曹营直属大军，而是由袁氏和荆州的降军编组而成的。这支杂牌部队向心力本来就不够，目前又要部署在襄阳到江陵的广大新占领区，真正能集结在主战场的军队势必有限。因此，最佳的战术是由孙刘联军主动选择主战场，并争取到重点胜利。虚张声势却编组脆弱的庞大曹军，必将不战而溃。

第二，曹操为了追击刘备，一日夜急行军三百余里，使士气消耗殆尽，所谓"强弩之末，势不能穿鲁缟"，曹操军的士气及战斗力早已大不如前了。

第三，北方军队，特别是直属曹军及袁军，在长江流域一带长期作战，势必会发生水土不服的现象。

第四，北军不擅水战，而攻击江东势必以水战为主，被曹营倚为水战主力的荆州水军，根本就不可靠。

反观刘备的主力部队虽遭击溃，但关羽所率领的万余水军和船舰均丝毫无损刘琦在江夏也有数万名荆州精锐大军；如果能加上东吴的数万虎师，协力作战，一定可以击败曹操大而无当的杂牌军队。

孙权听完分析后，猛力点头，并表示明天一大早，立刻召开军事会议，以做最后决定。此时诸葛亮已看出，年轻的孙权内心深处，早已激起强烈斗志了。

不过，隔日的军事会议上，孙权却遭到了意外的挫折。

首先是张昭为首的文人官员，认为曹军势力庞大，根本无法对抗，不如早日向曹操输诚，也可促成中国的再统一。程普和黄盖等老军头，则主张消极的防守，避免过度激怒曹操，再谋求对等的和谈。只有鲁肃和少数的年轻将领甘宁、凌统、周泰、吕蒙等主张积极作战。由于意见有分歧，彼此争吵不休，孙权当场被激怒，借口更衣，退入后营，并单独召见鲁肃秘密会谈。

鲁肃很坦然地表示："方才大家的议论，对将军您是没有好处的，以实际的利害言之，像鲁肃我这种角色，是可以迎接曹操并投降朝廷的，但以将军您的地位却万万使不得。鲁肃投降曹操，混得一官半职一点也不困难，或许还会有更大的权势也说不定，但将军您呢？迎接曹操后，您会被调到哪里去呢？请速决定大策吧！不必顾虑大家的意见了。"

孙权叹息道："这些人真令我失望，只有鲁卿和我的看法相同，真感谢上天把你赐给了我！"

鲁肃随即建议孙权，立刻召回在鄱阳湖集训水军的水军都督周瑜。周瑜是孙策的长期战友，孙策娶江东美女大乔为妻，周瑜则娶大乔之妹小乔为妻，两人之间的关系非常密切。孙策临终前表示："内事不决问张昭，外事不决问周瑜。"如今既然是准备对抗外敌的入侵，周瑜自然是最好的咨询对象了。

·孙刘联盟·

周瑜字公瑾，庐江舒县人，其祖父周景、伯父周忠都累官到汉朝太尉，父亲周异曾任洛阳令。

《三国志》上记载，周瑜身材高大，英俊潇洒，个性爽朗豁达，相当得到友人的尊重……年轻时，周瑜便精通音乐，即使酒后微醉，旁边的奏乐者只要音律不对，周瑜立刻会回头一望，是以时人常称"曲有误，周郎顾"。

在接获曹操进军荆州的消息后，身在后方的周瑜立刻派遣大量情报人员渗透到荆州各地区，以迅速搜集曹军各地区部署的情报和主力部队进攻的路线。因此在接到孙权的征召指令后，周瑜立刻下令结束集训，全军进入备战状态，只带少数人员，火速赶往柴桑。

当晚周瑜、鲁肃秘密会商，并前往晋见孙权，交换意见。

隔天早上，孙权再度召开军事会议。

主和派的领导人张昭，首先表示："曹公狡诈如狼，如今又以朝廷宰相名义，挟天子而征四方，如果公开和他对抗，在名义上已成国家叛贼，对我们是非常不利的。而且东吴最重要的天险是长江，现在荆州已失陷了，刘表一手经营的强大水军，全部纳入曹操的南征大军。曹军只要循着长江而下，水陆并进，便可与我们共有长江天险，敌我双方实力相差悬殊。因此，我们认为最好的计策，是迎接曹军，并和他们进行和谈。"

周瑜听了，立刻反驳道："你们都错了，曹操虽名为汉相，其实是个欺凌天子的汉贼，义理上是站不住的。而孙将军以神武雄才，又承父兄余荫，占据江东，拥有数千里的疆土，军队精良，粮秣充裕，英雄豪杰无不乐于在此创造一番天地，目前正应该一显身手，为朝廷祛蠹除奸才对，为何表现出如此软弱的姿态？何况如今曹操前来送死，为何还要去迎接他呢？"

孙权听得猛力点头肯定之。

接着周瑜胸有成竹地公布他所搜集到的军事情报，并做初步的战略分析。他表示，虽然面对曹操强大的军事压力，但东吴方面仍有绝对的胜算，理由如下：

第一，曹军号称百万，其实大多是新投降的袁氏军加荆州军。北方袁氏政权刚灭不久，仍不稳定，因而曹操势必驻守大量军队。西北方的凉州刺史马腾和韩遂等大军，也随时威胁着曹营后方。许都朝廷中，自董承事件后，汉室公卿不断进行着桌面下的反抗。使曹操不得不在兖、豫两州留守大量直属军，以维护大

诸葛亮传

本营的安全。也就是说曹操真正能带下来的南征军，不会超过十五万人。而且根据情报，其中有不少是原属袁绍的军队，对曹操的向心力，仍有待考验。

第二，曹操这次征讨荆州的行动虽意外的顺利，但突然间占领区扩大得太快，军队势必不能做妥善的调配，主力军分散，使作战力大幅滑落。加上刘琮新政权不战而降，荆州各地区大军来不及准备，虽听命行事，但中级军官及士兵心中必不平衡。这些新加入的兵军心上的不稳，只会徒增曹军直属主力部队的心理压力而已。

第三，北方军队长途跋涉高山深川，水土不服。军士生病的情况非常严重。而目前进入秋季，寒冬马上到了，天气愈来愈冷，曹军粮食的供应线过长，问题必艰难困苦。曹操为求速战，已摆出要在长江决战的姿态。曹军一向擅长的是陆上野战，如今舍长用短，选择他们并不熟悉的作战方式，正表示他们心急了，这种心态参与大规模作战是相当不利的。

相反地，东吴在江东的经营已过三代，军精粮丰，水战一向又是我们的专长。因此，只要有五万左右的精锐部队，一定可以打赢这场战争。

从以上的议论中，我们可以看出周瑜对情报掌握的丰富和正确。别说东吴在柴桑的前线官员及将领比不上他，连身处战场。一向注重情报工作的诸葛亮也不及他的完整。周瑜在作战策划上的超人天才，由此可见。

孙权听了非常高兴，立刻大声宣布："老贼早就打算废除皇帝自立，怕的只是袁绍、袁术、吕布、刘表和我的反对罢了。如今几位英雄都死了，只剩下孤一人，孤与老贼势不两立。"

说完便拔出佩剑，一剑将身前桌案劈成两半，厉声说道："有再言投降曹操者，犹如此桌！"

在孙权"我说了算"的决议下，所有官员、幕僚及将领共同宣誓遵守主将决策，上下同心。积极准备抗曹的战事。

接着，孙权指示张昭、鲁肃、周瑜共同和诸葛亮会商孙刘联军合作事宜。

会后，孙权单独召见周瑜，表示立刻调回周瑜的主力军，加上柴桑目前准备好的人马，约有三万，战船、兵器、粮食也都已备妥，可以即刻出发。至于不足的人马，会在最短期限内编组完成，并由孙权自己率领，开往前线接应。

临别前，孙权意气风发地用手搭在周瑜肩上，表示："都督可以办得到的，请尽力去做吧！万一有所不顺，还有我在。我绝不会后悔，一定会和曹孟德拼个你死我活。"

东吴方面军队三万余，加上刘备和刘琦的两万余兵马。动员的兵力，大概只有曹操南征大军及将参与作战的荆州水军总和的四分之一而已。

张昭的计划虽遭否决，但他眼见年轻的诸葛亮老成持重、能说善道，有意为国家留住人才，便建议孙权令诸葛瑾前往说服诸葛亮。孙权问周瑜的意见，周瑜笑而不答。孙权便召见诸葛瑾表示："诸葛孔明是先生的亲兄弟，弟弟跟随兄长是理所当然之事，如果他肯留下共成大事，我会亲自写信向刘豫州说明的。"

诸葛瑾前去见诸葛亮，想不到诸葛亮居然先开口，劝诸葛瑾投奔刘备，更有发展的可能性。

诸葛瑾无奈，只好回报孙权："吾弟辅佐刘豫州，义无二心，亮之不留东吴，犹如瑾之不离江东。"

周瑜也劝孙权不要想太多，应以更坦然的诚心，和刘备与诸葛亮商议合作细节。

这年，周瑜三十四岁，鲁肃三十七岁，在国际舞台及实际战场上的经验，都比二十八岁的诸葛亮要多些。相信在这场战役中，诸葛亮也一定向这两位优秀的前辈学习了不少东西。

· 赤壁之战 ·

建安十三年（208 年）九月底，刘备接受鲁肃建议，将部队由夏口顺流而下两百多里，改屯在长江南岸的樊口，以和东吴军就近会合，准备决战事宜。

根据情报，曹操的大军已在江陵做好出战准备，随时会顺流而下，但诸葛亮和鲁肃却全无消息。刘备忧心如焚，每天派前哨往长江下游，探查东吴军队的调动情形。不久，哨兵传报东吴前锋船队正逆流而上，即将到达樊口。刘备立刻派孙乾前往劳军，想不到周瑜居然也在船队之中。

周瑜以军务在身，不能随便离开指挥，便邀请刘备到船上相见。刘备将陆上指挥权交代关羽和张飞，只身坐小船前往。两人见面寒暄后，刘备便关心地询问东吴方面军队的数量。

周瑜坦然地告诉刘备，只有三万多人马。

刘备大失所望，不禁担忧地表示，人数会不会太少了些。

周瑜却信心十足地回答道："刘豫州，但看我来打败曹阿瞒吧！"

刘备接着询问诸葛亮及鲁肃的消息，周瑜表示他俩就在后面的船队上，约三天后可以到达。刘备回营后，愈想愈担心，便暗中拨出部分人马，交由关羽带领，北上渡过汉水预做部署，以防万一周瑜战败，可以留出一条撤退的后路。

曹操这时候正在江陵忙着进行编组工作，准备顺江而下攻击江东地区。他将张辽、徐晃、程昱的大军组成船队，加上蔡瑁和张允带领的七万水军，整个舰队首尾相连数百里，平行的船队每个横面有二十四艘，看起来如同一座水上长城，气势非常雄伟，并由数百艘小船在周围巡逻，以避免敌人偷袭。由于规模空前庞大，光是整编人马便耗费了一个多月，一直到十月底才放船东下，准备从事他生平第一次大规模水战。

十月底，周瑜将他的船队总指挥部设在三江口（距汉口下游约五十公里处）。一方面派出大批探马随时掌握曹军动态，一方面则在曹操船队必经的通道上，选择赤壁附近的江面，作为预设的决战点。

这个地方的长江水位落差极大，河流宽度约有十里，水流时速则为八里，经常会出现旋涡状的大浪潮，在此处行驶的船会摇晃得很厉害，对不擅水战的北军是非常不利的。

赤壁附近的江岸几乎全由红色岩石构成，水面波涛汹涌，不宜临时登岸，北方对岸的二十里处有座叫做乌林的大森林。周瑜亲自在水面及岸边详细观察，然后胸有成竹地在此布下天罗地网，只等待曹军的到来。

其实，周瑜手上能动用的兵力确实不多，为了提高士气，他亲自打头阵。两名经验丰富、对长江流域的天气、地形非常熟悉的老将黄盖及韩当任先锋部队指挥，驻守在赤壁下游约半日行程的东南岸上，一方面监视着曹营船队的行动，一方面也准备在此设立攻击发起线，以对曹军进行直接的攻击。

紧接在两位老将军后面的，便是水军主力舰队的先锋部队——甘宁、周泰、董袭等船队。周瑜和程普两人坐镇中军指挥，吕范的船队担任预备部队，随时准备增援。

陆上方面，以吕蒙、凌统和太史慈的部队打头阵，部署在长江北岸的汉阳附近。友军刘备的兵马则在后方约百里的汉口附近，以双层的阵式，准备攻击或抵挡由陆地进攻的曹军。刘琦的夏口兵马则移师到长江南岸的武昌附近布防。万一江东大军在水战中失利，曹军渡河南下时，至少可以做缓冲式的抵抗，让坐镇柴桑的孙权，有足够的时间集结江东军力，做最后的生死决战。

面对生平最大规模的水战，曹操在布局上相当谨慎，他花了一个多月时间完成编组，准备誓师后全军顺流而下。这时候，曹操的前线本营，却截获荆州水军总指挥蔡瑁和张允准备举军叛变的消息。

曹操南征军的贾诩，由于在南征战略上和曹操看法不同，被改派镇守江陵，处理后勤补给工作。前线由田畴和娄圭担任。田、娄两人是很好的行政人才，但对情报的搜集、求证、判断并不十分在行。所以这个情报其实大有问题。

蔡瑁及张允在荆襄地区声望极高，两人都是长期的亲曹派。策动刘琮无条件投降，此二人的功劳最大，因此很得曹操礼遇。说这两人会在关键时刻，临阵倒戈，投向和他们一向有宿怨的刘备和孙权阵营，可能性实在不大。

不过，这次的大编组行动中，曹操的直属北方大军，由于不熟悉水战，在整编军队时错误百出。造成指挥人员和荆州水军间冲突屡起。加上曹操在作战计划中，有意以荆州水军打先锋，去和江东大军拼命。曹军则在第二线作监督。这个消息自然很快传遍荆州水军间，甚而引起严重的骚动，使蔡瑁、张允两人备受压力。

虽然如此，但部署期间，蔡瑁、张允不向曹操力争，而直接付诸行动进行反抗，其实是相当不可思议的。综合判断，荆州水军集体叛变，有可能出自周瑜所派出密探的煽动及兴波助澜，甚至是故意制造谣言，迫使双方产生猜忌。

不过，蒋干卷入三江口的密探案，显然是罗贯中把时间搞混了。蒋干的确到过江东，但那是赤壁之战数年后的事情，蒋干的使命并非刺探军情，而是和谈，他并且是位相当优秀的外交家，任务也非常圆满地达成了。

以曹操一贯的善于用兵，更不会如此轻易中计。蔡瑁和张允的叛变行动，相信一定有相当的迹象。为了使情况不致恶化，曹操才不得不当机立断，派遣徐晃及程昱的部队，突击荆州水军，蔡瑁和张允死于乱军中，也使这个事件成了死无对证的无头公案。无论如何，曹操在赤壁之战还没有开始，便损失了两位最优秀，也最重要的水战指挥官。

　　由于情况紧急，重新编组已不可能了，何况指挥将领的培养不是一两天的事，曹操只好解散大部分的荆州水军，将他们分散安排在程昱、徐晃及张辽的船舰中，并改以这三舰团为主战部队，直接安排在第一线上。此外，曹纯和乐进的步骑混合组布防在夷陵附近，随时准备渡过长江，攻击东吴的本土。原先负责后勤的满宠，则配合贾诩布守江陵。由于前线大军中，曹操的直属部队在比例上所占太少，为了防止意外，曹操紧急下令，要驻屯在襄阳城的曹仁，亲率其部队改驻江陵，以为增援。

　　从整个布局看来，周瑜维持守势，但显得相当有自信，随时准备做积极地反攻。相反，曹操军声势浩大，却显得相当缺乏信心。由于直属部队太少，部署和调动上都已出现进退失据的危机了。

·第五章·

火烧战船

孙子在其兵法的第十二篇，以专题讨论注释"火攻"的技巧，认为这是最具毁灭性的奇袭战术，也是短期战最有效的手段，尤其是以寡击众时，采用火攻，正是上上之策。

·借东风·

曹操大军乘胜追击，在兵力和战船上处于绝对优势。深藏在周瑜肚子里的决胜王牌，便是火攻。

但火攻最重要的是天时，特别是风向和风力。长江水面上经常风起云涌，风力倒不是问题。但是赤壁之战前夕，已接近农历十一月上旬，华中地区早进入寒冬，冷气团由西北南下，所以吹的都是强劲的西北风。曹操的巨大船队是由长江顺流而下，属上风方位，东吴的船舰则属下风位置，如果运用火攻，周瑜不是反烧到自己的部队了吗？这便是野史上最有名的"万事俱备，只欠东风"。

由于诸葛亮深通天文学和气象学，所以能预知东南风的到来，硬把"功劳"往他头上记，其实这种可能性亦极低。古代的军师，懂得天文以及气象学的应不在少数，曹操在远征大军中，也必然有这方面的专家。凭这种气象学上的常态因素，要欺骗军事天才曹操，绝对是不可能的。

但如果这只是偶然因素，周瑜为何会大胆地采用火攻战术，而且又如此有自信地调动军马，选择此特定的时空，与庞大的曹操南征军决一生死？其中必有其道理。

赤壁之战发生在建安十三年（208年），农历十一月二十二日夜间到二十三日破晓时刻前。在这以前的数十日间，史籍记载双方的小股部队在雾夜中发生接触战。曹军由于不习水战，遭到严重挫折，这是曹操下令用铁链组成连环船的主要原因。

在那几天前的凌晨时刻，赤壁附近长江水面上显然有浓雾。这种凌晨的浓雾，常会带来大晴天。随后曹操又于大战前夕（大约是农历十一月十五日前后），在船上兴办宴会以鼓舞士气，在酒会中，曹操即兴创作《短歌行》助兴，其中便有"月明星稀，乌鹊南飞"的诗句，表示当时必是万里无云的晴天。

从这些片段的天时资料中，我们可以判断，在赤壁大战的前数天，可能出现过连续的大晴天，气温也势必升高了不少。加上这一带正是长江的急转弯处，其位置又是中国第二大淡水湖洞庭湖的正西北方，这些因素凑在一起，的确最容易发生临时性的地形风。

原本由中国大陆西北高压带来的西北季风，因气温突然提升，使赤壁东南方洞庭湖附近地带的温度提高不少。洞庭湖湖面相当宽广，水有调温功能，所以湖面上的气温必远低于西北的陆地。依气象学原理，气温到某种差距时，湖面上的冷空气会向气温较高的陆地移动，这或许便是东南风形成的真正原因吧！

赤壁战争后，长江北岸开始下大雨，想必也是来自湖面多湿的空气，碰到乌林的森林时，冷却而形成的地形雨了。

周瑜一向有"顾曲周郎"的雅号，表示他的直觉记忆力极好，观察力敏锐，联想力又特别地丰富。加上周瑜素有搜集情报的习惯，相信他早就知道，赤壁一带在十一月中旬，每年都会出现数日温度较高的大晴天，并且必会产生临时性的东南风。尤其以长江水面，发生的概率最大，风力也最强。周瑜所有的布局策略，似乎是以此而设计的。这种临时性的地形风，每次出现时，或许都只有短暂的一两天，甚至数小时而已，所以一般人不会去注意，气象资料上也不会有记载，想要欺骗军事天才曹操，这可是唯一的秘术了。

日后，黄盖向曹操献诈降书时，并未指定倒戈起义的日期。而且周瑜的军队，在曹操于赤壁附近完成连环船的部署时，反而立即改采坚守战术，不再有积极作战的行动，似乎便是在等待东南风的出现。

· 曹操兵败大撤退 ·

建安十三年（208年），农历接近十一月二十二日黄昏，风向逆转，晚上戌时时刻（19时至21时左右）东南风渐强，黄盖的数十艘快艇出发，展开了决定三国鼎立局势的"赤壁之战"。

曹操的连环船着火后，立刻退入北岸营区，但风势太大，不久连陆上营区也着火了。陆上的部队，又遭到东吴陆上部队及刘备军夹击，逐渐有抵挡不住的势头。更严重的是，若陆上的乐进大军被迫后撤，曹操在乌林的军队和江陵的通路，随时有被切断的可能。

为了避免不必要的伤害，曹操决定不入江陵，而改由华容道直接退回襄阳。他下令程昱军重新组织，作为撤退的先锋部队，张辽和徐晃军损失不大，重新编组后，在乌林一带布防断后，以争取曹操和大批幕僚人员，有足够时间安全地撤回北方。

曹纯的虎豹骑则迅速支援乐进，以巩固华容道上的安全。接着他以书信指示布守在江陵城的贾诩和满宠，直接撤回豫州，军队交由曹仁指挥，尽量坚守江陵城，若孙刘联军压力过大，仍随时准备撤回襄阳。

赤壁大战中，曹操方面真正遭到击溃的是荆州水军和程昱的先锋军。张辽及徐晃的主力军，由于曹操见大势已去，便下令提早撤离，所以损伤还算不大。陆上方面，曹纯的虎豹骑为了固守大本营后方，损伤惨重。护卫乌林和夷陵的乐进大军，在吕蒙、凌统及刘备的轮番攻击下，几乎全军覆灭。但骁勇的乐进毫无惧色，即使只剩下少数亲卫，他仍勇敢地坚守岗位，奋战到底。至于江陵的守卫部队曹仁大军及镇守襄阳的曹洪部队，几乎毫无损伤。

但究竟是什么原因，使曹操进行这种几乎是落荒而逃的五百里长程大撤退呢？

其实，更令曹操担心的是北方防务，如果战败消息传出，北方原属袁氏的州郡和西凉大军，势必趁机蠢动，甚至可能会联合许都的汉室公卿朝臣反叛曹操。到时候，十年来的辛苦经营会化为泡影。因此，曹操必须在情况尚未恶化前，赶回北方坐镇。

不过，由华容道转荆州襄阳的撤退行动并不轻松。十一月二十三日午时，下了一场大雨，华中地区气温骤降，空气潮湿而寒冷，道路更是泥泞不堪，车马难行。

曹操下令由生病无法作战的军士每人抱一堆草，走在前面铺路，才使程昱临时组成的骑兵队，得以护送曹操勉强通过。据说跟随曹操第一批抵达襄阳的先锋部队，三百骑都不到。张辽和徐晃两个军营，在撤退中损失不少兵士，乐进和曹纯两个人更几乎是拼着命才勉强逃回来的。

撤退的耻辱，比战场上的惨败更令人觉得丧气，虽然撤退途中并未被敌军追及，但风声鹤唳的心情，使将士流失大半，损失几乎比战场上的还要严重。对曹操本人而言，这是空前未有的打击。

《三国演义》中描写，诸葛亮曾派赵云、张飞、关羽，在预伏的地点，袭击曹操的退兵，让曹操落荒而逃，其中尤以关羽在华容道义释曹操一段，更为无稽和荒唐。其实刘备的兵马，自知实力有限，抱着"归师勿遏"的心理，根本未曾认真想过追击曹军。特别是诸葛亮以"旁观者清"的立场，在进行一场比《三国演义》杜撰故事更为精彩的"阴谋巧计"——夺取荆南四郡。

·收复荆州·

也许是第六感的效力，诸葛亮从江东回来后，便相当确信周瑜必可以击败曹操。因此，当刘备和关羽在安排万一赤壁水战失败，能安全脱身的退路时，诸葛亮倒相当积极地思考战胜的善后工作。

由于所承担的战争任务太少，诸葛亮相信即使打赢了，刘备阵容也分不到什么战利品，甚至有可能沦为寄人篱下的可怜虫。因此他认为与其等待别人的恩赏，不如靠自己去夺取的好。

赤壁之战结束后，首先光复的荆州郡县，便是长江北岸的南郡。诸葛亮建议刘备，向孙权争取让刘琦继任荆州牧。由于刘琦乃刘表长子，基于义理，孙权只好答应。当然，刘琦既是州牧，南郡顺其自然便暂时纳入刘备军营的管辖了。

紧接着，诸葛亮希望周瑜能将注意力放在江陵以北的荆州区，特别是由曹仁据守的军事重镇——江陵。

在赤壁战后的第一次孙刘联合军事会议中，刘备建议道："曹仁镇守的江陵，粮食及武器贮存甚多，必须利用曹军未稳定前尽快攻陷之，否则曹仁一旦在江陵安定下来，整个荆州便不易光复了。"

周瑜："刘豫州，您对荆州较熟悉，依您的看法呢？"

刘备："曹操在荆州地区的信誉已失，不如立刻加大压力，逼他们撤退。我派张飞的一千名部队前往协助您，也希望您分我两千人马，表现我们双方仍联手作战，来制造声势。您由正面进击江陵，我沿着夏水进入其背后，相信在内外压力下，曹仁一定会很快撤退的。"

周瑜很干脆地答应刘备的计划，并且立刻付诸行动。

建安十三年（208年）十二月寒冬。周瑜率领赤壁之战的原班人马，向江陵发动攻势。

不过，曹仁不但没有很快撤退，反而顽强抵抗了好几个月。东吴军这一次打得非常辛苦，周瑜亲自指挥正面攻城战，丝毫占不到一点便宜，反而在曹仁发动的几次突击战中，损失不少将士。

猛将甘宁建议另辟夷陵战场，用以牵制曹仁军队，瓦解其抵抗意志。但这一支军队，却又遭到曹仁声东击西战术打击，几乎全军覆没，甘宁仅以身免。双方对峙一年余，让周瑜头痛不已。

在最后激烈的攻城战中，周瑜右肋中箭，伤势严重。但为鼓舞士气，乃令人以木棒支撑其身体，使能坐镇大本营指挥作战，曹仁慑于周瑜之气势，又担心刘备的游击军切断其后路，乃依照曹操事先指示，弃守江陵，撤退到襄阳，以重新整顿防线。

周瑜的箭伤一直未能治愈，加上公事繁重，无法静养，一年余后，伤势恶化，病逝行营中。

江陵会战期间，刘备和张飞在北方协助东吴军作战。诸葛亮则带领关羽和赵云的部队，配合刘琦的江夏大军，以南郡为根据地，向南征讨荆南四郡——武陵郡、长沙郡、桂阳郡及零陵郡。

荆襄陷落时，荆南四郡虽未遭到曹军占领，但原则上，他们都接受刘琮当时的指令，向曹操表示投降。

武陵郡由于郡守弃职逃亡，曹操命令该郡重臣金旋接任太守之职。

在诸葛亮的规划下，关羽袭击武陵及长沙，赵云攻打桂阳和零陵。

在赵云软硬兼施下，零陵太守刘度首先投降。

关羽则在长沙郡陷入苦战。长沙太守韩玄，据险坚守。幸赖原荆襄城投奔将领魏延，说服长沙军将领黄忠归顺，才逼得韩玄不得不投降。

黄忠字汉升（一作"汉叔"），南阳人，擅长骑射，深为刘表器重，任为中郎将，辅助刘表侄子刘磐驻守长沙攸县，监军荆南诸郡。曹操接掌荆襄时，留其任驻屯于长沙，协助太守韩玄。关羽军到时，黄忠亲自抗御，关羽不能胜。后在魏延劝告下，黄忠了解刘表本有意让刘备接掌荆州，于是全军向关羽投降。

魏延字文长，义阳人，善养士卒，勇猛过人，深得部属敬重，同僚人缘却不佳。荆襄城破前，魏延曾追随刘备，但与其失散，于是南下长沙，投奔黄忠。

这两人日后都成了刘备阵营的大将。

长沙郡归并刘备统辖后。武陵太守金旋陷入孤立，只得向关羽投降。

赵云的军队到达桂阳郡时，桂阳太守赵范见赵云姿颜雄伟，做事应对严谨有分寸，于是有意结好之。他除了自动迎接赵云入城，并有意将他"素有国色"的寡嫂樊氏许配给赵云。

但赵云却正色表示："你我同为赵姓，你的兄长便是我的兄长，你的嫂子也是我的嫂子，此事万难从命。"

不少幕僚人员，以为这是件美事，何况樊氏美艳又贤淑，都劝赵云纳之，甚至诸葛亮也有此意。赵云只好坦然告之："樊氏之美固然难得，但赵范是被迫投降的，桂阳并未真正安定下来，赵云怎可因一美人而耽误正事。"果然赵范不久后就逃亡了，赵云只好对此事一笑置之。

以当年关羽随刘备攻陷吕布之下邳城时，一再向曹操要求，城破之日，请将吕布部将秦宜禄之妻杜氏，送他为妻一事，和桂阳郡事件比较起来，赵云要贤于关羽甚多。

荆南四郡被刘备阵营并吞的消息，相信必传入孙权和周瑜的耳中，但江陵战事正炽热，何况刘备本人也正在夷陵附近协助东吴军，孙权和周瑜只好暂时睁一只眼闭一只眼了。

不过，从日后江陵战事一结束，孙权立刻任周瑜为南郡太守，程普为江夏太守，公开表明要刘备归还南郡，这显示出孙权和周瑜对刘备囊括荆南四郡一事，心里相当不平衡。

严格来讲，赤壁之战中，曹操和孙权大军双方的胜负并不大，曹操的南征大军虽被彻底击败。但真正的损失却不多，只是丧失不少新占领的荆州领地而已。

反观东吴方面虽在赤壁获得大胜，但随后发生的江陵战役中损失不少，特别是天才军事家周瑜身受重伤，导致日后的遽逝，而却只在战后获得荆州东部三个郡县，其实是得不偿失的。

收获最大的应算是刘备，虽然在后来被逼归还了一部分南郡，但在诸葛亮规划下，趁机囊括荆南四郡，不但使自己的事业起死回生，而且也得到日后打天下的最重要根基。

· 第六章 ·

争霸荆州

> 　　不管是斗智或斗力，周瑜都未曾和诸葛亮正面交过手，严格来讲，诸葛亮在这段时间，是没有资格和周瑜这种人过招的。甚至可以说，不是鲁肃及周瑜的特殊礼遇，诸葛亮在进行孙刘联合阵线的外交工作，可能也不会那么顺利。

· 孙刘暗中较量 ·

　　赤壁之战，曹操的势力被逐出长江流域，华夏的统一短期内是无望了。但打了胜仗的刘、孙却也开始因彼此立场的矛盾而产生争执。

　　江陵之役结束后，孙权的江东政权更为巩固，对刘备趁机袭占荆南四郡非常不满。但为了不让曹操趁孙刘双方矛盾期间再度南侵，孙权并未做任何具体干涉，只立刻任命周瑜为南郡太守，统兵镇守江陵，程普为江夏太守，表示出了对荆州的积极企图心。

　　刘备方面也不示弱，由于刘琦是荆州牧，刘备于是理直气壮地坚持统辖南郡大部分地区，并在诸葛亮的建议下，刘备上书朝廷，推荐孙权为车骑将军，领徐州牧，明确表示希望孙权往东北方发展。

不过孙权更不示弱，在周瑜和鲁肃的建议下，转而向岭南发展，并很快占领交州和广州的一部分。对刘备的荆南四郡，由东与南两个方向展开包围。

彼此你一来、我一往，表面上虽然还维持着君子风度、礼尚往来，但暗中较劲却越演越甚。

这时候，在庐江郡叛变的曹营大将雷绪为夏侯渊所迫，只好带领其数万大军，南下投奔刘备，使刘备的军容更为强盛，孙权即使想动武，也没有那么简单了。

最辛苦的应算是鲁肃。周瑜在赤壁战役看到刘备急速扩张，心存戒心，反而成了抗拒刘备势力扩张的鹰派领袖。因此维持孙刘关系的只剩下鲁肃一个人孤军奋战。但鲁肃个性强悍，坚持原则，他不为情势的逆转而泄气，反而更努力沟通彼此间的意见。这时候，唯一能协助他、给他一点安慰的，便是诸葛亮了。

诸葛亮虽然关心刘备阵营为基本生存而奋斗的扩张，但"联吴制曹"是他心中最重要的"基本国策"，所以他也不愿见到孙刘双方反目成仇，只得尽量地协调、说服，寻求两方都可接受的共识。

就在这紧要关头，一向体弱多病的刘琦去世。在诸葛亮的策动下，荆州南半部郡县首长和将领，共同宣誓支持刘备继任荆州牧。刘备也趁势立营于油江口（今湖北省公安县东方），改名公安，暂时作为荆州之府治。这下子，孙权更不安了，在江陵的周瑜也摆出一副军事干涉的姿态。鲁肃紧张了，只好找诸葛亮沟通，希望双方进行协商，给孙权和周瑜一点面子，以免产生不必要的冲突。

诸葛亮自然不愿双方撕破脸，因此他说服刘备承认南郡属孙权管辖，但先将江陵以南租借给刘备。换句话说，周瑜成了法定上的南郡太守，但孙权也承认了刘备在公安的法律地位。

·江东联姻·

这段时间，北荆州刘表旧部，在黄忠和魏延的号召下，纷纷叛离襄阳城的曹仁，越过江陵的周瑜，南下投奔刘备，使刘备的军势增强不少。

为了强化孙刘间的关系，鲁肃主张双方共结婚姻之好。由于刘备原配甘夫人在这年去世，孙权在得到其母吴太夫人的允许下，将不到二十岁的妹妹，嫁给了四十九岁的刘备，以稳定双方的政治关系。

孙权的妹妹，据说这位女孩也遗传了父兄的尚武精神，虽然长得相当美丽，但个性倔强，年近二十，仍有点嫁不出去（在中国古代社会已算晚婚），碰到这位"半老英雄"刘备，倒算得上是绝配。

不过，这场政治婚姻并不幸福。日后，刘备入蜀期间，孙权引孙夫人归吴，并准备带回刘备长子阿斗，幸亏赵云、张飞拦江截夺，救回阿斗。但孙、刘的联盟关系至此几近决裂。

为了稳住南荆州的经营，刘备任诸葛亮为中郎将，督理零陵、桂阳、长沙三郡。诸葛亮将其指挥中心设于临蒸（今湖南省衡阳市），临蒸在三郡中心点，便于往来变通。诸葛亮这时候的角色，如同在汉中及关中期间的萧何一样，主要是做物资上的经营，以提供刘备军政上的需要。

荆南四郡的南部居住了一些少数民族，一般官府记录皆以鹰派称之。秦汉以来，朝廷在此设置郡县进行统治，只是这些地方长官"天高皇帝远"，经常对少数民族进行残酷的剥削，甚至常因对方的反抗而集体屠杀。恐惧加上仇恨，这些少数民族经常会站起来进行武装斗争，造成地方动荡。

过去的行政长官总以强调"法治"，严厉处理这些动乱，但总是乱乱平平、平平乱乱，镇压于一时，却无法有效根治。诸葛亮接掌荆南三郡后，一反过去作风，他以宽容态度，对"蛮人"采用"抚绥"政策，混乱的局势反而很快平稳下来。这也是他"隆中策"里，"南抚夷越"政策第一步的具体实施。

建安十五年（210），刘备虽已在公安稳住政局，但周瑜在北方紧邻的江陵驻屯，对刘备无疑是庞大的压力，往北发展是不可能了，往南、往西则要受到周瑜严密监督，根本动弹不得，因此刘备决定亲自到江东会商孙权，希望连江陵一并划入刘备管辖，这便是历史上有名的"借荆州"事件。

诸葛亮对刘备心里的不安，自然很清楚，何况"隆中策"的规划，接下来便是西进益州。但只要周瑜镇守江陵，一切计划根本不可能付诸实行。刘备亲赴东吴谈判，似乎又太危险了些。不过，他也提不出具体解决方法，刘备和孙权至少已是姻亲，交涉上的成功比率，绝对比诸葛亮自己去要大得多，所以他只能以"劝告"的方式，希望刘备审慎评估。

刘备的态度倒是相当坚决，他认为孙权真正头痛的仍是北方，为了对抗曹操威胁，孙权仍需要自己的援助，所以刘备不认为东吴会做出"不利"于他的行为。诸葛亮心里虽不安，也无法阻挠他，只得向随从人员交代，有事找鲁肃帮忙，对周瑜方面的反应，要随时保持警戒状态。

刘备一行人在京口（今江苏省镇江市京口区）会见了孙权，虽然已成亲戚，但这两位当代豪杰倒是初次见面，不免互道仰慕之意，孙权亦以州郡之礼款待刘备。

不出诸葛亮所料，当刘备提出"借荆州"一事，孙权立刻僵住，他不好当面拒绝，只好往周瑜身上推。到底江陵是周瑜拼命打下来的，要他交出江陵，至少要让他心甘情愿地同意。因此，孙权只答应会将这件事，尽快和周瑜商量。

周瑜在接到孙权告知此事时，自然坚决反对，他还立刻向孙权建议道：

刘备以枭雄之姿，而有关羽、张飞等熊虎之将，必非能够长久处在比别人低弱的位置。因此，我认为最好把刘备扣留在东吴，替他盖最好的宫室，多给他美女、玩物，以娱其耳目。将刘备和关羽、张飞长期分开，使他们发生离间，周瑜我或可趁此机会收回荆南四郡。如果把江陵也给刘备，让这三个人聚合在疆场上，恐将有如蛟龙之得云雨，终非池中之物也。

孙权召来了大将彭泽太守吕范及主将鲁肃，共同商议。吕范主张软禁刘备，如同周瑜的建议。鲁肃则以"共拒曹公"的大局为出发点，认为可将江陵借给刘备，以共同力量强化北方防务。

鲁肃更向孙权表示："将军虽英武盖世，但我们东吴的实力根本无法和曹操相比。何况荆州才刚刚新附，我们对荆州百姓也还未有什么恩德，不如让刘备去安抚他们。稳定荆州情势，共同抵抗曹操，这不是更有利吗？"

不久，刘备便急着表示要回公安，孙权不便强留。便准备重礼欢送，"借荆州"之事，只好不了了之地暂时搁置下来。

· 龙凤图益州 ·

对诸葛亮而言，占有荆州，只是他替刘备所做计划的第一步，接下来更重要的工作，是"隆中策"的第二阶段目标，占领益州及汉中——奠定三分鼎立的局势，掌握住出入关中的门户，作为北伐中原、争霸天下的最佳基地。

统治益州的刘璋鲁钝昏庸，因此他的统辖范围内政治黑暗、特权横行，有志之士早对这位无能的统治者极端不满。例如《资治通鉴》上记载，军议校尉法正才干非凡、深具名望，却不为刘璋所用，抑郁不得志。别驾张松能言善道、反应机智，可数当代一流，亦以为刘璋不足与之有所作为，常暗中叹息不满。正如诸葛亮在"隆中策"所说，整个益州早已处于"智能之士，思得明君"的不稳局势，刘璋政权的合法性，面临严重的挑战。

这么好的一块"肥肉"，自然不只是诸葛亮在觊觎，孙权亦早已兴趣多多，而曹操又何尝无心。赤壁大战失败后，曹操仍以最精锐的曹仁、曹洪大军镇守襄阳及樊城。并且亲自进军关中，驱逐了马超及韩遂，目的便在打开进入汉中和益州的关口。诚如孙权信中所说："若使曹操得蜀，则荆州危矣！"

情势的确令人不放心，因此不少荆州元老，劝刘备接受孙权请托，共同入蜀，以断曹操之念。荆州主簿殷观强烈反对，他认为这样做太危险了，"若为吴先驱，进未能克蜀，退为吴所乘，即事去矣！"

对诸葛亮而言，心中必也矛盾不已，联合孙权抗拒曹操，称得上是最重要的。但益州是不可以和人分享的。因此当孙权建议合取益州时，诸葛亮劝刘备，以严厉的态度婉拒之，但什么时候才能独力取蜀，又不得罪孙权，相信诸葛亮必是相当头痛。

这时候，刘备眼前出现了一位人物，让诸葛亮和刘备得以放心地积极准备入蜀的规划，他便是在南阳一带，和"卧龙"诸葛亮齐名的"凤雏"庞统。

庞统字士元，襄阳人，他是荆州在野派首要元老庞德公的侄儿。在"水镜先生"司马徽的眼中，庞统的才华直追诸葛亮，只是在长相和个性上，两人却属完全不同风格的两个极端。

诸葛亮高大英俊，为人谨慎，个性虽高傲，但外表仍谦恭有礼，颇知分寸；庞统却生得短小粗俗，个性又豪迈，接近放浪不羁，经常不按常理出牌，让人无从捉摸。

年轻时，庞统便有些大智若愚，从外表行为看来，实在没有什么值得称道的，只有颍川名士司马徽深知其才，行止几乎狂妄的庞统，对司马徽也特别敬重。当汉末战乱延伸至颍川时，以庞德公为主的荆襄名士，纷纷邀请司马徽避居南阳，但司马徽却有点舍不得离开，仍在犹疑中。年轻的庞统却不远千里，数度前往颍川，拜见司马徽。司马徽也不见外，常自顾自地在桑树上采桑，庞统则坐在树下与他谈天说地，常由白昼谈到深夜，似乎总有说不完的话题。对这位二十岁的年轻人的学问之渊博及健谈，司马徽深感惊奇，称赞庞统为南州名士之冠冕，借此，庞统的声望大幅提高，被称为"凤雏"。

庞统个性懒散，长于思考，对世俗很少计较，长大后，在南郡做个负责法令文书的小官，每天混着过日子。不过，他相当好讲大话，每有论述，超乎其职位上所应思虑者甚多，因此常受到别人的讥讽。

不过，庞统一点也不在意，自我辩解道："当今天下大乱，正道遭受破坏，善人少，恶人多。我想倡导风俗，让大家重视道业，自然要讲得特别动听，否则能重视的人一定比较少。我把事情常说满到十，其中有五却常被疏忽，但总算还能有一半，足以崇高社会教化，使自志者自励，不是也很好吗？"

周瑜为南郡太守任内，对庞统相当器重。因此，周瑜去世时，由庞统护送其灵柩回江东。

江东名士陆绩、顾劭、全琮早闻庞统盛名，特别前去庞统住宿的会昌公馆，和其聚谈。

人物档案

庞统（179年—214年），字士元，号凤雏，汉时荆州襄阳（今湖北省襄阳市）人。东汉末年刘备帐下重要谋士，与诸葛亮同拜为军师中郎将。

庞统初任郡功曹，后跟随周瑜，被周瑜任以大事。周瑜逝世于巴丘，庞统为其吊丧至东吴，与陆绩、顾劭、全琮等人结交而还。南郡借给刘备后，庞统从事署理，继守耒阳令，不治理公务而被免职。鲁肃、诸葛亮以庞统"非百里之才"力荐，刘备十分器重，委以治中从事重任。后与刘备一同入川，于刘备与刘璋决裂之际，献上上中下三条计策，刘备用其中计。进围雒县时，庞统率众攻城，不幸中流矢而亡，年仅三十六岁，被刘备追赐为关内侯，谥曰靖侯，葬于落凤坡。

庞统在和他们交谈后表示："陆先生可谓驽马也，个性飘逸，志在千里。顾先生可谓驽牛，可负重而致远也。"对全琮说："先生个性好施，尊重有声望的人，有如汝南樊子昭，惟智力不多。但也算一时之选矣！"

话虽讲得稍嫌直了些，但庞统却表现得很真诚，因此使人听起来一点也不觉得生气。陆绩和顾劭更进而表示："先生的论点真有趣，若使天下太平，吾等将和先生共同论述四海名士。"

也有人私下对庞统说："依先生看来，陆绩要稍强些了。"庞统却笑着说："驽马虽精，但他的志向，仅能一人享有；驽牛一日行三百里，能得到他帮助的，将不只是他自己而已！"

顾劭在当晚更是到庞统住宿之处，请教庞统道："先生相当懂得观人，请问我们两人谁将较有成就呢？"庞统很坦然地回答道："陶冶世俗，甄选人才，考核绩效，我不如先生，但论帝王之秘策，为整体政治做长期规划，我将比先生强些呢！"

顾劭听了，相当服气，从此更亲近庞统。

鲁肃虽有意重用庞统，将他推荐给孙权，但年轻的孙权却不是很欣赏庞统的粗俗和好大话。庞统也表示希望回到家乡，正好诸葛亮前来吊祭周瑜之丧，鲁肃便将庞统之事和他商量，诸葛亮见到昔年友伴，当然非常高兴，但以尚有公务在身，须和鲁肃再讨论孙刘合作事宜为由，只是写了封推荐信，请庞统先往江陵晋见刘备。

庞统见到刘备，并未出示诸葛亮之信，只言及鲁肃的推荐。刘备看庞统举止粗鲁，心中不甚喜欢，但碍于鲁肃面子，便任之为从事，掌耒阳县令。但庞统到县府却好吃懒做，终日不办公，很快又被刘备免除其官职。

鲁肃听到这个消息，立刻派遣信使，紧急向刘备报告道："庞士元非百里之才，应该派遣在您的身边，出任治中或别驾之职，才能发挥其长才。"

这时候，诸葛亮回到江陵，听到庞统的事，立刻郑重地向刘备重新推荐。刘备早先有司马徽的"卧龙、凤雏"之说，现在又有鲁肃和诸葛亮的推崇备至，刘备只好相信了。他和庞统做了相当详细的意见交换，才知道庞统的确拥有千里之才，也感到非常的歉疚，便聘任庞统为治中从事，地位仅次于诸葛亮，不久更在诸葛亮的安排下，和诸葛亮并为军师中郎将。

庞统对刘备建议道："荆州经过了这几年的战事，民生荒残，人才流散各地，东有孙权，北有曹操，想要靠这块土地，和孙曹鼎足而立是不太可能的。如今益州国富民强，户口有百万之众，兵精粮足，可速争夺之，以定大计。"

刘备仍疑虑地表示："对我们的立场而言。水火不容的敌人应该是曹操。曹操重功利，讲急效，因此我特别表现得宽和；曹操重视强权，我则偏重仁爱；曹操讲谲变，我则讲忠实；我刻意塑造和曹操不同的形象，来建立自己的功业。若在征伐益州这件事上，违背了我当时对孙权和刘璋的承诺，将失信于天下，这是我不愿意的事啊！"

庞统却笑着说："军国大事讲求权变，不可限制于自己的意念，兼并弱小，侵占不道之国，此春秋五霸之功业也。只要夺得其国后，对人民施以仁政，并给刘璋一个他可以胜任的封国，这就不算是失信天下了，今日不趁此最佳时机夺取之，若曹操和孙权也共同来争夺，就悔之晚矣！"

刘备一方面也担心，自己前往益州时，荆州北有曹操，东有孙权，难以做有效的防备，如今既然多出了一个优秀的参谋，或许便可以双头并进，去做兼并荆、益双州的规划了。

·第七章·

刘备进益州

蜀地文化正式登上华夏历史，是从战国秦惠王时代开始。经过商鞅变法大力整顿，秦国国势大振，秦惠王依照司马错的意见，进军蜀地，公元前316年十月，攻灭蜀国，并将蜀国分成蜀郡和巴郡两个行政区，蜀郡的治所为成都，巴郡的治所为江州（今重庆市）。成都城周围二十里，城墙高七丈，城内宫室及市场的配置完全仿照当年的秦国首都咸阳城。主要的官城分为太城和少城，太城在东，少城在西，当年的城墙完全采用土版建筑，由于蜀地土质甚佳，据说这些城墙一直保留到宋朝期间才被完全毁坏。

·益州刘璋之邀·

建安十六年（211），曹操击败了关中马超及韩遂大军。并下令司隶校尉钟繇，积极推进攻取汉中的计划。曹操自己则在洛阳编组军马，指挥镇守关中的夏侯渊大军会师长安，显然有大举南下之势。

这下子，不但张鲁紧张，连刘璋也感受到"山雨欲来风满楼"的威胁了。

张松趁机对刘璋说："曹公军队之强，天下无敌，一旦平服汉中，必南下征讨蜀地。到时候将军可有什么对策？"

刘璋说："这件事，我也想了好久，但一直找不到比较好的策略。"

张松表示："目前镇守荆州的刘豫州将军，是您的同宗，和曹公更是天生的宿敌。他身经百战，韬略之高，曹操都得退避三舍。这几年，我们和他素有交往，何不联合他先下手为强，征讨张鲁，只要张鲁一破，巴蜀、汉中可结为'防御联合体'，曹操军队再强。想要攻破此联合防线。也是不太容易的，这样子，益州便可保万年的太平了。"

刘璋对引外军入境，颇有疑虑，迟疑不决。

张松便又进一步表示："这几年，国内东州大军和本土派大军对峙现象日益严重。本土派庞羲、李异等恃功而骄，根本不听指挥。目前他们又固守北方防线，一旦倒戈，巴、蜀防线必立刻陷入危机，因此借用刘豫州之力，可阻挡曹操野心，也可防止庞羲等对成都有不轨的行动。"

事情讲得严重些，刘璋便却步了，再度任法正为特使，前往江陵，邀请刘备入蜀，共商军事联盟事宜。

法正到荆州后，立刻秘密晋见刘备，表示道："以将军之英才，趁刘璋之懦弱，加上益州智士张松等有意为内应，必可顺利取得益川，愿将军掌握机会，全力以赴。"

刘备仍以与刘璋同宗之谊，婉拒之。

法正乃义正词严表示道："曹操征伐关中凯旋后，如今赞拜不名（晋见天子不用事先登记），入朝不趋（进入宫殿不用低头小步走以示礼貌），剑履上殿（可以带着剑上朝），显然有僭越之势。将军为延续汉室香火，更需尽快夺取巴蜀，以巴蜀地势之险，物产之丰，退可以守，进可以争霸天下。否则曹操一旦平灭汉中，再据巴蜀，天下必归于他了。"

刘备表示兹事体大，必须和诸葛亮、庞统等商量，于是请法正到宾馆，等待消息。

在军事会议上，诸葛亮、关羽等均赞同入蜀的策略。庞统更积极表示："历经这几年战乱，荆州人才荒废，民生凋敝。光靠荆州，已不足和曹操及孙权鼎足而立了，益州土地广大，物产丰富，户口有百万之多，只要有效地加以整顿，根本不需靠外来资源，是复兴汉室大业最好的根据地，这个机会绝不可以放弃。"

刘备道："我们的敌人是曹操并非刘璋，何况我一向以仁义自许。和曹操有明显不同的形象，这样占取益州，长期而言，对我们不见得有利啊！"

庞统道："如今天下大乱，道义标准也应有所不同，昔日春秋五霸合并弱者，以战止战，免生民于水火中，不但建立功业，并且合乎'大义'之原则。所谓'逆而取之，顺而守之'。将军如能完成复兴汉室之大义，夺取刘璋的益州又算得什么呢？为了天下万民，即使背信也是不得已的啊！愿将军深思之，今日不取巴蜀，而为他人所得，势将后悔莫及。"

在和诸葛亮等深入探讨后，刘备决定接受刘璋邀请，率领军队入蜀，并伺机夺取益州。

为了表示无心逗留益州，以松懈刘璋的防备和猜疑，诸葛亮建议刘备，这次入蜀的大军全以新加入的将领为主，老干部一律留守，一方面固然为严防东吴和曹操趁机袭击，一方面也向刘璋表示此次军事行动是"有限目的"的。

刘备这次军事行动相当大胆，为了不让刘璋起疑，入蜀的军队非常少，万一刘璋反悔，刘备的安全是岌岌可危的。

庞统胆大心细，富于想象力，在这个行动上，比诸葛亮适合。而镇守江陵更是生死攸关的重要任务，谨慎而多谋的诸葛亮的确是最佳人选。

入蜀大军的编组，显示出刘备的胆识过人。黄忠、魏延均是荆州旧将，却能获得刘备完全信任，甚至将生命安危都委之于他们。这两人在日后的入蜀战争中，几乎拼上全力，以达成功，刘备对他们的坦然相待，应是最主要的原因。

益州内部，对这次刘备入蜀的事件，也大感疑虑。

黄权强烈反对。他向刘璋表示："刘备以勇武闻名，安能长久居于将军之下，仅为客卿。若以客礼待之，又是一国不容两主。今听臣言，则西蜀有泰山之安。不听臣言，主公必有累卵之危矣！"

帐前从事王累，更将自己倒吊于城门前，苦谏刘璋："张鲁犯界，乃癣疥之疾，虽麻烦但不至于危险。刘备入川，乃心腹大患，恐危及益州存亡！"

但刘璋是个没有主见的老实人，既已派遣使节邀请刘备，自然不便反悔。何况他也想不出有什么方法，可以撤回自己原先的命令。又由早先情报中，见到刘备入蜀的军队不多，便放心地拒绝黄权等人的建议，反而下令刘备所过之处"迎奉供养"，让刘备有"入境如归"的亲切感。

刘备的军队抵达巴郡时，巴郡太守严颜，是益州最老牌的将领，他有谋略、重义气，对这次刘璋迎刘备入川，非常不解，他对属下将领表示："这个战略就犹如独坐在深山里，却放虎来求自卫也。"

益州将领和重臣，对这件事议论纷纷。使张松和法正倍感压力，幸孟达从中调解。说服了不少人，逐渐站在支持张松和法正的立场。

为避免发生意外，刘备的中军从江州北面的垫江取水路而西。孟达亲自在涪城迎接，代替刘璋向刘备致欢迎之意。孟达请刘备暂驻于涪城，等待刘璋亲自到来。

不久，便见到刘璋亲率步骑混合大军三万多人，"车乘帐幔，精光曜日"前来迎接刘备。涪城距离成都三百六十多里，刘璋的诚意由此可见。两人自然相见甚欢，互道仰慕之情。

但负责接待的孟达，却私下拜会庞统，传达张松之意，希望刘备趁机击杀刘璋，以免夜长梦多。庞统暗中将此意转告刘备，刘备以"此事不可仓猝"拒绝之。

庞统又向刘备献策："不如趁此机会，逮捕刘璋。不正可以不战而屈人之兵吗？"

刘备正色表示："我们刚入益州，对百姓尚无恩德，匆忙做此不德之事，必得不到支持，此事宜从长计议。"

其实，以刘备的少数兵马，向刘璋的三万部队发动袭击，虽说有孟达做内应，但鹿死谁手，犹未可知！因此，庞统便不再多言了。

·赵云长江救幼主·

原先孙权曾约同刘备共夺益州，刘备以大义为名坚决拒绝，并立刻布军防卫东线，让孙权不得西向，孙权不得不知难而退。如今刘备却自己率军入蜀，表面上和刘璋联盟，其实是想伺机夺取之。

孙权认为受到刘备欺骗，因此派遣使者接回嫁给刘备的妹妹，并让妹妹以母亲的名义，带回刘备年幼的长子阿斗，作为人质，再向刘备做强硬交涉。

由于诸葛亮到前线和关羽商议北方防务，而留守江陵的幕僚地位太低，无法和孙夫人抗争，因此只好干瞪着眼让孙夫人带着阿斗乘船返回江东。

孙乾眼见事急，立刻派人紧急通知镇守公安的赵云，和在巡视长江的张飞。由于张飞行踪不定，比较不容易联络上，孙乾只紧急联络上赵云一人。

赵云接到报告后，因情况紧急，来不及和任何人商量，便带着少数近从，乘小船快速追赶。

防备江边的将领，见是孙夫人，自然不敢阻挡，何况又有东吴派来的特使周善以数百人护卫着。赵云在后面急赶，总算在边境沙头镇，追上了孙夫人的舟船。

不顾周善等人威胁，赵云只身强行上船，力图说服孙夫人等到刘备消息，再行离开荆州。但刚强的孙夫人拒绝其建议，赵云便退而求其次，要求留下阿斗。孙夫人不准，赵云便持剑强夺之，周善意图杀害赵云，赵云只身奋战，东吴军不得近身。危急中，突见上游大批船舰抵达，原来张飞也接获急报，知道赵云已赶往抢救，恐东吴出动战舰，因此率领主力船队，前来接应。

由于双方力量悬殊。孙夫人只好留下阿斗和周善先行返回东吴，这是赵云第二度救护少主脱险。

为顾及东战线防务，刘备向刘璋报告，必须等待诸葛亮处理好和东吴的谈判，确定自己的根据地没问题后，才能放心北上。

只是这么一来，又耽搁了好几个月。

到了第二年，白水关守将，也是益州有名的将领杨怀及高沛，眼见刘备无意北上进讨张鲁，便暗地派人向刘璋报告，表示情况不对，刘备可能心怀不轨，建议立刻设法将刘备遣回荆州。刘璋对这件事也不知如何是好，只好派遣特使以密书指示杨怀等人仔细监督刘备行动。

这份密书却被正在刘备军中的法正截获，他立刻前往和庞统商量。庞统亦感到事情紧急，在和法正研究全盘情势后，向刘备提出了三条计划：

第一条策略，是不管杨怀及高沛，直接暗中精选敢死队，袭成都，夺取益州主导权，是为上计。

第二条策略，是先行逮捕杨怀及高沛，取得白水关控制权，再汇集更多兵力，向成都进击，是为中计。

第三条策略，则是先退还白帝城，巩固防线后，再联合荆州军队，逐步攻入益州，是为下计。

庞统表示，切勿犹疑，否则征蜀大军将陷入危境，后悔莫及。

刘备也深知自己兵力有限，任何撕破脸的行动，都必须承担重大风险。他认为上计太冒险，下计又缓不济急，决定采用中计。

幸好杨怀未获得刘璋回信之指示，尚不敢采取激烈行动。首先，刘备邀请杨怀、高沛过来讨论军情。杨怀怀疑有他，到达刘备的主帅营帐，立刻遭到逮捕，将他软禁，刘备以刘璋原先的指令，控制住白水关的军事指挥权。

这时，刘备又接到孙权紧急传书，曹操为报赤壁战败之仇，正准备大军南下，孙权希望刘备速回荆州，共商联合防守之大计。

因为孙夫人强行返回娘家的事件，刘孙联盟已呈现阴影。何况这次曹军南下规模不大，而且西线关羽的布防，已成功阻止了曹仁的蠢动，所以孙权这次的紧急军情，用意何在不得而知，但却给了刘备一个有力的借口。刘备立刻派急使，向刘璋报告：以唇亡齿寒，不得背弃同盟之谊，反过来要求刘璋增派援兵，让刘备有足够实力，对抗曹操。不过张鲁的问题又怎么交代呢？刘备在书函中表示，白水关防务已加强，张鲁不过是"自守"之贼，短期内不用担心，等曹操问题解决后，再回来征讨还来得及。

对刘璋而言，这样的说法是很难接受的，几乎有"偷鸡不成蚀把米"的感觉，如何能心甘情愿给刘备援助呢？但又怕刘备反目，只好给刘备四千余军队，粮食车辆都依要求减半。

这件事情显示出刘璋的优柔寡断，怕得罪人又放不开，反而给了本来就想背弃盟约的刘备一个"义正言辞"的反叛理由。

刘备自然懂得利用机会，立刻勃然大怒表示："我为益州对抗强敌，不远千里而来援助，如今我碰到困难，要点人马和军资你都不肯。怎能叫我们心甘情愿去卖命呢？"

军援事件，显然使刘备和刘璋间的关系，降到了最低谷。

在这个时候，又发生了张松被刘璋逮捕斩杀的悲剧。

张松原是刘备入川计划的主要策动人，眼见刘备已掌握北方军权、成功在望，却传出他要回去荆州的消息。张松不明就里，急忙派人带信给刘备和法正，询问内应夺权的事如何进行。这封信落在其兄张肃手中，张肃见信大惊，害怕连累自己家属，乃向刘璋告发张松和刘备之阴谋。刘璋大惊，立刻逮捕张松，满门抄斩，并下令各处关口严加防范，也宣布和刘备断绝往来。

刘备听到张松被杀，也以眼还眼，斩杀杨怀和高沛，和刘璋正式摊牌，拉开了争夺益州战争的序幕。

刘备军队虽不多，但准备周全，加上法正和孟达的协助。刘璋的益州大军显然毫无斗志。收编白水关的守军后，刘备以黄忠大军为先锋，挥师南下，直取涪城。从这个军事行动看来，刘备急着回荆州的军情，根本就是假的。

刘璋派出本土大军的领袖张任为总指挥，配合宗亲派刘璝的军队。东州派吴懿、邓贤、冷苞的大军北上布置防守线。依刘璋的想法，这显示了益州两大派团结对抗刘备的决心。其实在孟达的暗中整合下，益州大军各怀鬼胎。

黄忠在绵竹布阵，展开会战，吴懿兵马首先倒戈，张任缺乏准备，被打得大败。涪城陷落，张任只好在涪城南端重新布防，并向刘璋要求援军。

想不到刘璋又犯了一个严重错误，这次他派出东州大军大老级将领李严，带军驰援。李严是南阳人，和法正、孟达一向交好，其所率属军队，大多来自荆州，因此对刘备有特别的亲切感。在法正和庞统等旧友和老乡的策动下，李严到达涪城后，不战而降，使益州的士气遭到致命的打击。

> **人物档案**
>
> 李严（？—234年），后改名李平，字正方，南阳人。三国时期蜀汉重臣，与诸葛亮同为刘备临终前的托孤之臣。231年，蜀军北伐时，李严押运粮草因为下雨道路泥泞延误时日，为推卸责任反而怪罪诸葛亮的北伐，使诸葛亮不得不退兵，因而获罪，最终被废为平民，迁徙到梓潼郡（治今四川省梓潼县）。234年，诸葛亮病逝，李严得知这个消息后，认为以后再也不会有人能够起用自己了，因此心怀激愤而病死。

幸好，张任经验老到，又善于智略，他立刻整编忠诚度较没问题的刘瓒及自己的直属军，退守刘璋儿子刘循固守的军队重镇雒城。

合并吴懿及李严大军，使刘备军声势大振。但张任据险而守，相当有效地阻止了刘备兵力的南下，因此刘备立刻依照原先计划，紧急调动荆州的诸葛亮，率领张飞及赵云的大军，由益州东边攻向成都，诸葛亮进而卷入了入川的战争。

·兵权在握·

从新野治军到当阳长坂坡之役，诸葛亮只能当刘备的辅佐而已。

赤壁之战前夕，在危急中，这位年轻的策士，在短期内，自我修炼成为相当成功的外交家。这段时间，诸葛亮的潜能在强烈的挑战下，有了相当完整的激发。

赤壁大战，诸葛亮是一个旁观者，但他也是位不放弃任何机会的智者。除了大量吸取周瑜、鲁肃、曹操的智慧外，他更以"旁观者清"的优势，趁乱策划夺取了荆南三郡和南郡的大部分领地，也替刘备掌握了创业最重要的根基。半年不到的时间，这位年轻智者在实务经验上有了惊人的成长，诸葛亮独当一面的能力，获得刘备的肯定。

"借荆州"的策略，显示了诸葛亮成熟的外交手段，刘备在这方面一向较弱，因此这些精彩的"演出"，应属诸葛亮的手段。这段时间，诸葛亮在刘备阵营中的文事方面，似乎已完全掌有主导地位了。

进军益州虽是"隆中策"中拟定的"基本国策"，但在入川的策划上，诸葛亮却让给了新来的"凤雏"庞统，这多少表示诸葛亮对庞统才干的信任及本身治理内政工作上的繁忙，也充分显示出诸葛亮"不争功"的气度。史料上，这段时间记载的大多是刘备和庞统间的讨论，好像诸葛亮不发一言。但我们相信如此重大的国策，刘备势必经常向诸葛亮详细咨询，只是既然不负责主要规划工作，诸葛亮似乎刻意避免表示太强的意见，以抢庞统的光彩。由这件事看来，诸葛亮的确是位心思周密、善体人意的大策略家，对权责分明的制度相当身体力行。

以刘备入川时所带去的少数兵力，显然在荆州还有第二批的预备部队正伺机而动。入川前，刘备把诸葛亮安排在江陵指挥大局，可看出在刘备的心目中，年轻的诸葛亮，地位已超过老将关羽和张飞而跃升为第一位了。

刘备和刘璋闹翻后，又连续策动吴懿和李严大军归降，声势大增，眼见益州大军已近乎崩溃。这虽然大多是法正、孟达等在幕后操纵的功劳，但对于西征军庞统而言，这段时间是他最得意、光彩非凡的时期了。

但益州本土派首席将领——成都名将张任，却巧妙地将崩溃中的军队退守在益州北方第一军事重镇雒城。雒城地势险要，防御工事坚固，刘备的闪电攻势因而受挫，庞统虽绞尽脑汁，仍一点办法也没有。

不久，葭萌关守将霍峻紧急军情报告，刘璋已由阆中（四川省阆中市），派兵围攻葭萌，显然想截断刘备的后援，前后夹击属于"客军"的刘备征西军。更让刘备担心的是，刘璋如果再由益州东边切断刘备和荆州的联系，便可能使征西军完全陷于孤立。基于此，刘备不得不当机立断，也顾不得孙权和曹操可能对荆州的威胁，派人由水路送密函到江陵，下令诸葛亮发动第二波攻击，由益州东部攻入蜀境，以会师成都。

诸葛亮在接获紧急军情后，立刻依照刘备指示，命在北方前线的关羽，返回江陵坐镇，并由刘备阵营的文职长老糜竺、马良等协助，糜芳、廖化、士仁和回报军情的关平等军，在荆州东部及北部前线布防。自己和张飞、赵云等重要军事领袖共同入川，以尽速解决益州的军事行动。

第二批攻势动用的兵力显然不少于第一批刘备自己所带的大军，而且动员之快，令人吃惊。这充分显示出这些军事规划，在刘备入川以前，早就准备好了。

张飞的前锋军由巴东入川，不久便碰到益州大军强烈地抵抗，指挥这个防御战的是蜀中老将巴郡太守严颜。

严颜是益州年纪最老的将领，经验丰富。他虽强烈反对让刘备入川，但在心态上对刘璋政权并不服气。因此除了冷嘲热讽外，倒也未曾向刘璋提出具体的谏言。不过，听说张飞率领大军东向，严颜立刻集结五千多名士兵据险而守。张飞在军力上虽拥有绝对优势，但一时也占不到任何便宜。

由于张飞一向性急暴躁，因此严颜判断他一定缺乏耐心，只要坚守一阵子，张飞的指挥体系必会出现漏洞，到时候以少数守军反击，必可击败张飞。

但想不到张飞粗中有细，他看到严颜据险而守，也猜得其七八分心理，乃将计就计，在数度攻城不利后，于营中发脾气，怒打兵士，并严刑附近农民，询问越关的小路。

不久，附近居民不得不告诉张飞越山而过的捷径。张飞下令即日放弃围城，全军趁黑夜掩护，越过山路入川。

由于张飞军队阵容庞大，这种军事行动根本无法瞒过严颜的情报人员。严颜判断张飞已无耐心，故打算寻小路越关而过，因此也下令趁夜出关，袭击张飞移动中的军队。

想不到张飞这个军事行动根本就是假的，在黑夜中带着部队穿越山路的大将，只是一个"替身"而已，真正的张飞正率领着最精锐的部队，准备袭击严颜打算出城袭击张飞的部队。

果然，严颜很快率领突击队，去追击张飞正在越山的主力部队。真的张飞仍忍耐地不动声色，暗中追随严颜的突击部队直到有相当距离后，才鸣鼓从后面发动攻击。前面越山的主力部队听到鼓声，也立刻回头夹击严颜军，严颜知道中计，仍拼命死战，意图突围返回巴郡城，但张飞亲自率军阻挡，一时间也杀不出条血路来。

另外，张飞更令一队人马，乔装成严颜部队，以回师名义向守城的益州军叫关。黑夜间，城上的守军不察，打开城门，张飞的兵马趁机侵入巴郡城，完全控制住留守的益州军。

苦战到天亮，严颜好不容易才率数百名残军突出重围，往巴郡城奔逃回来，张飞亲自率队在后面追击。

严颜奔回城门口，大喊开门，但守城军队早已变成荆州军了。严颜再往回路奔走，正逢张飞追来的大军，敌众我寡、悬殊太大，严颜年纪又大，彻夜苦战，力气早已耗尽，终于所有的残军全遭擒拿。

入城后，张飞立刻升堂要求严颜投降，严颜反而怒声斥责张飞无故犯境，大声表示："益州只有断头将军，没有投降将军。"

张飞听了大怒，破口大骂，并令左右将严颜推出去斩首。

严颜看到张飞生气，反而冷冷笑道："要杀就杀，何必发那么大的脾气！"张飞打从心里敬佩严颜的勇气，不禁走下堂来，亲自解开严颜的捆索，坦然地表示："将军真是老英雄，张飞得罪了，还望见谅！"

这下子，反而把严颜怔住了。张飞礼貌地请严颜入座，并说明刘备入川，主要是为了建立复兴汉室的基地，因此深获益州名士张松、法正、孟达等的认同，特意给予协助，还望严颜也能共襄盛举。

严颜本来就不是刘璋的死忠派，又见到威名远扬的张飞如此诚恳地相劝，便诚心归服了。

由于巴郡附近守军均是严颜的旧属，因此在严颜的"喊话"下，几乎未再发生任何争战，张飞便顺利地比诸葛亮早一步到达江州。

进入江州后，诸葛亮的第二波西征军，已占领巴东地区。由于刘备正在雒城陷入苦战，诸葛亮不敢怠慢，除了派急使向刘备报告军情外，更和张飞、赵云等分兵三路，向成都进逼。

第一路：张飞大军，由垫江向北，收服巴西（阆中），防止益州军队截断刘备军后路，并直逼成都北方；

第二路：赵云由长江逆水西进，攻取江阳，绕道南下平定犍为，反包围成都之西；

　　第三路，诸葛亮继续由西向东攻击德阳，直攻成都东面境界。

第八章

龙凤入蜀

龙凤入蜀

　　进军益州虽是"隆中策"中拟定的"基本国策"，但在入川的策划上，诸葛亮却让给了新来的"凤雏"庞统，这多少表示诸葛亮对庞统才干的信任及本身治理内政工作上的繁忙，也充分显示出诸葛亮"不争功"的气度。既然不负责主要规划工作，诸葛亮似乎刻意避免表示太强的意见，以抢庞统的光彩。由这件事看来，诸葛亮的确是位心思周密、善体人意的大策略家，对权责分明的制度相当身体力行。

·刘备统辖益州·

　　张飞大军在严颜的帮助下，几乎兵不血刃地很快平定了巴西，再度和诸葛亮会师德阳。刘璋派出本土派耆老张裔率兵前来堵截，却又被张飞打得大败，张裔残军退守成都，重新部署防线。

　　赵云的军队也顺利攻下江阳，占领了资中（犍为郡治），由西边向成都进逼。

刘备和庞统的首批远征军，声势虽大，但大多属益州降军，因此在张任有效的阻挡下，整整一年间，攻打雒城不下。但听说诸葛亮等已克巴东，而且占有益州大部领域，特别是赵云已有效截断了刘璋军队对刘备后方的反包围，也就放心多了。

不久，又听说关中大军领袖马超，被曹操击败后，投靠汉中张鲁大军，不甚得志，因此派出益州相当具有名望的名士李恢，暗中到汉中去结交马超。

一直到建安十九年（214年）夏天，刘备获得通知，诸葛亮和张飞已到达成都的东面和东北面，赵云军则已攻破资中，成功地由西北方夹击成都。只等待刘备进一步指示，便可向成都发动总攻击。

刘备和庞统再度向雒城发动猛攻，庞统亲自做饵引张任出城，果然张任恃勇轻敌、带兵出城，屯兵于雒城南方的雁桥。刘备趁机截断张任和雒城间的通路，庞统也率军回头猛攻张任驻守雁桥的阵营。张任以箭雨反击，庞统亲身在前线督战，竟然不幸中箭，当场阵亡，享年三十六岁。

庞统是用计擒伏张任的主要策划者，只是在这场激战中，这位不懂武艺的军师，责任心所致，亲赴前线，最终中箭身亡。但在荆州军两面夹攻下，张任的主力军也在雁桥被击溃，张任为庞统部属擒获。

刘备久闻张任忠勇，有意令其归降，但张任年事已高，不想再换所侍奉的主人，拒绝投降。加上庞统殉难，荆州军气愤难忍，对张任非常不谅解，刘备也只得处死张任，以平息众怨。

人物档案

法正（176年—220年），字孝直，扶风郿（今陕西省眉县小法仪镇）人，东汉末年刘备帐下谋士，名士法真之孙。

原为刘璋部下，刘备围成都时劝说刘璋投降，而后又与刘备进取汉中，献计将曹操大将夏侯渊斩首。法正善奇谋，深受刘备信任和敬重。

建安二十四年（219年），刘备进位汉中王，封法正为尚书令、护军将军。次年，法正去世，终年四十五岁。法正之死令刘备十分感伤，连哭数日。被追谥为翼侯，是刘备时代唯一一位有谥号的大臣。法正被陈寿称赞为可比曹操帐下的程昱和郭嘉。《全三国文》辑录有其文一篇。

雒城战役顺利取胜，殉职的庞统功劳最大。

刘备虽然痛惜庞统战死，但他仍非常冷静地想用政治手段，劝服刘璋投降，以免造成双方更深的仇恨，这对未来统辖益州，也是相当不利的。

因此在法正的建议下，首先由法正自己写了一封长信给刘璋，除了向刘璋陈明情势之外，还诚恳地劝导刘璋自主投降。法正表示：

法正虽然缺乏能力，但既已受任和刘豫州交往结盟，当力求设法不辱使命，达成任务。但恐将军左右不明本末，把这件事情失败的原因归咎于法正，使我蒙受不白的耻辱，并且损及任务的达成。如今事情已陷入混乱，只得暂留于刘豫州营中，继续交涉，未能返回成都向您报告事情的经过。

也因为这样，必有不少的谗言，攻击于臣的身上，造成将军对法正的极端不谅解，让为臣深觉遗憾。今国事已危，祸害更近在眼前，是以虽身在外，不足以获得将军信任，但仍愿意言无不尽，以尽余忠。

将军引入刘豫州之本意，是法正所深知的，也是法正继续留在刘豫州身旁，努力想完成任务的主因。但如今却演变成如此尴尬的场面，主要是将军左右有太多不理会英雄从事之道的臣属、意气相争，造成双方的误会，以致兵戎相见，终致不可收拾。

今益州的主力部队已遭击溃，雒下虽尚有万余部队，其实战斗意志均已丧失。相反地，刘豫州主力部队攻下雒城，获得大部分粮食辎重，已拥有绝对的优势，而将军土地日削，百姓日困，谓必先竭，即使想再坚守，将不复持久也。

张翼德将军（张飞）拥兵数万，已定巴东，赵云更由犍为攻入，分平资中、德阳，三道并进，将军将何以察之？

益州有三分之二领域已遭占领，虽仍守住蜀郡和成都，其实吏民疲困，思为乱者十户而八，即使没有敌人进逼，这些百姓也早已不堪役使，只要刘豫州军队稍加进逼，则必一日俱归附之，是以存亡之势，昭然可见。

以法正之下愚者，犹知此事不复成，况且将军左右尚有众多明智之士，竟而不见于此？

想必将军身旁重臣，平常只会争取幸宠，求容取媚，而不知替将军做长远规划，更未曾尽心献策。若事穷势迫，这些幸臣将各自索生，保护自家安全，相信也不会为将军效死。

法正虽获不忠之毁谤，然扪心自问，绝不辜负将军圣德之义。造成如此结果，其实法正也相当痛心。左将军刘荆州目前已获绝对优势，但其对将军之本意仍和旧日一样，绝不会对将军有任何不利。因此愚以为将军应懂得应变之道，以保住一族之性命和尊严。

法正这封政治喊话的信函，写得相当有力量，显示他虽一直未得刘璋重用，但对刘璋的个性却了解得相当透彻，以其才干应不是不能够去讨好刘璋，想必是坚持自己的原则，而有所不为也。

刘备从涪关南下攻打雒城时，益州参谋郑度曾向刘璋建议："左将军（刘备）率军袭击我们，但其兵尚不满万名，士卒之心未定，军无辎重。因此防守之道。不如将我方巴西、梓潼一带居民，全部迁入涪水以西，并将这地带的仓库野谷，一律烧除。再高筑城墙，挖深防御城沟，以静制动。敌军到，勿与之战，日子一久，他们缺乏粮食，不到百日必得撤退，到时候再追击之，定可获得大胜。"

这种坚壁清野的战术，对于刘备这种"客军"，的确是相当严重的伤害，因此截获此情报时，刘备和庞统都非常忧心。法正却轻松表示："不用担心，刘璋是不可能采用此计策的。"

果然没多久，刘璋便否决了郑度的计划。他表示："吾只听说过拒敌以安民，从未听说有劳动人民以避敌的战术。"

从这点可以看出法正对刘璋的个性及政风，有相当的认识，由他来写这封招降信件，想必能对刘璋产生相当大的心理效果。况且，成都城内的臣属，的确有不少人早已抱持"投机主义"的心理，绝不肯为刘璋尽忠效死。

当刘备军突破雒城防线由北方进逼成都时，蜀郡太守许靖便打算开城投降。幸好被刘璋的防城卫队发现，阻止此一叛变行动。刘璋眼见大势已去，正处危亡关头，加以许靖的声望颇高，便未曾对许靖有任何的处分。

刘璋接到法正劝降信后，犹疑不决，这时候又发生了一件军事叛变。

虽然刘璋和张鲁一向交恶，当荆州大军围困成都时，刘璋仍以其父刘焉对张鲁素有旧恩，而向张鲁请求协助。张鲁便派出投奔其不久的关中大军领袖马超，带一支援军前来帮忙。

料不到，刘备仍然快了一步，在雒城战陷入胶着状态时，曾先派出李恢到汉中和马超联系，希望马超和刘备采取联盟。由于刘备和马超之父马腾颇具交情，加上马超进入汉中后，张鲁对他一直很冷淡，使马超心里相当不满。因此当李恢前来说服他时，陷于低潮的马超很快便同意刘备的邀请，送密函表示将投靠刘备。

想不到张鲁又派他前来支援刘璋，诸葛亮便建议刘备暂时隐瞒这个消息，反而暗中派出一支军队给马超指挥，并请他出其不意地用新军反控制住汉中派来的援军，再和刘备会师于成都。

果然，当马超威风凛凛地引着大军到达成都西北时，刘璋还以为是援军到了，非常高兴，立刻派特使冒险突围，到马超军中联系。想不到马超非但不是救兵，还是刘备的同盟军，这果然产生了强烈的心理震撼效果，对刘璋有不小的打击。城中军民听说西凉第一猛将马超，投归了刘备。心中大为恐慌，几乎丧失了所有的斗志。

刘备在这时候，再派出能言善辩的老部将简雍前往拜见刘璋，刘璋见大势已去，打算开城投降。

大臣董和劝止道："成都城中尚有精兵三万，粮食、马匹可供应一年，何必急着投降。"长老黄权、刘巴也认为民心士气仍可用，应尽力而为。

刘璋却感叹地表示："我们父子两人在益州二十年来，一直并无恩德加于百姓，现在又让益州军民连续打了三年战争，相信对他们已经是够苦的了，要再这样坚持下去。我于心何忍呢？"

益州众大臣听了，也不禁落泪。刘璋便和简雍一起开城门，同坐一辆车子，前往会见刘备。

刘备在见到刘璋后，反而觉得不好意思，想起庞统生前的劝告："逆取顺守，报之以义。"便也只好亲切地趋前表示："并不是我不顾及道义，事出无奈，实在是不得已的啊！"

诸葛亮劝刘备，将刘璋迁离益州，以彻底断绝死硬派大臣反抗之意图，刘备虽有些不忍，但理性的考虑仍是经营者最重要的责任。因此刘备便封赐刘璋为振威将军，并带着他自己全部的财产，和新官衔的印绶，前往荆州的公安定居。

·益州新政策·

刘备进入成都后，立刻大摆庆功宴，犒赏荆州的西蜀远征军，摆出了一副胜利者的姿态。

刘备以荆州牧兼领益州牧，又以左将军、大司马的名义开府治事。拜诸葛亮为军师将军，并以原任益州郡太守的董和为掌军中郎将，和诸葛亮并署于左将军、大司马府事。

打开益州府库，大行论功行赏，诸葛亮、关羽、张飞、法正每人赐黄金五百斤、白银千斤、钱五千万、锦千匹。其余赵云、黄忠、魏延、孟达也依功劳大小，各有丰厚的赏赐。

接着刘备更打算将成都城内的官邸屋舍，以及城外的桑园、农地分赐给荆州来的将领及文官。所有的胜利者，都乐不可支地交头接耳，想要好好分享这份得之不易的战利品。

老将赵云独排众议，劝谏刘备说："昔年霍去病（汉武帝时抗匈奴的名将）曾表示'匈奴未灭，何以家为'。今曹操对汉皇室的伤害力之大，绝非昔日匈奴可比，虽然我们已赢得益州。但还不可求安居宁。须待天下都定，才能解甲归田各返故乡，这才是享受太平的时候啊！更何况益州居民刚遭到战争灾害，再夺其田产，必影响其生计，造成社会的不安，是很不公平的。不如归还他们的田宅，使之安居乐业，建立其欢心，然后再来筹集兵粮劳役，始能得到他们真正的支持和拥护啊！"

赵云这番话的确讲得义正词严，他完全站在新政权的稳定性及合法性立场，充分显示其关心民间疾苦、先公后私的高贵人格情操。因此刘备非常感动，立刻宣布停止原先的分赃政策，一切以安抚益州百姓为主。而那些原本急着分一杯羹的有功人员，因为赵云这种大公无私不怕得罪"朋友"的气魄，心里再多的不高兴，也不便表明去争取了。

在新建立的统治阶级方面，刘备为平衡荆州派和原益州派的势力，除了在表面上抬出董和，与诸葛亮共掌大军行政大权外，在实际的权力分配上，是以诸葛亮和法正共同执掌幕僚长的重责。

在两人的建议下，刘备大量起用原来刘璋政权下的智能之士，不论亲疏，量才适用。

董和原为荆州南郡人，年轻时代便随刘焉入益州，是个非常有能力的行政官员，凡由他治理过的地方，皆能做到"移风变善，畏而不犯"。刘璋时代，董和出任益州最南端的益州郡太守，他和当地的少数民族相处得非常好，的确收到了"南土爱而信之"的治绩。在刘璋昏庸的政权体制下，像董和有这种治绩的地方大员少之又少。诸葛亮深知董和是位难得的人才，因此要求刘备刻意地破格拔擢，成为诸葛亮治理益州的主要副手。

蜀郡太守许靖，是汝南名士许邵之兄，在江南地区拥有盛名，刘璋特别派人敦请他出任蜀郡太守，也是成都治守的最高行政长官，应该说是刘璋相当信任和尊重的大臣。但当成都危急时刻，许靖认为百姓的生命财产最重要，因此主张和平解决成都问题。由于刘璋迟疑不决，许靖甚至打算暗中开城门迎接荆州军队，幸刘璋警觉，阴谋未能得逞。但以许靖声望高，深得民心，刘璋对这个"叛变"事件也未继续加以追究。

刘备掌权后，对许靖临危"卖主"的行为，相当不认同，因此打算不再给予重用。

法正却不以为然，他表示："天下间的确有不少只有虚名而无其实的人，许靖便是其中一个。但是主公现在于此开创新事业，尚无法使益州百姓认识许靖的真面目，许靖在海内又名声远扬，若不重用他，天下人恐怕还以为主公您是故意轻慢贤士呢！依我的建议，还是应继续重用他，才能够延揽远近的人才，这便是燕昭王当时重用郭槐的真意吧！"郭槐是战国初期燕昭王的大臣，燕昭王承燕王哙末年政治乱局，上台后，便积极寻找人才，发愤图强。由于燕国偏属北方，不易引来中原优秀人才，燕昭王便向郭槐询问"求才策略"。

郭槐笑着对他说："请先重用我郭槐吧！如果连我这种庸才都受到君王的重用，真正有才能的智士，自然也会不远千里而来了。"燕昭王便拜郭槐为太傅，给予破格尊重，果然不少才智之士，纷纷由中原进入燕国寻找机会。一代名将乐毅也是在这时候，投奔燕昭王，受到重用，进而协助燕昭王称霸天下。

法正的意思，是继续利用许靖在海内的声望。对刘备新政权在益州吸取人才，将有很大的帮助。

刘备也接受法正建议，以许靖为左将军长史，刘备自任汉中王后，更拔擢许靖为太傅，日后建立蜀汉帝制，又拜之为司徒。诸葛亮掌权后，对许靖仍保持相当高度的尊重。

零陵刘巴，在早年便是曹操政权的积极支持者，刘备联合孙权对抗曹操时，刘巴带领荆州亲曹人士，力主"中国统一"的重要性，并接受曹操要求，招安荆州南部的长沙、零陵、桂阳三郡。

赤壁之战，曹操势力被迫从荆州退出，荆南三郡落入了刘备的势力范围。诸葛亮鉴于刘巴的才华及人格，特写信招抚之。但刘巴竟然弃官而走，并留书表示不想辅佐非正统政权的刘备，使刘备对刘巴"深以为恨"。

后来刘巴辗转由交趾郡投奔了刘璋，刘璋以之为高级幕僚。当张松、法正计划迎请刘备入川共同对抗张鲁时，刘巴强烈地表示反对，他认为刘备野心很大，入川必为其所害。等到刘备入川，并准备北上征讨张鲁时，刘巴再度进谏表示："若要刘备去讨伐张鲁，那无疑是放虎归山了。"

两次的谏言，都不被刘璋接受，刘巴只好闭门称疾，不再参与益州政事。

刘备围攻成都时，大家都认为这次刘巴死定了，但刘备却接受了诸葛亮的建议，下了一道军令："谁要是害了刘巴，就要诛灭三族。"刘巴听到了，深为感动，刘备进入成都后，刘巴便前来谢罪，刘备自然不好责备他，更在诸葛亮的推荐下，以刘巴为左将军西曹掾。

其余如黄权等当年反对刘备入川的益州大臣，或像李严、吴懿等在战场上归附刘备的益州长老，彭羕等有才华、但一直未受到刘璋青睐的客卿，诸葛亮皆衡量其才干及意愿，给予相当的职位，让他们在新政府的管辖下，发挥其才能。

在五六年间，一下子拥有荆益两大州，使刘备的阵容迅速扩大，而各方面的立场、意见、利害也出现了严重的分歧。因此诸葛亮必须特别注意调和新旧文武官员间的矛盾，让他们能够和衷共济，为新政权的稳定及发展尽最大的努力。

例如关中名将马超，原为雄踞一方的领袖，如今落难前来投靠，应给予他特别的礼遇。因此在进入成都后，刘备特别晋封马超为平西将军——这个地位超越了老干部赵云，甚至和张飞平起平坐。

赵云一向不重视权位，张飞对有才华的名士，也懂得特别尊重。但远镇荆州的关羽，反而有意见了。关羽一向自视极高，他看到马超一下子便做了平西将军，心中愤愤不平，特别写信给诸葛亮表示，马超到底有何才能，军略上可与谁相比？

诸葛亮深知关羽为人，只好作书回答他道：

"孟起（马超字）兼资文武，雄烈过人，一世之杰，黥、彭之徒，当与翼德并驱争先，犹未及髯（关羽有一副美髯，时人常以美髯公称之）之绝伦逸群也。"

诸葛亮特别在书信中，将马超比作西汉初期的名将彭越及英布等有勇略但较缺智谋的猛将，在当代也只能像是张飞般而已，绝不如关羽之文武全才、超群绝伦。

关羽看到书函，非常高兴。特别将书信拿给左右宾客共赏之，可以想见关羽当时傲慢自得的神态，这也是造成日后荆州失守的最主要原因。不过诸葛亮总算让关羽不平衡的心理，稍微得到平服。

当然，诸葛亮自己也以身作则，带头和新附的荆益人士建立良好关系。他和董和"献可替否，共为欢交"，互相取长补短，同心共事，成为最好的朋友。

像刘巴便是个相当不好惹的人物，他才华过人，的确相当有见识。当初，刘备围攻成都时，曾和围城的大军将领有约，打下成都后，府库财物全可充为战利品，由大家分享。因此，城破后，将士们将府库财宝，抢掠一空，反而造成刘备入城后，军用不足，常为财政问题束手无策，相当"伤脑筋"。

刘巴对刘备建议道："其实这并不困难，只要多铸一些直百钱（值一百文），平诸物价，由官府制定价格，把市场管理好就可以了。"这可以称得上是一种计划经济，加上配合货币制度的政策，以主动地调整和控制市场。只是在当时有这种头脑的人尚不多。刘备依照刘巴的方法去做，果然数月以后，府库便很快地充实了起来。

但刘巴非常高傲，他看不起武将，居然连张飞都不加以理睬。很多场合，张飞客气地请教他时，他连话都懒得讲，使张飞心中愤恨不平。

诸葛亮便劝刘巴说："张翼德将军虽然是武人，但他很敬慕足下。主公今方收合文武，以定大事。足下禀性高雅，理应懂得一点随和才是啊！"

想不到刘巴骄傲地反驳道："大丈夫处世，当广交四海之英雄，和粗鲁的武夫有什么好谈的？"

诸葛亮见此，也不便再表示意见。但刘备一听，倒是火冒三丈地表示："我欲统合大家才智和武略，以共定天下，刘子初（刘巴字）却专门和我作对，他大概仍想到曹操那儿去为官啊！只想把我们当作跳板，好像并无诚意帮助我们吧！"

刘巴见刘备生气，才收敛了不少。

·初定内政·

益州初定，诸葛亮急于稳定中央的人事和法制，刘备则常到州中各郡巡视，以彻底对益州做有效的控制。但最让刘备和诸葛亮担心的，是东方的孙权和北方的曹操，对刘备一下子拥有荆、益两州，颇为眼红，经常出现"挑战"性的动作，让尚未稳定下来的刘备及诸葛亮不禁胆战心惊，小心谨慎地应付着。

建安十五年（210），也就是刘备平定益州的第二年，曹操对汉中的张鲁发动军事行动。刘备立刻派出大量的情报人员严密地注意北方军事情势，并将张飞及马超两位经验丰富的大将调往益州北区，加强防备工事。

不久，孙权的特使诸葛瑾，到益州晋见刘备，要求归还荆州。

刘备对孙权在他陷入益州军事僵局时，召回其妹孙夫人，而且差点带走阿斗，愤恨不已。但由于使者是诸葛亮的哥哥诸葛瑾，他一向属于较同情刘备的东吴人士，因此刘备只好敷衍一下表示："等我们攻下凉州以后，自然会把荆州还给你们。"

诸葛瑾虽深知这是推托之辞，但也不好再强迫之，只好将刘备的意思回报孙权。

想不到，孙权听了大怒，立刻令大将吕蒙率军袭击荆南的长沙、零陵、桂阳三郡。

刘备获知军情，立刻将益州交给诸葛亮及法正，亲自率五万主力部队返回荆州，进驻公安，指挥大局，并命令关羽率荆州大军由江陵南下，直入长沙郡军事重镇益阳，以表示强硬态度。

孙权的态度也不退缩，他下令鲁肃由夏口南下益阳，准备和关羽硬碰硬，自己则进驻陆口，掌握军情变化，眼见双方联盟即将破裂，大战有一触即发的态势。

就在这紧急关口，传来北方陷于胶着状态的汉中战局，曹操已取得决定性胜利的消息。刘备大惊，害怕曹操趁势南下，益州可能有变，乃主动派使者和孙权谈判，双方议定平分荆州，以湘水为界，湘水以东江夏、长沙、桂阳三郡属于孙权；湘水以西，南郡、零陵、武陵归属刘备。这才使这场争战暂时缓和了下来，孙刘联盟也得以再苟延残喘一阵子。

其实，以当时的情势而言，不仅刘备受到威胁，如果汉中由曹操完全控制，紧接着东方的合肥战线也势必告急，孙权同样受到严重压力。所以孙刘联盟战线，对他们两方同样是相当重要的。

刘备的主力军不敢回荆州，而直接到达益州北方的江州巡视。这时张鲁已逃亡巴中，原益州参谋黄权向刘备表示，汉中已失，巴东、巴西、巴中三郡便难以有效防守，三巴陷落，有如去掉益州的胳臂，情况将更转严重，因此不如和张鲁联合，紧守巴中，以对抗曹操势力之南下。刘备立刻令黄权为护军，率军队北上迎接张鲁。

想不到黄权刚到巴中（今嘉陵江上游），张鲁已回到南郑，并正式向曹操投降了。

黄权立刻向三巴发动攻势，逼走曹操所任命的巴东太守朴胡、巴西太守杜濩及巴郡太守任约，将巴中完全置于刘备阵营的控制下。

这时候曹操也派大将张郃出兵经营三巴，并进驻岩渠。刘备令巴西太守张飞率军迎战，双方相峙五十余日，张飞用计击溃了张郃，张郃兵还南郑。表面上三巴暂时稳定下来，其实更大的一场战争正在紧急地酝酿中。刚获得休息的刘备和他的大军，又不可避免地卷入了一场和北方之雄曹操展开的汉中争霸战。

刘备定汉中

汉中是关中司隶军区及蜀中益州间的缓冲地带，在刘焉有计划地策动和安排下，成了道教军领袖张鲁盘踞之地。当曹操平定关中，刘备统治益州之后，汉中地区的重要性暴增。

·曹操让汉中·

对刘备来讲，汉中是必争之地。"隆中策"里，诸葛亮便曾做过"刘璋暗弱，张鲁在北"的分析，也就是说，汉中对益州的安全，具有决定性的威胁。何况日后，若刘备欲北征统一中原，汉中更是必经之地。

不幸的是，当刘备和诸葛亮还忙着整顿益州的时候，曹操已在建安二十年（215），击败张鲁，取得全部的汉中地区。

曹操的汉中战役，赢得相当辛苦，从建安十九年（214）冬天，编组远征军，一直打到二十年（215）冬天，整整一年才获得关键性胜利。之所以如此，主要是汉中地区形势险要，易守难攻，对外来的军队而言，无法掌握地利，故要陷于相当程度的苦战了。

建安二十年（215）十二月，曹操在恢复汉中地区的政治秩序后，打算班师返回邺城。西征军刘晔和司马懿向曹操建议，应乘胜追击，攻入益州，消灭刘备的势力。

司马懿表示："刘备以阴谋夺取刘璋基业，不少蜀中大臣颇不服气。而且目前刘备的防线远及江陵，军力分散，是攻打的最好机会。我方大军已克汉中，益州必大为震动，大军压境下，民心士气很容易瓦解，自古圣人成大事在于不失时机，请丞相立刻下令采取行动吧！"

曹操见到这些第二代精英，都有积极争雄的意图，相当高兴。不过他深知汉中之役已是赢得侥幸，攻打拥有天险的益州可能要艰苦千百倍以上，何况刘备更非等闲之辈。

因此，曹操笑着表示："人生的痛苦，皆来于不知足，何必既得陇，又望蜀呢？"

刘晔也向曹操建议道："刘备人中豪杰，有理想，有毅力，只是早年的运气较差，如今已渐成气候，不得不防。他目前刚获得蜀中，人心未附，北方的屏障汉中又被我们夺得，相信蜀地现必受到极大的震撼，其势必衰。以明公之英武，趁其衰而征之，无不克也。若迟缓之，以诸葛亮之善于治国，关羽、张飞勇冠三军，蜀中民心不久便可趋于稳定，加上蜀地险要难攻，想要再进犯他们就难上加难了。今日不除，必为后患。"

曹操笑而不语，只要求刘晔详查蜀中之情报。

七天后，蜀中降者向曹操报告："蜀中传来消息，全益州军民已因汉中有变而颇受震撼。一日之中，甚至有数十回事变，虽然当局一再对叛乱者采取严厉镇压手段，但似乎仍无法安定下来。"

曹操沉思了一会儿后，表示："蜀中已定，不可击也。"

战场上的情报虚实难测，必须凭经验作直觉的判断。对方有弱点，不见得我方完全占优势。特别乐观的情报，常有其背后隐藏的因素。曹操能在短期间内，对彼此实力的消长有完整的评估，不被蒙骗，诚所谓"知己知彼，百战不殆也"。

以地理条件而言，汉中属于益州东北的一个边郡，周围环山，中间是汉中盆地，土地肥沃，物产丰富，不论在军事、经济、政治上都占有非常重要的地位。《郡国县道记》中，南宋名将张浚曾说："汉沔为形势之地，前控六路之师，后据西蜀之粟，左通荆襄之财，右出秦陇之马，天下大计，斯可定矣！"

因此，在攻防上，汉中对曹操和刘备都相当的重要。

为了强化汉中的防务，曹操派出他刻意培养的同宗主帅夏侯渊为都护将军（曹操原姓夏侯氏），率领作战经验丰富的张郃和徐晃镇守，并以丞相府长史龚绥为汉中大军行政官，留督汉中事。

龚绥主持汉中居民的民事平抚工作，他以半自愿半强迫的方式，将有影响力的汉中世族八万余人，迁往洛阳和邺城一带，将汉中很快纳入稳定的管辖之下。

刘备和诸葛亮心里都非常清楚，要从曹操手中夺取汉中，比从张鲁手中夺取要困难上千百倍，因此一点也放松不

张郃（？—231年），字儁乂，河间郡鄚县（今河北省任丘市）人。汉末三国时期魏国名将。

早年参与镇压黄巾起义。归属袁绍后，击破公孙瓒有功，迁宁国中郎将。参加官渡之战，攻曹洪不下，随后投降曹操，授偏将军。

跟随曹操攻河北，跟随张辽定淮南，跟随夏侯渊平凉州，跟随曹操夺汉中，屡建战功。建安二十年（215年），进军巴西，迁徙民众到汉中，后被蜀将张飞击败，接任荡寇将军。建安二十三年（218年），跟随夏侯渊进入汉中定军山迎战刘备。夏侯渊战死，代理主帅，率部安全撤退，后屯陈仓。

曹丕称帝后，迁左将军，受封鄚县侯，跟随曹真击平安定羌胡，又随夏侯尚围攻江陵。太和二年（228年），转为右将军，随曹真抵御诸葛亮北伐。在街亭之战，大破蜀国马谡，迫使诸葛亮退回汉中，迁征西车骑将军。

太和五年（231年），司马懿不听张郃劝告，派遣张郃领兵追击蜀军，追至木门，中箭身亡，谥曰壮侯。张郃用兵巧变，善列营阵，善估形势，善用地形。蜀军自诸葛亮起，皆忌惮张郃。

诸葛亮传

第九章 刘备定汉中

得，只要稍有机会便全力掌握。

因此当黄权前往巴中迎接张鲁失败时，刘备便指示他趁机攻下朴胡等部落，夺下整个巴山地区。

夏侯渊自然不甘示弱。他下令张郃紧急率军进驻巴山地区。张郃积极鼓励其居民移入汉中，显示此区将成为大战的场所。张郃的行动意外地顺利，连益州的宕渠、荡石等军事重地均纳入其统辖中。

刘备也立刻"出牌"，他派出巴西太守张飞前来和张郃抗衡。张飞外表粗犷，脾气暴躁，其实心思相当细密，当阳长坂坡之役，如果不是他大胆地采用疑兵断后，刘备能否有今天，恐仍在未定之中。

面对张郃较为优势的兵力，张飞恃险而守，再运用熟悉巴中地形的部队，采用游击战术骚扰对方。

张郃也是小心翼翼地应付，彼此缠斗五十余日，不分胜负。由于张郃的补给线较长，粮食很快消耗殆尽，心急之下，他自然希望能速战速决。他派出不少细作，紧密地监视着张飞的军事行动。

在得知张郃心情后，张飞再度采用当年对付严颜的策略，故意率领万余人马，假装由狭路前往偷袭张郃。

在探马告知此一机密情报后，张郃判断张飞是想趁自己粮少军心不稳之际发动袭击，立刻率主力部队追随，由小路反追踪在张飞军之后，准备趁机发动反击。

想不到追击的军队，在进入瓦口隘小路时，便失去了张飞军队的踪影。张郃知道中计，但山路狭小，前后军不得相救，张飞的埋伏军，由两旁悬崖以巨石和箭雨攻击敌军，瞬间不到，张郃的精锐部队几乎死伤殆尽。

经验老到的张郃，弃马攀登险崖，甩脱了张飞军的追击，数万兵马只余数十人逃离战场，死伤非常惨重，也是曹操汉中大军第一次严重的受挫记录。

·一触即发的汉中之战·

建安二十二年（217），东吴西战线都督鲁肃病逝。消息传来，益州新政府立刻蒙上一层阴影。诸葛亮一方面为这位昔日志同道合的战友，深为哀悼；一方面也因这位有远见、顾全大局的政治家之死，为孙刘联盟的前途感到担忧。

荆州守将关羽，空有武略，欠缺政治眼光，如果不是鲁肃刻意安排，孙刘关系早已闹翻。接任的吕蒙虽以智略见长，但政治头脑却又是另一回事。荆州情势会有如何发展，诸葛亮相当忧虑。

因此鲁肃去世后，唯恐日后东区战线有变，诸葛亮和刘备断定，必须尽快夺取汉中，巩固巴蜀的防务，才能拨出时间，重新处理孙刘之间的关系。

法正也向刘备建议："前年曹操打败张鲁，平定汉中，却不乘势进取巴蜀，只留下夏侯渊及张郃等屯守，自己立刻领兵北还，并非其智略，实为力有所不及啊！当然也由于最近许都（汉献帝）和邺城（曹操）间的关系日益恶化，曹操才会匆匆忙忙地赶回去。夏侯渊和张郃在战略上不如主公，若举师西征讨之，必能成功。拥有汉中之后，才能广种粮食，积极储蓄军需。时机一到，上可以荡灭敌寇，复兴汉室；中可兼并雍、凉二州，开拓疆土；下可以固守险要，与敌人持久相抗衡。这是上天赐予我们的良机，万万不可失去啊！"

到了建安二十三年（218）春天，刘备接受法正建议，经过一年多的积极部署，已完全做好进攻汉中的准备。

另一方面，夏侯渊也全力在阳平关一带加强防御工事。一时间，汉中盆地战云密布，大战一触即发。

刘备留诸葛亮看守成都，自己亲率益州大军倾巢而出，颇有势在必得的决心。

刘备派遣张飞、马超、吴兰向北攻打武都郡，驻屯在下辩，有意截断曹操汉中军和关中地区的联系。刘备自己则率黄忠大军先行，直接攻击汉中关键军事重镇。赵云则暂时留在益州，随时待命。

曹操在接获情报后，立刻下令在长安驻守的都护将军曹洪，率同曹休大军一同前往阻挡张飞等的攻势。

三月中旬，曹洪军已进驻于武都郡，打算攻打在下辩驻守的吴兰大军，但张飞大军和马超大军在固山一带和吴兰军互为犄角，显然曹洪如果往前移动，他们随时有切断曹洪军补给线的意图。曹洪对此威胁非常头痛，因此召开紧急军事会议讨论对策。参与会议的将领都表示应停止前进，以免陷入张飞及吴兰军的夹击，尤其是马超的西凉军，一向以勇猛闻名，与曹军更有宿怨，绝对轻敌不得。曹休独排众议，他表示："敌军若真有意切断我们的后方粮路，理应秘密行动才能奏效。如今先张声势，正表示他们兵力不足，无此能力。因此，我认为应在他们未集结以前，直接突击吴兰军，只要吴兰军溃败，张飞和马超势必无法守住固山。"

曹洪采纳曹休意见，亲率主力队袭击吴兰军，吴兰军不敌，副统帅任夔当场殉职，吴兰逃到阴平附近，也为氏族人所杀。张飞及马超本想前往支援，但曹休亲自指挥大军固守武都郡，令张飞等无机可乘。刘备的兵马在未进入汉中之前，便被击溃了。

三月底，张飞、马超大军，果然无法承受曹洪优势军力的压迫，加上粮食补给困难重重，便往南退入汉中地区。

四月间，刘备主力大军已扎营于阳平关附近。夏侯渊、张郃、徐晃等人也不示弱，纷纷出关对抗。刘备派遣大将陈式抢攻马鸣阁道，以居高临下掌握优势。徐晃率军突击陈式，陈式由于缺乏准备，立刻被击溃。刘备军在一开始的战争中，地利和声势都落于下风。

张郃更趁机进屯广石，和刘备主力军正面对抗。刘备屡次下令黄忠发动攻势，都被击退，第一军反而蒙受不少损失，刘备只得向益州征调赵云，前来助阵。

七月，曹操审视汉中战局情势，认为刘备有势在必得的决心，除非自己亲自出马，否则不易阻挡其攻势，于是重新考虑全盘规划，首先调回徐晃大军，令其协助张辽守卫对付孙权的东战线。自己则征调镇守豫、兖本营的夏侯惇大军、第二代精英主力曹真大军，以及刚由武都战场上回来的曹休大军，即刻西征。

九月，曹操的大军抵达长安，立刻派遣使者召回在武都的曹洪，以进一步了解汉中军情。

汉中军总指挥夏侯渊，一向以勇猛、负责、精干而闻名，他因此获得曹操刻意提拔，在曹营中，他的威名更甚于其兄大将军夏侯惇，尤其在出任汉中军统帅后，面对面独立对抗有人间豪杰之誉的刘备，并曾数度击败刘备军而使其声名大振，经常流露出不可一世的骄傲神气。

夏侯渊的口气越大，曹操越是替他担心。阳平关对峙期间，曹操特别写信告诫夏侯渊："为大将者要懂得临事而惧，了解自我的怯弱，不可过分恃勇。不错，将领最重要的本质是'勇敢'，但行动上则要有'智慧'，完全凭勇猛者，只能敌一匹夫。"

夏侯渊接信后，却认为曹操高估了刘备，如今汉中军气候已成，刘备即使再多的增援军，也奈何不了自己。

建安二十四年（219）正月，刘备在阳平关缠斗夏侯渊已近一年。诸葛亮由成都赶赴前线，和法正等共商对策，在两人的建议下，刘备准备采取诱敌战术。

刘备也看出夏侯渊轻敌而骄，不把益州军放在眼里，因此决定助长他的气势。

首先，刘备把前线指挥交给第一军统帅、经验丰富又勇敢负责的老将黄忠，自己带着主力部队和法正等幕僚人员往南略做撤退，表示有放弃汉中战场之意图，使夏侯渊更加轻敌。

接着，刘备下令黄忠军攻击张郃所驻守的东城，并采取猛烈的火攻。夏侯渊闻讯，立刻令夏侯尚和韩浩率军驰援。黄忠军撤退，夏侯尚等乘胜追击，张郃苦劝不听，只好随后驰援。

黄忠军每日撤退一营，很快到达天荡山下。韩浩及夏侯尚追来，黄忠猛回头反击，左右伏军尽出。韩浩、夏侯尚遭此突击，全军大乱，两位主将当场战死。张郃见黄忠勇冠三军，不敢恋战，退回东城，采取守势。

黄忠乘胜攻击夏侯渊大本营的南城，夏侯渊大怒，倾巢而出，想歼灭黄忠军，以替夏侯尚等人复仇。

刘备派急使通知黄忠不可硬战，火速向沔水方向撤退，并和刘备主力军会师驻扎于定军山上，居高临下，恃险而守。

由于连续快速调动，黄忠大军显得次序大乱，夏侯渊见状，以为敌军即将崩溃，于是带领少数亲卫部队猛追，想一举击杀黄忠。张郃闻讯，生怕有诈，立刻出兵前往支援。

但夏侯渊为了抢功，行动火急，孤军到达定军山下。法正在山上督阵，见夏侯军旗帜紊乱，军队调动忙成一团，部署上漏洞百出，认为时机成熟，便向刘备表示："可击也。"

刘备下令黄忠率军由上往下攻击上山的夏侯大军。夏侯军毫无准备，想不到敌军会突然反击。在益州军的全力冲杀下，夏侯军陷入混乱，呼天抢地各自逃奔，主帅夏侯渊及副将赵颙当场被杀，五千亲卫部队几乎全军覆没。

张郃的支援军赶到现场，闻此巨变，立刻火速退回阳平关坚守。由于统帅突然战死，夏侯军群龙无首，人心惶惶，不知如何是好。

人物档案

黄忠（？—220年），字汉升（一作"汉叔"），南阳（今河南省南阳市）人，东汉末年名将。

本为刘表部下中郎将，后归刘备，并助刘备攻破益州刘璋。建安二十四年（219年），定军山之战中，黄忠阵斩曹操部下名将夏侯渊，拜征西将军。刘备称汉中王后，加封后将军，赐关内侯。次年，黄忠病逝。景耀三年（260年），追谥为刚侯。

黄忠在后世多以勇猛的老将形象出现于各类文学艺术作品中。《三国演义》里，刘备称汉中王后，将其封为"五虎上将"之一，而黄忠的名字在中国也逐渐成为老当益壮的代名词。

郭淮出面协调，他力荐张郃代理元帅，并获得诸将领之同意。张郃临危受命，先行稳定阳平关防务，并派急使向驻屯在长安的曹操报告。

夏侯渊战死当晚，刘备的主力大军再度来到阳平关前，隔汉水和张郃的本营对峙。

黑夜中，阳平关的守军，只见对岸敌军灯火通明，显然准备明晨渡河前来攻击。在哀凄又紧张的气氛中，张郃召开军事会议，不少将领主张暂时恃险而守，以阻止刘备的抢攻。

但郭淮却极力反对，他认为这是示弱的战术，如今曹军士气低落，如果刘备倾力攻击，阳平关守军不见得能坚守。不如隔汉水在距离较远地方布阵，显示我军不惧会战之心态，并表明敌军若渡河前来，我军必将在半渡时出击之。以刘备一向审慎的作战性格，反而会有所顾忌，不敢直接攻击。张郃大胆地采取其意见，亲率主力军在汉水旁布阵。

天明时，刘备亲赴前线，观察张郃的布阵，判断对方有决战之勇气，怕有伏兵，不敢强行渡河，因此撤军离去。

张郃此时才松了一口气，并在郭淮的规划下，强化防御工事，显示死守到底的决心。

曹操在接获郭淮报告后，非常嘉许他的应变措施，并立刻正式任命张郃出任汉中大军的统帅。

三月，曹操亲自率军，自长安出斜谷，率大军抵达阳平关，守军欢声雷动，士气大振。

隔岸观察的刘备，却满怀自信地表示："曹公虽来，无能为也，我必能拥有汉川两地。"下令居高恃险而守，不与曹操进行大规模会战。

由于原天荡山的储粮重地已失，曹军在粮食补给上倍加困难，即使如曹操之军事天才，也深为伤脑筋。

曹操不得不重新建立粮食运输管道，但缺乏天险掩护，常需要动用大批军队护送。

偏偏刘备抓到了曹军这一缺陷，专门动劫粮的脑筋，让曹操头痛不已，只能努力思考应付的对策。

有一次，曹操的军粮由北山下经过，黄忠立刻亲率第一军主力前往夺取，却陷入曹操近卫部队的埋伏，苦战而不得脱身。预备的翊军将军赵云，见黄忠逾时未归，又恐轻易出阵会造成防务上的漏洞，于是下令副帅张裔镇守营区，亲率数十骑前往察看，正好碰到曹操近卫军追击黄忠而至，将兵们见状无不心慌意乱，纷纷欲往后逃逸。赵云却下令一阵排开，自己一马当先，冲向前去迎击曹军，并接应黄忠溃散中的部队。由于曹军拥有压倒性优势，赵云且战且走，奔回自己设置于汉水北岸的营寨。

曹兵大军压境，张裔原本想紧闭营寨拒敌，想不到奔逃而回的赵云却下令大开营门，然后全营偃旗息鼓，保持完全的安静，赵云自己率领数十骑立于营门前，准备迎接曹军的冲击。

眼见赵云背水而立，冲到营门外的曹军皆以为必有伏兵，不敢轻易向前。赵云见曹军气势已失，下令金鼓齐鸣，亲自率军冲杀，并令张裔率弓弩队，以箭雨攻击撤退中的曹军。一时间，曹军反而失了主意，惊骇中自相践踏，跌入汉水淹死者不计其数。

隔日，刘备亲临赵云营寨，视察战果，在得知当时情形后，不禁感叹道："子龙（赵云字）一身都是胆也。"

·刘备取汉中·

曹军丧失了这一次击溃益州军的绝好良机，反而遭到惨败，全军士气为之低落，加上粮秣不足的情况日益严重，虽想尽办法，仍很难彻底解决运粮问题，甚至不少军队都开始出现逃兵的现象，曹操深感进退两难。

五月夏，汉中雨季来临，庞大的曹军粮食补给更为困难，连负责向导的王平都离队投奔刘备。曹操不得已，在军事会议上，将汉中比喻为"鸡肋"："鸡肋、鸡肋，食之无味，弃之可惜。"

情感上虽有些不甘心，但在理性思考下，曹操仍下令拔营撤军，将汉中地区拱手让给了刘备。

曹操在撤离汉中地区时，仍留下张郃及曹洪两军，分屯于陈仓和武都郡，以防止刘备由武都逼进关中；另外又下令雍州刺史张既，加强部署雍州边界之防务，并由曹氏子弟第二代精英曹真兵队，掩护曹洪军队逐渐撤离武都，结束了长达两年余的汉中之役。

不过和《三国演义》中的描述不同，这次汉中战役自始至终都只有刘备和法正在指挥作战。诸葛亮后来虽也到过前线，商量军情，但大部分的时间仍在成都，绝对没有《三国演义》中诸葛亮智激黄忠、斩杀夏侯渊，再遣赵云战汉水，最后又用疑兵退曹操之事。

史实记载，曹操后来得知取汉中之谋略皆出于法正之手，还自我解嘲地表示："我就知道，刘备不可能有此能力的。"其实，身为大将者，谋略何必都出于己手？吴起便曾有"群臣莫及则忧"的感叹！刘备能用诸葛亮之策取荆州，用庞统之计收西川，再用法正之谋夺汉中，正表示他是一个懂得选拔人才、运用人才的俊杰呢！

赤壁之战以后，曹操再度败于刘备，这是两位宿敌有生之年最后一次直接面对面作战。从这次战争中，我们可以看出，刘备在长年奔波后，气候已成，"天下英雄，唯使君与操耳"的预言，果然灵验。

从不久前和孙权的合肥之战，到汉中之役，曹操似乎已丧失早年作战硬拼到底的锐气，或许他的心中已看出"统一无望"，天下三分鼎立已是不可避免之势了。

取得汉中的同时，刘备命令宜都太守孟达，由秭归北攻房陵。孟达在房陵陷落后，斩杀太守蒯祺，并且再北上，进兵上庸。

刘备担心孟达有失，派出义子中郎将刘封，自汉中乘船从沔水顺流而下，会同孟达进攻上庸。曹操任命的上庸太守申耽弃郡投降，并遣送妻子及宗族至成都为人质。刘备加封申耽为征北将军，仍领上庸太守，并以申耽之弟申仪为建信将军，领西城太守。刘封则以副军将军留守上庸，以为汉中东南之屏障。

　　秋七月，刘备自立为汉中王，正式统辖荆州的绝大部分和益州之全部（包括汉中）。

第十章

诸葛亮厉行法治

虽然挂名仍是军师将军，在刘备自立汉中王后，诸葛亮实际上已负起了辅宰的责任。一板一眼的诸葛亮，面对法令废弛、特权横行的益州，新官上任，便厉行法治，以彻底整顿。他特别强调治实不治名，由实际情况的应对出发，讲求实效。

汉中王刘备

建安二十四年（219年）七月，刘备属下的文臣武将一百二十名联名上表汉献帝，尊刘备为汉中王。

建安二十一年（216年），曹操晋封魏王，汉献帝虽勉强保住帝位，其实已经名存实亡了。

刘备并有荆、益两州后，为表明复兴汉室的强烈企图心，在诸葛亮的策划下，也自立汉中王，承继汉王朝之体制，以和曹操的魏王相抗衡。

不过从《汉中王劝进表》这篇表文，可以看出刘备政权的"暴发户"形态。

表文是由益州才子、号称"李氏三龙"之一的广汉人李朝执笔，由于是正式公文，列表的臣属必须以公认地位的尊卑做排列。刘备政权的核心分子，虽是真正的"赢家"，但排名上显然仍无法列在前面。

排名次序，可以看出本人正式地位上的尊卑，表文上名列的排行为：平西将军都亭侯臣马超、左将军领长史镇军将军臣许靖、营司马臣庞羲、议曹从事中郎将军议中郎将臣射援、军师将军臣诸葛亮、荡寇将军汉寿亭侯臣关羽、征虏将军新亭侯臣张飞、征西将军臣黄忠、镇远将军臣赖恭、扬武将军臣法正、兴业将军臣李严等一百二十人。

除马超原为关中大军领袖，承续其父马腾官爵，地位特殊外，刘备的核心分子中，诸葛亮已正式超越老将关羽和张飞之上，成为臣属中的真正领导者。

表文中谈及唐尧到汉昭帝间，天下安危变化。刻意把曹操和董卓平列并论，认为他们"剥乱天下，残毁民物"。然后追述刘备早年和董承"同谋诛操"，却未能成功之憾。更担心如赵高使阎乐杀害秦二世胡亥，以及王莽废孺子婴为定安公的政变发生。继而说明刘备以汉室宗亲"心存国家，念在弭乱"，自从大破曹操于汉中，海内英雄望风蚁附，但如今爵号不显，九锡未加，不足以镇卫社稷，光昭万世。曹操对外吞占天下，对内欺压大臣，致使朝廷有内部崩溃的危机，却没有一股牵制曹操势力扩大的力量，真令人寒心。

是以，不得不名列群臣、辄依旧典，封刘备为汉中王，拜大司马，董齐六军，纠合同盟，以扫灭曹操等凶逆，故合并汉中、巴、蜀、犍为、广汉为一个国家，承续汉之典章制度，以为光复汉室之基地也。

当然这只是官样文章，根本不用汉献帝批准。表文一上，便在汉中地区的沔阳（今陕西省勉县东南）设坛场，文武众官并列，举行隆重的典礼。因此念完以上表文，执礼官向刘备奉上王冠、王玺，刘备就成了汉中王。

为什么不在益州成都举行，而跑到接近前线的汉中沔阳呢？相信这多少是为了承续汉王朝香火之象征吧！当年，汉高祖刘邦的基业便起于此。因此在对抗曹操的政治意义上，汉中比成都重要多了。

当然，刘备自己也上了一个表文给汉献帝，表明自己是"群僚见逼，迫臣以义"。他首先重复和董承共谋诛曹操时的心态，"虽纠合同盟，念在奋力，懦弱不武，历年未效"，因此想到"寇贼不枭，国难未已，宗庙倾危，社稷将坠"，自己只好"宁靖圣朝，虽赴水火，所不得辞……辄顺众议，拜受印玺，以崇国威"。并且即将"尽力输诚，奖厉六师，率齐群义，应天顺时，扑讨凶逆，以宁社稷，以报万分"。也就是正式向汉献帝表示，自己将尽最大的力量，以寻求恢复汉室为自己的职志。

虽然曹操的阵营有不少清流派党人后裔，如荀彧、崔琰、毛玠、荀攸等。但由于曹操和汉献帝间政治斗争日益严重，这些清流派的立场非常尴尬，最后甚至和曹操闹翻。倒不如刘备，因远在天边，和汉献帝扯不上任何纠纷，因此可以公开举起复兴汉室之大旗，使阵营里的清流派党人，在元老派许靖及少壮派诸葛亮的率领之下，在意识形态上反成了清流派的主流。

既然当了汉中王，刘备便向汉献帝缴还原先官职左将军、宜诚亭侯的印绶，并立长子刘禅（即阿斗）为太子，返回益州，以成都为治城。

·蜀都封将·

蜀汉的政权正式成立了！

重要的敌人仍在北方，因此蜀汉政权从成都到白水关间，起馆舍、建驿亭，共四百余处，使汉中和成都之间的联系工作完美无缺。

汉中称王后，刘备仍率领文武官员回到成都，开府治事。但汉中地区属重要战略国防前线，必须派出重量级大将镇守汉川。群臣大多认为刘备必会派张飞当此重任，张飞私下亦"以心自许"，当仁不让，非他莫属。

但刘备和法正、诸葛亮等详细商讨之后，却选中了不被大家看好的牙门将军魏延，并提升之为镇远将军，领汉中太守。

这项人事命令让众人大吃一惊。

魏延是在荆南攻略战时，主动投奔的荆州将领，他对刘备相当倾心，当年说服老将黄忠，放弃长沙防御战，阵前倒戈的便是魏延，因此相当得到刘备重用。

魏延个性强悍，做事积极，企图心强，因此人际关系一向不佳。但他待步卒颇为体贴，同甘共苦，很得军心，作战力甚强。汉中战役中，虽附属于黄忠，但魏延建功甚多，即使不满他为人的同僚，也对他不得不服气。

刘备大会群臣，郑重宣布这项人事命令。他当着众大臣的面，问魏延说："今天委予你重任，你打算如何承担这个任务？"

魏延豪气焕发地表示："曹公若举天下之兵而来，我将为大王拒之，曹公如果令偏将领十万之众到来，我将为大王吞之。"

刘备点头赞许，众大臣也为魏延敢口出大言以示其决心，而感动不已。

其实，刘备这个人事选择是相当审慎的。鲁肃去世后，荆州地区的情势绷紧，益州也才平定不久，内部各地区的稳定仍有待努力。张飞大军是刘备的主力，不可被置于汉中这个守势的战场。马超社会地位太高，让他独立汉中，非常不安全。黄忠虽经验丰富，忠诚度可靠，但年纪太大，并不适合对新领域的治理。赵云应是最合适的人才，但他和张飞一样，属核心的嫡传派系，放在汉中有点可惜，因此提拔较没有地位，但忠诚度可靠、独当一面、能力也够的魏延，应属一项合理的安排。

刘备登基汉中王，拜许靖为太傅、法正为尚书令，以军师将军诸葛亮总领军国大事。

新建立的四大军统帅，关羽为前将军，在军营中地位最高，其次张飞为右将军，马超为左将军，黄忠为后将军。

诸葛亮对这些任命，有点担忧，便对刘备说："黄忠将军虽然在荆州地区属有名的老将，但以往在四方的知名度不高，和张飞、马超、关羽等无法相比。如今黄忠和他们平起平坐，马超、张飞在近，都看到黄忠在益州及汉中战役上的表现，可能比较没有异议，但关羽远在荆州，可能会很不服气。"

刘备笑着说："这我有办法！"

于是刘备派益州前部司马费诗到荆州，给关羽送去前将军的印绶，临行前，特别做了一些交代。

果然不出诸葛亮所料，费诗到荆州，关羽一听黄忠为后将军，不禁大怒表示："大丈夫誓不与老兵同列！"坚决不接受印绶。

费诗笑着表示："自古以来，开创王业的，要善于使用各方面的人才。当年萧何、曹参等和汉高祖从小便是好朋友，而韩信、陈平都是后来才归附的。但汉高祖称帝后，论名位，韩信最高，但从未听说萧何、曹参有何异议。今汉中王，依战功，将黄汉升（黄忠字）与君侯同列，然而汉中王的心中，真的将黄将军和君侯同等轻重吗？汉中王和君侯好比一体，同休戚、共生死。照我看来，君侯不宜计较官位之高低，爵禄之多少。我只是个使者，奉命而来，君侯不受命，我也就这样回去复命而已。但我却深为君侯的行为感到惋惜，恐怕君侯会后悔的。"

关羽听了，当场大为感悟，立刻拜受了印绶。

其实在这一连串人事令中，最不公平的，应属汉中战役功劳最大的赵云。赵云个性正直、谨慎，也算得上刘备早年的创业伙伴之一，尤其两次抢救继承人阿斗，厥功至伟，相信在刘备心目中，赵云的地位，绝不亚于关羽、张飞。尤其是赵云为人深富正义感，能识大体，在刘备阵营诸将领中，人格和气节最为崇高，只是好为直言，常会"挡人财路"，让同僚们心里不太舒服。

不过赵云除了义正词严外，颇为以身作则，责任感极重，从不害怕任何危险，因此能博得大家尊敬。

由于诸葛亮较年轻，在这些老辈将领中运作策划及指挥，的确相当不容易。而赵云和诸葛亮配合最好，对参谋本部交代的工作，几乎是百分之百不打折扣地完全执行，有人甚至以"葛派"称呼他。

但赵云在这次人事调升中，仍维持翊军将军的职衔，不仅低于关羽、张飞，而且也落后于马超和黄忠。

这主要是顾虑到新附旧属间力量的平衡。赤壁之战前的战友，属刘备嫡系；荆南战役后的属新附，特别是益州的大老们，必须有较重的安排；这都是基于政治考量层面不得不做的牺牲。

像诸葛亮这位首席核心幕僚，在官位上远落于刘备最讨厌的许靖之下，甚至在法正之后。

益州派重臣中，功劳最大的法正，自然最受刘备尊重。刘备在世时，去世的文武重臣，包括关羽、张飞在内，只有法正死后有谥号，其余都是在后主刘禅时代才追谥的，可见刘备对益州人士，总是较为礼遇。

赵云一向有政治头脑，而且能公而忘私，对刘备为平衡政治力量的苦心，较容易谅解，所以在这次新的人事安排中，他吃亏最大，却毫无怨言，仍为刘备政权中最重要的支柱之一。

诸葛亮的职衔虽未获提升，仍为军师将军，其实从史料记载中，他仍是最主要的行政策划和执行者。

益州最严重的问题是官僚及地方豪强勾结，鱼肉百姓，农民和官府间矛盾愈演愈烈。虽然益州号称天府之国，其实创造的财富，都让官僚及豪强剥削，农民生活非常艰困。

刘焉之所以会被任为益州牧，导火线便是益州刺史郄俭的专横自恣，造成马相及赵祗发动农民起义，起事者自称黄巾党人后裔，曾攻破雒县，杀死县令李升及益州刺史郄俭，并占领了蜀郡和犍为郡。

刘焉靠外籍大军及地方豪强的力量，平息这次叛乱，但根本的问题并未解决，反而为了获得豪强支持，剥削的现象变本加厉。《三国志》中批评刘焉、刘璋父子治蜀，"德政不举，威刑不肃"。《法正传》更清楚指出，刘璋治理蜀地，"士大夫多挟其财势，欺凌小民。使蜀中之民思为乱者，十户而八"。

为彻底扭转此乱局，诸葛亮厉行"先理强，后理弱"的策略。理强方面是厉行法治，限制和打击专权自恣的官僚及豪强，理弱则是努力扶植农民，发展生产。

由于诸葛亮不顾颜面地打击特权，使益州地区的官僚大感吃不消，他们开始指责诸葛亮"刑法峻急"而不"广德量力"，纷纷要求

刘焉（？—194年），字君郎（《华阳国志》又作君朗）。江夏郡竟陵县（今湖北省天门市）人。东汉末年宗室、军阀，汉末群雄之一，西汉鲁恭王刘余之后。

刘焉初以汉朝宗室身份拜为中郎，历任雒阳令、冀州刺史、南阳太守、宗正、太常等官。因益州刺史郄俭在益州大肆聚敛，贪婪成风，加上当时天下大乱。刘焉欲取得一安身立命之所，割据一方，于是向朝廷求为益州牧，封阳城侯，前往益州整饬吏治。郄俭为黄巾军所杀，刘焉进入益州，派张鲁盘踞汉中，张鲁截断交通，斩杀汉使，从此益州与中央道路不通。刘焉进一步对内打击地方豪强，巩固自身势力，益州因而处于半独立的状态。兴平元年（194年），刘焉因背疮迸发而逝世，其子刘璋继领益州牧。

诸葛亮传

他"缓刑弛禁"。被派作代表和诸葛亮交涉的，便是深为刘备敬重的益州大老法正。

法正当时已是蜀郡太守，也是成都地方豪强之首，他对诸葛亮说："以前高祖进入关中时，除秦国之苛法，约法三章，宽禁省刑。关中之老百姓，无不感念他的恩德。如今我们刚用武力占据益州，还没有垂恩德于地方，便先滥用权威，强加压制，这是否得当呢？希望日后的执政，能够刑少禁缓，以争取地方人士对我们的支持和信心。"

诸葛亮却笑着回答道："先生只知其一，不知其二，秦以暴政虐民，逼得人民不得不造反。汉高祖针对此一弊病，采取宽刑弛禁的策略，这是对的。"

"但益州的情况则大不相同，刘璋暗弱，没有能力控制官僚及豪强，以致从刘焉以来便德政不举，威刑不肃，从地方豪强到政府官僚，均专横跋扈，为所欲为，君臣之道，也逐渐被破坏。"

"对这些强悍的特权，过去刘璋总是宠爱他们，给予他们高位。官位高了，他们反而不觉得可贵；顺从他们，施以恩惠，恩惠到顶了，他们反而轻慢无礼。这才是益州目前最大的弊病。"

"现在我们威之以法，让法令行于此后，人们才能知道什么是恩德；限制爵位，爵加之后，人们才能感受到爵位的尊荣；刑法和恩赐相辅而行，上下程序正常，政治才能清明。"

秦国是以军事恐怖主义完成统一的，却也和各诸侯国产生不少仇恨，为压制反抗，故以严刑峻法控制之。诸葛亮认为秦国在于公权力不被认同，却又强加压制，以致大乱。治理这种国家，最重要的是争取共识，让公权力得到更多的承认，所以汉高祖会以宽厚的态度做更多的包容。

但益州的情况则大不相同，刘璋政权荒废政事，蜀国法令不彰，因而公权力不被尊重。执法的官僚怠惰成习，造成特权横行，公权力不张，老百姓反而遭到剥削，因此，必须用严刑峻法来整顿官僚的行为，以重建公权力的威信。

严格来讲，汉高祖入关时的天下局势，才能被称为乱世，诸葛亮入蜀时的益州政局，应称为弛世。"弛世"是公权力不被尊重，官僚荒怠，民众玩法，必须以重典来整顿之。"乱世"是公权力不被认同，彼此各持不同立场，争执不休，这时最重要的是以宽容的策略来争取共识。

·制定法令与执行·

严格执法时必须有明确的标准，否则会激起人怨。因此，诸葛亮迅速地为新政权制定并颁布不少的法令及条例，以为严格执行时的客观标准。

《三国志》作者陈寿所编的《诸葛亮集》目录中，有"法检""科令"各两卷，"军令"三卷，都属于此类。

最为完善的是蜀科，它是诸葛亮偕同伊籍、法正、刘巴、李严等五人共同制定。可惜这些条例均已失传，无法得知它们详细的内容。

诸葛亮非常讨厌用赦免的制度，他认为法令宽严有准，不应随便赦免，所以当时很多人批评他缺乏人情。诸葛亮则回答道："治世应以大德，不以小惠，像刘景升（刘表）、刘季玉（刘璋）那样，常常赦宥，对国家的治理绝对没有好处的。前汉宰相名儒匡衡，后汉大功臣吴汉，也都反对实施大赦，便在于培养大家对法令有完整的尊重。"

诸葛亮依法行事，从不避权贵、不徇私情。像刘备的养子刘封，日后因轻忽军令被处死；李严在刘备死后，担任辅佐地位，地位仅次于诸葛亮，但仍因贻误军机，而被免官为民，并流放至梓潼郡。

廖立深得刘备敬重，恃才傲物，自命不凡，被认为是诸葛亮理所应当的继承人，他指责诸葛亮任用的官吏都是俗吏，将领们也都只是小子，经常挑拨群臣的不和，诸葛亮查明其情后，罢其官职，流放汶山郡。

马谡是诸葛亮的爱将，是诸葛亮刻意培养的继承人，但日后在街亭战役中，疏忽职守，造成第一次北伐的严重受挫，也被诸葛亮判处死刑。

不过严刑后面，诸葛亮却相当公平，李严被罢免官职，但其子李丰仍获得重任。诸葛亮特别反对滥刑，治狱工作的主管，一向是他最小心选任的官职，非有忠直廉平的个性不可。他反对凭个人喜怒，以专生杀之威，"喜不可纵有罪，怒不可戮无辜"，要求官员在决狱行刑时，一定要特别审慎，固然不可以放过坏人，但也绝不能冤枉好人。对诸葛亮执行严明的要求，晋朝人习凿齿曾评论道：

"法行于不可不用，刑加乎自犯之罪，爵之而非私，诛之而不怒，天下有不服者乎！诸葛亮于是可谓真能用刑者矣，自秦汉以来，未之有也。"

诸葛亮的法治哲学主要来自先秦的法家商鞅和韩非，以及前汉的新儒家董仲舒。主张治国是"法""礼"并用，"威""德"并行，他强调"训章明法""劝善黜恶"，即以法为体，着重公平客观；以德为用，着重教化为本。

诸葛亮虽用商鞅之法，却不迷于其权威主义。他批评商鞅长于理法，却不能从教化，是严重的不足。因此应该取长补短，把行法和教化结合。

由于仍属于"战争状态"中，因此军国的法律条令，他总是不厌其烦地三申五诫，要大家彻底明白，加以警惕，以免违反禁令。

为劝诫及训励蜀国官员将士，他制定有"八务""七戒""六恐""五惧"等执行条章，具体地指出什么是善，什么是恶，什么是应该做的，什么是不能做的。如同现在的管理手册，随时提醒大家能知才能行。

裴松之注《三国志》引用晋人李兴对诸葛亮的评论，认为他"刑中于郑""教美于鲁"，也就是说诸葛亮的法治政风。兼有春秋时郑国名相子产治理郑国严明而公平的作风，也有孔子教于鲁国"诲人不倦"的精神。由于能做到这点，陈寿在《三国志·诸葛亮传》的评论中指出：

"终于邦域之内，咸畏而爱之，刑政虽峻而无怨者，以其用心平而劝戒明也。"

本心存仁，用法公平，是以订法明确，劝善不累，执法严格，绝不徇私苟且。诸葛亮的法治精神，在中国历史上算是一个成功的大试验。

诸葛亮以身作则的厉行法治，的确获得相当程度的成功，第二代的蜀国文武官员，大都能严明于执法。《三国志》中记载，扬武将军邓芝"赏罚明断，善恤卒伍"，庲降都督张翼"执法严明谨"，督军从事杨戏"职典刑狱，论法决疑，号为平当"，牂牁太守马忠"甚有威惠"等。

经过这样的法治革新运动，蜀汉政权的工作效率明显提高，吏治也逐渐清明，特权消除了，人民的生活获得了不少改善。益州刘备派的张裔，日后公然称赞道：

"诸葛丞相公正严明，赏罚不分亲疏远近，无功者不得赏，贵势者也不能免罚，这便是人人奋勉的最主要原因。"

《三国志》作者陈寿，对诸葛亮这方面的成就最为肯定：

"科教严明，赏罚必信，无恶不惩，无善不显，至于吏不容奸，人怀自厉，道不拾遗，强不侵弱，风化肃然也。"

·第十一章·

关羽大意失荆州

荆州事件随着几位重要主角的死亡，告一段落。但死者已矣，却留给活下来的人一大堆问题。有关此事件，最值得检讨的，是它对日后三分鼎立局势的影响，其中受害最大的是由刘备和诸葛亮苦心创建的"蜀汉"。

·兵家必争之地·

刘备任汉中王的第二年，后将军黄忠因年老病故。同年，四十五岁的尚书令法正也因病去世。对这两位平定汉中地区的大功臣，刘备深表哀悼，"为之流涕者累日"，法正死后，由刘巴接任尚书令。

建安二十四年（219年）底，发生了小说和戏剧上非常有名的"借荆州"和"失荆州"的事件。在襄阳城、樊城和江陵这三个荆州最重要的军事重镇间，曹操、刘备、孙权三大势力，经过一场敌我难分、变化莫测的追逐战，使孙刘合作关系破裂，吴蜀两国都遭到严重打击。

特别是荆州完全沦陷，由魏、吴两国瓜分，对诸葛亮三分鼎立、再伺机北伐中原、恢复汉室的大战略，造成了致命的打击。

在此，仅将荆州的战略位置、这场战争三方面的战术运用以及日后的影响略做分析，让读者能有较多的认识和了解这场战争对诸葛亮一生事业所造成的影响。

若以魏、蜀、吴三分鼎立的地理配置图来看，荆州正好位于三国的中央交界地带，因此战略位置极为重要。诸葛亮在"隆中策"中便分析道：

荆州北据汉江和沔水的地险，南方又拥有南海的财利，东连吴国，西通巴蜀，是兵家必争之地。

若以汉王朝各州来讲，荆州领域最大，组织上也最复杂。这个地方，过去为楚国的领地。在中华文化上，楚国自成体系，和中原地区有很大差异。由于幅员宽广，地形变化多，境内交通不甚方便，形成楚国传统上采用联盟性的松散政治体系，各部落独立性甚高，文化自成系统。

灭秦建汉的战争中，楚军扮演非常重要的角色，连汉高祖刘邦也是出身楚军系统中。楚汉相争，说穿了其实是楚军庶系的刘邦结合其余诸侯力量，和楚军嫡系的项羽争天下。

汉王朝成立后，对楚国一直颇为头疼，便尽量保持其原态，在行政上设立荆州，只做松散的管理。

荆州范围大致包括当今的河南西南部、湖北、湖南、江西省西部、贵州和广西的一部分，南北纵贯数千里，管理非常不方便，行政体系上分成南、北两大体系。

刘表成为荆州刺史时，表面上是荆州最高军政首长，其实他的管辖权，只是襄阳城附近而已。

建安十三年（208年），曹操趁刘表病重，展开突击，长江以北的荆州三郡——南阳、江夏、南郡沦陷。

赤壁战后，曹操往北撤退，以南阳郡的襄阳城为新设防线；江陵战役后，南郡全由东吴收复，周瑜更在江陵城建立军事前线堡垒；江夏郡虽大多由曹魏军控制，东南区则有部分陷入东吴军的掌握中。

为了加强控制，曹操除南阳郡外，增设襄阳郡及魏兴郡，加上原有的江夏郡和南阳郡，曹魏所掌握的北荆州共有四个郡（日后曹魏又增设南乡、义阳、新城、上庸成为八个郡的州治）。

赤壁大战期间，东吴虽然夺回控制长江流域上游的南郡，掌握荆州中部战略重镇，但刘备却趁机占领南荆州的长沙、桂阳、零陵、武陵四郡，以及江夏郡的一部分，不但使自己的事业起死回生，而且也得到日后打天下最重要的大本营。

·争伐襄阳·

建安二十四年（219年）七月，刘备晋位汉中王，关羽受封为前将军，积极准备北伐。

关羽是"复兴汉室"的死忠派，虽然由于早年的缘分，他和曹操的私人关系不错，但关羽绝对"公""私"分明，只要一谈到"反攻中原"的统一大政，关羽一向是当仁不让、责无旁贷的。

早在曹操和孙权大战于合肥时，关羽便很想挥军北上，夺回襄阳。但由于夏侯渊大军仍在汉中，一直威胁着益州的安全，为了随时支援刘备，关羽不敢轻易发动北方战事。

等到曹操由斜谷退兵，刘备稳住汉中地区以后，关羽再也按捺不住了。他自然不是"有勇无谋"的莽撞者，出兵北伐，有其战略思考上的必要。东吴一再要求归还荆州，但如果关羽能光复襄阳，基于战线布置上的需要，同盟的东吴便不好再坚持取回荆州了。并且刘备阵营如能掌握大半荆州领域，或许江北三郡有可能再归入关羽的掌握中，因此发动襄阳战役对关羽是相当重要的。

依"隆中策"的规划，北方有变故时，荆州的军事司令才可趁机挥军北上。但这时候，曹操刚由长安退至洛阳，准备返回邺郡。虽然汉中战役打了败仗，但曹魏的军力相当集中，南战线的防守力应该毫无问题。何况镇守襄阳的曹仁，情况相当稳定，似乎并无"隆中策"中可以北伐的条件发生。

虽说"将在外，君命有所不受"，但如此重要的战略调度，动用的兵力、财力甚多，如果没有刘备的批准，关羽应不敢随便发动这种大规模战争才对。

或许由于鲁肃新逝，刘备、诸葛亮、关羽等人判断，东吴军队正值大幅度调防之际，应不会有什么动作。其后吕蒙特别采用"笑脸攻势"，来松弛关羽的警戒心，大概也是以此种方式展开心理战吧！

总之，关羽发动这场战争，显得相当急切，他下令南郡太守麋芳改驻屯江陵，保护后方这个最重要的军资宝库，

诸葛亮传

人物档案

关羽（？—220年），字云长，本字长生，河东郡解县（今山西省运城市盐湖区解州镇）人，东汉末年名将。

汉末亡命涿郡，与张飞从刘备起兵。刘备得徐州后，使关羽行太守事。建安五年（200年），曹操东进，击破刘备，关羽被俘，遂随曹操于官渡迎击袁绍军，刺袁绍大将颜良于万众之中，封汉寿亭侯，不久辞归刘备，后随刘备依附荆州牧刘表。

建安十三年（208年），曹操入荆州，刘备率众南逃，关羽与之共至夏口。及曹操败于赤壁，刘备收江南诸郡，任命关羽为襄阳太守、荡寇将军。刘备西定益州，使关羽镇守荆州。建安二十年（215年），关羽尽逐孙权所置长沙、零陵、桂阳三郡长吏。建安二十四年（219年），拜为前将军，围攻曹操将征南将军曹仁于樊城，时值汉水泛滥，左将军于禁所督七军皆被淹没，又斩将军庞德，自许（今河南省许昌市）以南往往遥应，威震华夏。曹操派平寇将军徐晃往救，而吴乘机袭取江陵，关羽遂败走麦城（今湖北省当阳市东南），与儿子关平同为吴军俘杀。追谥壮缪侯。好《左传》，善待卒伍而骄于士大夫，以忠义见称于后世。

关羽去世后，民间尊为"关公"，历代朝廷多有褒封。清朝雍正时期，尊为"武圣"，与"文圣"孔子地位等同。在小说《三国演义》中，名列"五虎上将"之首，使用青龙偃月刀。毛宗岗称其为《演义》三绝中的"义绝"。在宗教文化方面，关羽被儒家尊为文衡帝君，被佛教尊为护法伽蓝菩萨（伽蓝神）、盖天古佛，被道教尊为协天大帝、翔汉天神等。

并派士仁镇守公安，以防止东吴军有任何蠢动，关羽则亲率荆州大军主力，以"恢复汉室"为政治旗号，攻打自从赤壁之战以来，长期驻屯于襄阳和樊城的曹仁大军。

襄阳位于荆州南阳郡和南郡的交界，秦朝以来便以汉水为界，以北为南阳郡，以南为南郡。襄阳城位于汉水南岸，隶属南郡，但对岸另一重镇樊城则属于南阳郡。目前的行政上，两者合并为襄樊市，属湖北省。

荆州原府治在武陵郡的汉寿，刘表任荆州刺史时，对南荆州根本缺乏控制力，因此将府城迁移到荆州北部的襄阳。再加上刘表是朝廷的空降部队，离司隶近些，万一有变故，往南可掌握长江以北的北荆州，汉水又流经襄阳城北，以纵走向南注入长江，襄阳正位于此水路及陆路的枢纽。以地理位置而言，襄阳固然相当重要，但由于位于汉水南岸的平原上，几乎全无天险可守，所以军事功能有赖北岸的樊城辅助。

接获关羽大军北上的情报，曹仁立刻下令全军渡江进驻樊城，仅留将军吕常，以维持城内治安为名义，率领少数警卫队封锁对外交通，使襄阳成为非军事重区，将关羽的注意力转到樊城来。

果然，关羽只派一支特遣队去包围襄阳，自己带着主力渡河攻打樊城。只要樊城陷落，襄阳自然纳入其掌握中，这时候，关羽便控制住曹操、刘备、孙权三大势力的枢纽地带了——这或许是关羽冒险北上、发动襄樊战役的主要目的。

关羽初期的战事非常顺利，不但紧紧包围住曹仁的守军，让这位曹营首席大将束手无策。曹操不敢轻敌，派出智将于禁，率领七路大军前来驰援，并以西凉猛将庞德为先锋。

关羽利用七月中旬雨季，决断河堤，引汉江洪水，淹没于禁驻屯于樊城外的大军，生擒于禁，斩杀庞德。城内曹仁眼睁睁看着友军溃灭，无力救援。关羽声威大震，曹操曾有意将汉献帝迁离许都以避之，因丞相府军事参谋司马懿极力反对才作罢。但为了提升前线军民士气，曹操亲率大军，进驻洛阳，观察战情，并随时准备紧急支援。

樊城四周被洪水淹没，城墙浸水日久，逐渐崩塌，曹仁准备弃城，退入豫州。参谋长满宠表示，襄樊失守，洛阳、长安直接受到威胁，将严重影响朝廷安全，宜拼死坚守，以尽保国卫民之责。

曹仁接受建议，将自己最爱的名贵白马沉入水中，以誓不退的决心，他和城内军民共同盟誓："我等受曹公重任，保卫此城，宜全力以赴，至死不渝，有言弃城者处斩！"

全城老幼居民，担土石塞城墙，坚守十数日后，洪水逐渐退去，樊城的紧急情况才稍有舒缓。曹仁立刻下令重新部署防务，以做长期抗战之准备。

曹操再度派出审慎又富有独立作战能力的徐晃大军，前来驰援曹仁。徐晃斗智不斗力，他将军队部署于城外，和关羽大军对峙，反由城外包围关羽大军，用心理战施以压力，果然关羽军求战不得，声势大挫。

曹操接受司马懿建议，决定引诱孙权，由荆州后方夹击关羽。

·英雄饮恨·

能从全盘战略、以较长期的观点，来看三分鼎立情势的，的确只有鲁肃、诸葛亮和赵云而已，他们三人都坚持只要曹魏存在，孙权和刘备是没有条件冲突的，长期抗战需要大量的人力和物力，孙权和刘备在条件上均远不如曹操。

当然曹操不是没有弱点，庞大的统辖区内，相互利害必有冲突，各种势力集结，其实各怀鬼胎，绝对不如"小而精悍"的团体容易整合。拥有强力的领导者如曹操，自然可以压得住问题，万一领导者出事，危机必然愈大。

在"隆中策"里诸葛亮一直主张"联吴制曹",并表示,若北方有事,荆州可派一上将攻击襄阳,刘备、孙权分从左右两路进攻,汉室之光复可期。所谓北方有事,指的应该是曹操一旦亡故,曹魏政权的整合力量,必危机重重,那时候便是北征的最好机会了。

可惜的是关羽、刘备都缺乏耐性,孙权和吕蒙也急着掌握自己国家的"利益",而疏忽天下局势的彻底透视力。就差这么一年而已,曹操于建安二十五年(220年)元月去世,如果鲁肃晚死个两年,关羽能不急着发动北伐,或者孙权和吕蒙能把眼光放远些,天下大势,鹿死谁手,犹未可知。

吕蒙发动奇袭,使关羽的大本营江陵落入东吴手中,关羽不得不由襄樊战场紧急撤退,途中又遭吕蒙派遣潘璋大军沿途袭击,造成北征大军溃败,以致关羽败走麦城,突围时兵败被杀。关羽落难时五十八岁。

有趣的是吕蒙也在这次战役后不久去世,孙权将关羽的首级(头颅),送给曹操,曹操令人补作身体及全副衣冠,并以诸侯之礼葬之(关羽曾因曹操推荐,由汉献帝封之为汉寿亭侯)。孙权闻知,亦以重礼厚葬关羽之尸骸,这时大概已是建安二十四年(219年)底。正巧,曹操在建安二十五年(220年)元月初,因宿疾复发而病逝。

"隆中策"的三分鼎立策划中,拥有荆州是非常重要的条件,日后北上中原的战事,主力部队由此为出发点,占有襄樊便可直接威胁司隶和豫州,进而争取和曹操处于对立地位的汉室公卿的支持,解除曹操挟天子令诸侯的"咒令",反劣势为优势。

一旦司隶和豫州反正,曹操新得到的冀、幽、并、雍以及凉州都会产生动摇,使曹操大本营兖州陷于孤立,要击败曹魏政权,荆州的确是非常重要的关键。

荆州丧失后,直接攻击襄樊的基地没有了,日后诸葛亮虽有意策动荆北新城郡和孟达反正,但仍为司马懿所阻,功败垂成。

从此,诸葛亮无法再直接攻击襄樊了,最近的北伐路线,是越秦岭攻击长安，这条战线崎岖难行、补给困难，很容易被曹魏军抓到动向，是相当危险的。

北伐战役初期，猛将魏延曾建议由子午线直攻长安，诸葛亮不表赞成，便在于这条战线对于曹魏来说防守容易，而对于远征军则风险太大，对处于弱势的蜀汉大军是非常不利的。

后来，诸葛亮不得不采取安全方式，以绕道凉州作为北征的主要路线。

旷废时日，效果又差，这是丧失荆州所造成的严重后遗症。

影响更大的是，为了荆州失守、关羽被害，刘备几乎出动蜀汉大军的精英，东征孙权，却被陆逊在猇亭附近以火攻击溃。

蜀汉军在人力、物力上损伤颇大。这次的战败，使日后诸葛亮北伐时，人力和粮秣的补充上一直困难重重，最后积劳成疾，病逝五丈原，"出师未捷身先死，长使英雄泪满襟"。

关羽大意失荆州，也是诸葛亮无法突破三分鼎立僵局的主要原因。

荆州战役后，吴、蜀虽然和谈，重建同盟，但彼此心态上的裂痕已大，根本无法像过去一样合作了。

东吴西战线司令官陆逊是文臣出身，他不像吕蒙富于"企图心"，也不像鲁肃之顾全大局。

在他任期中，吴蜀间未有过冲突，但共同配合行动的意愿相当冷淡。

不过，东吴未曾如吕蒙所说，可以独立经营北荆州。陆逊虽发动过北伐，但规模都不大，襄樊在晋王朝统一中国之前，一直被纳入北方政权的管辖下。

曹操在襄樊之战后，在襄阳附近另设襄阳郡，曹丕即位后，又增设南乡郡、义阳郡及魏兴郡。

到曹丕之子曹叡时，又再将原荆州西北，接近汉中地区边界，增设新城、上庸二郡。短短时间，由原来的荆北南阳及江夏两郡，变成八郡，可见曹魏政权对荆北防卫上的重视和用心。

南郡以南的荆州，从此全部纳入东吴政权的管辖下，也由原先的八郡，增设到十八郡，江夏郡被分割两半，北部属曹魏，南部则属东吴。

行政管理上的加强，显示出东吴政权对西方防务（蜀汉方面）始终不敢掉以轻心，荆州在军事、政治上的重要性由此可知。

◆ 第十二章 ◆

御驾出征

在关羽和吕蒙相继去世后，孙权便派陆逊为镇西将军，屯兵夷陵，守住三峡之口，让刘备的力量，不能再往东发展。从此，三国的势力范围也固定了下来。

◆ 曹操遽逝 ◆

建安二十四年（219 年）末，曹操上表孙权为骠骑将军，领荆州牧，封南昌侯。孙权也派遣校尉梁寓入贡，上书称臣于曹操。

书中，孙权居然暗示曹操乃天命所归，应篡汉自立。曹操反而很大方地将密书呈现于亲近大臣前，并表示："这个小家伙居然鼓动我坐在炉火上呢！"

侍中陈群趁机建议道："汉祚已终，本就不是今天才发生的啊！殿下功德巍巍，是万民瞩目的对象，故孙权在远地都向我们称臣，此为天人相应的吉瑞之兆！殿下宜正大位，不要再有什么疑虑了。"

曹操笑着表示："如果真有天命，而且在我的话，吾愿意为周文王矣！"（意思是和周文王一样，由其儿子周武王击溃殷纣，成为天下共主）其实，这些年来，曹操忧劳过度，健康早已大不如前，加上偏头痛的宿疾日益严重，自知不久于人世，因此对建立新国家的兴趣显然不高。果然，第二年，也就是建安二十五年（220年）一月，曹操宿疾复发，来不及回到邺城，便在洛阳的行营中去世了，享年六十六岁。其子曹丕，继任为魏王。

成都的刘备，起初接到关羽节节获胜的消息，自然非常兴奋。

诸葛亮提醒刘备要注意关羽后方，刘备便派特使向驻屯上庸的孟达和刘封传令，要他们随时注意荆州军情，并给予必要的支援。

但在吕蒙偷袭江陵时，陆逊同时占领秭归，封锁住三峡之口，使刘备方面的荆州军情中断。

由于上庸方面尚有军情回报，刘备虽积极筹备东征，但总以为如有紧急情况，孟达和刘封必会先行驰援，而且会有军情呈

◈ 人物档案 ◈

魏武帝曹操（155年—220年3月15日），字孟德，一名吉利，小字阿瞒，一说本姓夏侯，沛国谯县（今安徽省亳州市）人。中国古代杰出的政治家、军事家、文学家、书法家、诗人。东汉末年权相，太尉曹嵩之子，曹魏的奠基者。曹操少年机警，任侠放荡，不治行业。二十岁时，举孝廉为郎，授洛阳北部尉。后任骑都尉，参与镇压黄巾军。迁济南相，奏免贪吏，禁断淫祀。征为东郡太守，不就，称疾归家。及董卓擅政，乃散家财起兵，与袁绍等共讨董卓。初平三年（192年）据兖州，分化诱降黄巾军三十余万，选其精锐编为青州军，自此兵力大振，先后击败袁术、陶谦、吕布等部。建安元年（196年），迎汉献帝至许（今河南省许昌市东），自为司空，行车骑将军事，总揽朝政。建安五年（200年），在官渡之战中大败袁绍主力，又先后削平袁尚、袁谭等势力。建安十二年（207年），击破乌桓，统一北方。建安十三年（208年），进位丞相。同年进攻荆州，与孙权、刘备联军展开赤壁之战，败归。建安十八年（213年），封魏公。建安二十年（215年），征张鲁，取汉中。次年进爵为魏王。建安二十五年（220年），病死于洛阳，享年六十六岁。儿子曹丕代汉称帝后，追尊曹操为太祖武皇帝，葬于高陵。曹操善诗文，知兵法，开建安文风，有诗文多篇。另有注《孙子》传世。今人整理其诗文成排印本《曹操集》。同时亦擅长书法，被唐朝张怀瓘《书断》评为"妙品"。

报成都，因而没有特别在意。

等到江陵陷落，关羽、关平和都督赵累同时遇害的消息传到成都后，一切都已来不及了。

刘备气愤又伤心，当场晕倒，在诸葛亮苦劝之下，情绪才稍平稳。当他获知关羽曾向孟达等求救被拒，恨得咬牙切齿，立刻下令召回刘封和孟达，诸葛亮劝他勿逼得太急以防前线生变。

果然不久便接到孟达的辞职书，孟达表示他常受刘封依势欺凌，根本无法有效指挥军队，加上他畏惧未曾驰援关羽而遭到刘备怪罪，于是竟然向魏国投降。

曹丕欣然地接受孟达的归降，并封他为新城太守，以作为进攻益州的先锋部队，接着更命令右将军徐晃联同孟达反攻刘封。这回连上庸太守申耽都投降了。刘封虽奋力反击，到底势单力孤，加上作战经验远不及徐晃，被打得大败，只好弃守上庸，退回成都请罪。

刘备虽然气愤刘封未能驰援关羽，但到底是义子之情，不忍处以极刑。

诸葛亮却认为太子刘禅个性和顺，刘封性情刚猛、骄奢强悍，名义上又是刘禅之兄，恐怕日后会在继承事件上造成危机，因此力劝刘备趁此机会

诸葛亮传

除之，刘备便下令刘封自裁。

这段时间，孙权和曹丕关系甚密，使得刘备反而在北、东两方面的战线上都遭到威胁。

刘备虽急于替关羽报仇，但为顾全大局，担心北方或有剧变，不敢轻易尝试。

果然在建安二十五年（220年）十月，传来不幸的消息，在曹丕的逼迫下，汉献帝禅位于魏，改奉山阳公。曹丕正式废汉朝，即帝位，是为魏文帝，并追尊曹操为魏武帝。

曹丕字子桓，为曹操之次子，由于长子曹昂死于征张绣的战役中，便以曹丕为继承人。建安十六年（211年），曹丕为五官中郎将、副丞相。建安二十二年（217年），曹操自立为魏王，并以曹丕为太子。

曹操去世后曹丕继位为汉丞相、魏王，并改建安二十五年为延康元年。

曹丕个性深沉，外表温文恭厚，属于早熟的孩子，成长期间，曹操便常带他在身边，因而得到文武全才的教育。《魏书》记载他"年八岁，能属文，有逸才，遂博贯古今经传诸子百家之书，善骑射，好击剑"，俨然是位天才儿童。

不过，曹丕曾在一篇自序文章里，说到他是苦学而成的，也就是说曹操对曹丕要求相当多，五岁练习弓箭，六岁练习骑马，并接受相当严格的剑术训练。

文事、武学上都受到严格的磨炼，也培养了曹丕相当高的自信心。

掌权后的曹丕，仍关心当代文人，对文人的礼遇，显然超过以武功见长的父亲曹操。

他所写的《典论》，在文学批评史上的价值颇高，尤其是《与吴质信》中，对"建安七子"的文风，有相当恳切的评语。

其中的"盖文章为经国之大业，不朽之盛事"。更充分显示身为政治最高领导人的曹丕对当代文学的重视。

延康元年（220 年）二月，曹丕以魏王身份，令大中大夫贾诩为太尉，御史大夫华歆为相国，大理王朗为御史大夫，建立了自己的班底。

四月，大将军夏侯惇去世，曹丕的军事指挥权更为增加。

七月，孙权遣使奉献，蜀将孟达也率众来降，曹丕的声望大幅度提升，新政权很快稳定下来。

十月，汉献帝见大势已去，在魏国群臣极力压迫下，终于祭告汉高祖庙，并使兼御史大夫张音持节奉玺绶禅位于曹丕。

"咨尔魏王，昔者帝尧禅位于虞舜，舜亦以命禹，天命不于常，惟归有德。汉道陵迟，世失其序，降及朕躬，大乱兹昏，群凶肆逆，宇内颠覆。……君其祗顺大礼，飨兹万国，以肃承天命。"

并于繁阳设坛，举行禅让之礼，改延康元年为黄初元年。

据《魏氏春秋》记载，曹丕升坛礼毕，回头对亲近大臣小声表示："到今天，我终于知道舜、禹受禅让的故事了。"

曹操于年初去世时，由于事出突然，魏国曾陷入严重危机，甚至有人建议实施军管，但为曹丕拒绝。前后半年左右，曹丕不但稳定了大权，并正式篡汉自立，可见曹丕的能力，丝毫不亚于其父曹操。

·蜀汉称帝·

曹丕篡汉自立，加上谣传汉献帝遇害，这个消息对刘备和诸葛亮的震撼不亚于关羽遇害、荆州丧失，因此报仇之事只好暂搁一旁。

刘备以汉室后裔身份，并号称汉中王，自然对这件重大国事必须立即表明立场。

刘备首先通告天下，命令蜀中文武官员尽皆挂孝，为汉献帝发丧，并追谥为"孝愍皇帝"。

益州群臣劝刘备承续汉之大统，继位为皇帝。

刘备犹豫未决，又听说孙权向曹丕遣使称臣，曹丕进封孙权为吴王，不禁大怒，想举兵征吴。

诸葛亮引汉光武帝的故事，对刘备说："当年吴汉、耿弇等劝世祖（光武帝庙号）即帝位，世祖前后谦让了四次。"

耿弇进而表示："天下之英雄，跟着您出生入死，都是抱有希望，如不从议，他们将各自散去，就不再为您效命了。"世祖感其所言至诚，便答应了。

"如今曹丕篡位，天下无主，大王乃汉室后裔，更应继世而起，现在即帝位，正是时候。诸士大夫随大王征战历年，亦望得尺寸之功。如同耿弇向世祖所言啊！"

刘备无言以对，也就不再推辞。

在曹丕称帝的第二年，刘备即帝位于成都武当山之南，仍以"汉"为国号，"袭先帝（汉高祖）轨迹，亦兴于汉中"。史称"蜀汉"。并改元章武，以诸葛亮为丞相录尚书事，许靖为司徒。张飞为车骑将军，领司隶校尉。马超为骠骑将军，领凉州牧。立王后吴氏（吴懿之妹）为皇后，刘禅为皇太子，并娶张飞之女为皇太子妃。并立其子刘永为鲁王，刘理为梁王。

这时，一直把关羽当作兄长般的张飞，再也忍不住了，他由蜀北的阆中，急书刘备，表示关羽之仇不报，富贵毫无意义，并表示愿意亲自东征孙权。

刘备便下令，张飞自阆中率兵万人先至江州，等待他由蜀中御驾亲征，一同讨伐东吴。

诸葛亮心中虽百般不愿意，但他深知刘备个性，苦劝必无用，而为此头痛不已。

倒是翊军将军赵云仗义执言。

在诸大臣都不敢进谏之际，和刘备、关羽、张飞等人同样有数十年交情，而且一直为公牺牲自己声名地位的老将赵云只好站出来做最后的苦谏了，他表示：国贼是曹操，不是孙权，如果能先灭了曹魏，孙权自然会屈服。目前曹操虽死，其子曹丕篡位，天下人心不服，若我们能趁此机会，进攻关中，占据黄河及渭水上游，进而讨伐凶逆，则关东地区怀有汉室忠诚之士必会趁机背叛曹氏，裹粮策马以迎王师。把伐魏这件事放置一旁，先和原是盟友的东吴作战，是很不利的，何况战争一发不可收，绝对不是智士应有的策划啊！

刘备认为赵云不了解其心，甚为不快，但赵云是老友，又有卓越战功，刘备虽气愤，仍不便当面责备，何况赵云之言，是相当有道理的。

益州学士秦宓也乘势进谏，用天象来劝告刘备勿伐东吴。

刘备闻言大怒，以秦宓扰乱军心为名，将之下狱治罪。幸诸葛亮在事后力劝，并为秦宓说情，才获得赦免。从此再也没有人愿意表示反对了。刘备于是命令诸葛亮辅任太子镇守成都，自己择日起兵御驾亲征。

就在临行前，忽接到阆中车骑将军张飞营中都督紧急军情报告，刘备大惊失色，当场大叫："糟了，翼德（张飞字）出事了！"

果然是张飞遇害的噩耗，在阆中出兵前夕，张飞遭到部将张达、范疆暗杀，其首级甚至被叛将带往东吴邀功。

张飞和关羽虽然情如手足，且有三十多年交情，但个性上迥然不同。

陈寿在《三国志》评论说："羽善待卒伍，而骄于士大夫。"因此关羽和同事及他国将领间的关系大多不佳，常无意中得罪人而不自知。

张飞则"爱敬君子而不恤小人"，常对部属要求太多。刘备曾一再劝诫张飞："卿刑杀既过度，常生气鞭打士卒，处罚过后，仍放之在左右，此取祸之道也。"

换句话说，张飞脾气暴躁，面恶心软，生过气便马上原谅他人，别人或许记恨在心，他自己却毫不提防，因而刘备非常担心他的安全。

关羽战死后一年多以来，刘备忙于国事，日子还好过些，但镇守在关中的张飞心里便是相当不平衡了。

他的个性变得更加暴躁，常用暴力行为来泄恨。

刘备称帝后，张飞派急使送了一个表章。以强硬的态度，半指责半要求地希望刘备速为关羽报仇，切勿忘掉早年共同创业之誓约。

刘备激动之余。便下令张飞由阆中编组万余人马，到江州会合，共同征吴。

编组兵马本是繁杂工作，但张飞心急如火，对工作的要求超乎常情。张达及范疆走投无路，于是暗杀张飞，投靠孙权去了。张飞享年五十五岁。陈寿表示：

关羽和张飞，雄壮威猛，均可称为万人之敌，为世间难得一见之虎将。关羽当年报效曹操后，才离开曹营，不辞辛苦及危险，回到刘备身边。张飞义释严颜，以最少的战争代价，攻取巴东，两人之作为和功业，均有国士之风。

可惜关羽刚而自矜，张飞果而无思，均以其个别之短处，遭到杀身之祸，此理数之常也。

张飞遇害的这笔账，刘备伤心哀痛之余，便将之记在孙权头上。因此不顾张飞遽逝后军队编组的困难，毅然而然，在仓皇中勉强编组四万余兵马，集结江州，准备尽速出兵。

到达江州后，刘备命赵云大军留守，令吴班第一军为先锋，先出兵三峡，攻入荆州境内，自己率领第二军及第三军随后而至。

这次编组，刘备几乎是单打独斗。他将蜀汉作战力最强的马超大军及魏延大军留守于汉中和蜀北，以防魏军趁机南侵。

大本营中，作战经验最丰富、立功最多的赵云大军却编为预备师，留守江州，这一方面表示出刘备对赵云反对这场战争的不满，一方面也预防万一东吴军由他道攻击益州时，赵云至少可以站在第一线，确保蜀中安全。

由于关羽、张飞、黄忠先后去世，刘备阵营中，能独力作战的统帅级将领不多，刘备以皇帝之尊，亲自指挥东征事宜，的确抱有相当的悲剧精神，或许刘备也早已把自己豁出去了。

鉴于刘备军声势浩大，加上鲁肃去世后，和鲁肃抱有相同亲蜀观念的东吴重臣仍然不少，孙权便派南郡太守、也是主和派重要人物诸葛瑾向刘备进行调停，以降低彼此的危机。

诸葛瑾知道刘备对孙权正在气头上，便以自己的名义派遣使者，造一份和解建议书给刘备，书中表示：

我听说大军已来到白帝城，相信是由于不少臣属，认为吴王（孙权）曾侵取荆州，杀害关羽，以致彼此怨深祸大，绝对不可能议和了。

其实这种想法的人，是用心于小，而未留意于大者的人，因此我特为陛下（刘备已称帝）讨论此间事情的轻重及其大小。

陛下请暂息心中怨愤，冷静听我诸葛瑾的分析，相信立刻可以获得结论，不必再咨询一些缺乏眼光的臣属。

陛下认为关羽和先帝（指汉献帝）谁比较重要？荆州和整个天下哪个比较重要？这些国仇家恨的先后，应如何安排？相信您只要略为计算，孰重孰轻，易如反掌。

诸葛瑾这番劝言，是要刘备以国仇为重，私恨为小，仍和东吴合作，以对抗曹魏。其重点和范围，均不超过早先赵云的劝谏，对于急于报仇雪恨的刘备，自然是听不进去的。

由于鲁肃去世后，和刘备较有关系者，只剩下诸葛瑾。因此这是蜀汉和东吴最后调停的机会，赤壁之战的盟友，终将反目成仇，进行火并了。

在两国关系绷紧时刻，诸葛瑾以私人名义写信给刘备的行为，马上遭到别人误解，有人便将此事暗中密告孙权，表示诸葛瑾恐有异心，以他镇守南郡，将危及前线安全，主张立刻加以调动。

孙权却笑着表示："我和子瑜（诸葛瑾字）有死生不易之誓，子瑜不会背叛我，就如我不会背弃他一样啊！"

但是东吴臣属，由于诸葛亮已为蜀汉宰相，主掌大权，和过去不同，诸葛瑾难免有不同的想法，因此议论纷纷，表明对前线的严重关切。

夷陵守将陆逊，担心后方流言会影响前线士气，于是公然上表为诸葛瑾作保，并要求孙权对此事做公开澄清。孙权乃向臣属表示：

子瑜和我共事好几十年了，恩如骨肉，相互的了解更不用讲。子瑜之为人，小心审慎，非道不行，非义不言。刘玄德当年遣诸葛孔明至吴，我也曾对子瑜说："卿与孔明是同胞兄弟，弟弟跟随哥哥，义理而言，也是当然，何以不趁此机会留住孔明，如果孔明愿意留在此，我可以亲自写信给刘玄德，希望他依孔明自己意愿放人。"但子瑜却对我说："我弟弟诸葛亮既已委身于刘备，主从关系已定，我相信他一定是义无二心。诸葛亮之不会留在东吴，就好像我诸葛瑾不可能投向刘备一样的确定。"我相信他是非常真诚的，神明共知，如今怎么反而会有投向刘备的想法呢？

前些日子的无聊密告书，我便曾拿给子瑜看，并将之毁掉，孤和子瑜，可谓神交，不是任何流言谤语影响得动的。陆逊将军既有些提议，孤自应将此内幕公开，使前线将士放心，孤与子瑜绝无任何异心。

此书表公开后，东吴前线军民之心稳定不少。

· 以柔克刚 ·

和议不成，战争已不可免。

刘备先发制人，他知道吕蒙去世后，东吴西战线实力薄弱，立刻下令第一军的吴班及第二军的冯习，发动突击。南郡军事重镇巫县的守将李异及刘阿等被击溃，刘备军声势大振，进军到秭归城时，已集结有四万余兵力。武陵一带的少数民族酋长纷纷响应，加入刘备阵营。

其实这场战争双方均不敢全力以赴，曹丕虽刚接位，但曹魏政权稳如泰山，如今又已建国，声势正盛，随时有南下可能。

刘备以帝王之尊，打私人战争，虽势在必得，仍不敢动用可独当一面的大将。因原来东征的主将人选张飞不幸暴毙，刘备已找不到可代替的人选了。

诸葛亮必须驻守大本营，以免发生异变，一向和诸葛亮搭配良好的赵云，虽是东征的理想人选，但由于他公然反对这次战争，使刘备不愿派他作为主战部队，仅以预备师镇守江州。实质上赵云仍在为诸葛亮把守东方门户而已。

汉中地区随时可能有状况，因此魏延大军也动用不得。地位崇高的马超大军则镇守蜀北，以防止凉州大军的入侵可能。因此，这次东征孙权，虽动用四万多人，但刘备的角色，其实是"校长兼敲钟的"。

不过，孙权方面也好不了多少，老将程普已去世，少壮将领周瑜、鲁肃、吕蒙又不假天年，均壮年病逝。黄盖、韩当等虽猛勇，却难当大帅职责。

东战线周泰、甘宁等，共守合肥战线，曹魏军时常南下，调动不得，并且曹魏军力远大于蜀汉，因此孙权比刘备更凄惨。自己根本离不开东战线。唯一有资格守西线的徐盛，策划和统领的独立性又不足，让孙权头痛不已。

吕蒙临死时，曾推荐镇西将军陆逊代替自己职位。

陆逊是孙权兄孙策的女婿，年纪甚轻，属于东吴第三代子弟，本身又是儒生，不懂武艺，如何能统帅东吴西战线第一代和第二代的老将？就算有孙权的强力支持，陆逊能否敌得过身经百战的刘备呢？

陆逊字伯言，吴都吴县人，本名议，为江东大族之后。陆逊年轻时父母双亡，乃跟随叔公庐江太守陆康任官。陆康和袁术有隙，袁术将攻庐江，陆康乃将亲族家人送回吴县，陆逊辈分虽较低，但年纪却比陆康长子陆绩大数岁，乃成为家族中的领导者。

孙权任将军时，陆逊出任其军师，后任海昌县长时，逢大旱，地方盗贼蠢动。陆逊开仓谷以赈济贫民，勤督农事，安抚百姓，并亲自带兵，平服盗贼。陆逊虽是儒生，但深通兵法，尤富韬略，鄱阳湖一带水贼均为其平服，孙权于是封陆逊为定威校尉，并以其兄孙策遗女嫁之。

陆逊眼光远，长于规划，孙权常用其策，并以之为帐下右部督。

赤壁之战前，丹阳贼人首领费栈响应曹操，扰乱孙权后方。由于周瑜、程普等大将均忙于备战，孙权只好派陆逊前往平乱。陆逊兵力虽少，却断然乘夜色发动奇袭，大破费栈人马，并以招抚策略，得精兵数万人，平服后方所有盗贼，还屯芜湖，扫除了东吴后方的危机。

会稽太守淳于式对陆逊擅自编组民兵、违反法令，甚为不满，乃向孙权检举陆逊骚扰人民之罪行，但陆逊反而向孙权称许淳于式是位爱民的好官。

孙权感到不解，便问陆逊道："淳于式检举你，你反而称赞他，这是怎么回事呢？"

陆逊答道："淳于式是为了善养人民才检举陆逊的，如果陆逊以个人意见不同而说淳于式坏话，是乱了将军您的截断，这是不对的。"

孙权不禁叹道："此乃长者之行为啊！陆逊这么年轻，就能有此修养，是一般人绝对做不到的。"

吕蒙托病返回建业时，便向孙权推荐陆逊，认为他是日后代理自己的最佳人选，他指出："陆逊才思敏捷，城府深远，才堪负重，观其规划上之周到，终可大任。"

荆州争夺战期间，陆逊由陆口率军，夺取南郡和公安，击溃刘备原本建立的防线。战争结束后，吕蒙因病退职，陆逊驻守夷陵，统筹指挥西战线防卫部队。

陆逊向孙权建议，采刘邦入关中之宽容策略，重用荆州当地人士以重建荆州，孙权从其言，荆州的混乱军情很快稳定了下来。

刘备东征大军高达四万余人，孙权若要与之抗衡，势必动用多数大军，由于大军将领都属第一代和第二代精英，辈分为第三代的陆逊，虽有才干，能否服人，让孙权心中犹豫不决。

但南郡太守诸葛瑾却认为陆逊是唯一人选，乃向孙权极力推荐。孙权只好直接召见陆逊，询问其个人意愿及主张。

想不到陆逊慨然应允，并即刻提出大军编组及作战计划，显示他早已准备和思考多时了。

陆逊所提出编组的大军，多达五万余人，超过赤壁之战周瑜所统领的军队。阵容包含东吴第一代及第二代的著名将领，其气魄之远大，令人惊服。孙权很高兴地批准了他所有的计划。

陆逊虽拥有优势兵力，又占地利之便。但他认为众大军虽在其下，却不见得心服，因此仍谨守住夷陵，不愿主动出击。

由于冬天，刘备在秭归等了半年，一直到隔年二月，华中地区进入春暖花开之际，刘备打算率军攻打东吴军事重镇夷陵。

身任军事参谋的治中从事黄权，鼓起勇气做最后的劝阻："吴人强悍又长于水战，若我军也靠船队顺流而下，恐将进易退难啊！还是由我黄权为先锋，去面对东吴的敌寇罢！陛下宜在后方坐镇指挥，统筹大局！"

刘备早把自己豁出去了，急着想和孙权对阵，因此不听劝阻，反令黄权为镇北将军督导江北诸大军，率军顺长江而下，直逼夷陵。

陆逊见刘备奋力而来，兵锋甚锐，不想和他硬碰硬造成不必要的伤亡，乃下令前军放弃夷陵。撤退到猇亭地方重布防线，自己则将指挥总部设置在长江南岸的夷道，暂时采取据险固守的策略。

刘备见陆逊撤军，乃趁机攻占夷陵，设置前线指挥部，并军分两路，左翼由冯习率领，超过吴军坚守的猇亭，布阵于夷道北岸。陆逊见刘备主力部队在江北，便也亲自设营于北岸，和刘备前锋主力相对峙。

刘备右翼由猇亭渡江，攻击吴军主营夷道，陆逊派预备师孙桓驻守夷道，由于兵力较少，被刘备右翼的主力吴班大军，团团包围住。这时候，刘备的后备部队有些仍在秭归，行动后勤人员也有不少在更西边的巫县。前锋主力则已到达猇亭及夷道附近，军队布营长达六七百里。运输及通讯完全依靠长江水运作联系。

由于蜀军分散，东吴诸将领均主张即刻反击，陆逊却表示："刘备举军东下，锐气正盛，而且西方地势较高，仰攻不易，即使击败他们，恐怕也要付出很大的代价，万一有所闪失，那可能会使我们的气势受到严重打击。因此目前宜谨守阵地，奖励将士，以逸待劳，观其变化。再者，如果这些地方都是平原，我们或可乘着人多的优势展开决战。但从夷陵到夷道，皆属高山深水，行军不易，优势兵力也施展不开。以战术而言，更当先行稳住守势，以待敌军之弊，较为适宜。"

徐盛、潘璋、韩当等诸老将，均认为陆逊畏战，心中非常不痛快，但陆逊却故意睁只眼、闭只眼，装作不知。

双方由二月相持到六月，连小型的接触战也未曾发生。对陆逊的"零战事"，刘备反而显得束手无策，只得命令冯习为大都督，张南为前部都督，掌握夷道附近军情，自己则来往于秭归及猇亭间，指挥全局。

被吴班团团围住的安东中郎将孙桓，由夷道派人向陆逊告急。陆逊却令其坚守，断然拒绝前往营救。

徐盛当场抗议道："孙安东将军，是我们的公族，绝不可以被擒，如今已陷入危机，为何不去救他呢？"

陆逊表示："孙安东一向颇得士众之心，夷道城原为我们的大本营，城牢而粮足，没有什么可以担忧的。等我的计划发动，就算不去拯救他，包围也自然可解。"

徐盛虽然不服，但身在前线，军令如山，也不便再做什么表示。

东吴阵营诸将认为人数上已占优势，急于速战速决，但陆逊却坚持避锐锋的持久战术。这些将领有的是孙策时的第一代老将，如韩当。不少则都是第二代的名将，如徐盛、潘璋，也有孙氏的王亲国戚，如朱然、孙桓等，面对年轻的统帅，虽表面服从，其实"各自矜恃，不相听从"，特别是时不时的冷嘲热讽，影响军心甚大。

谋士建议陆逊向孙权反映，陆逊却不表赞同。为了维持军中纪律，陆逊在阵前召开大军领袖会议，当场按剑表示："刘备乃天下知名的英雄，连曹操都让他三分，今天他率大军而来，是不可轻视的劲敌。诸位深受国家大恩，理当同心同德，共灭此敌，上报国家才是啊！而今却不和顺相处，减弱自己的力量，是何道理呢？"

徐盛、潘璋等人仍是一副不在意的模样。

陆逊语气转而严厉道："我虽是一介书生，但奉主上指令，以国家名义要求诸君受我的节制、调遣，总以我有尺寸之可取，能忍辱负重故也。诸位将军各有任务在身，必须和我配合，岂能推辞？军令如山，不可违犯！"

陆逊这番话，软中带硬，言之有理，诸将自然不便再有所轻浮。否则这位手握军令的年轻统帅，万一来个翻脸不认人，以诸将的年纪及社会地位，实在划不来。因此诸将只好暂时隐下心中不服，依照军令，全力以赴。

长期下来，倒是刘备有点受不了了，长途远征，粮食运送困难，虽然顺着长江而下，减少不少人力物力，但再如此耗下去，蜀汉的经营势必产生问题。因此他不能再等下去了。

为了早日结束对峙，刘备下令包围夷道的吴班，率领少数兵力，渡河北上，由南北向攻击陆逊大本营的后方。东吴诸将见吴班人少，明明是挑衅行为，均主张出营加以狙击。但陆逊表示："此必有诈，诸君不信，再等几天就知道了。"

果然，刘备见此计不行，便下令吴班退回南岸，埋伏在山谷中的八千兵士也终于现身，跟着南渡。陆逊在城堡上指着道："所以不令诸君击杀吴班者，就是为了这些伏兵啊！"

刘备见陆逊坚持对峙，乃下令水军撤退到岸上，"舍船就步，处处结营"。

到了六月底，陆逊看到刘备的东征大军逐渐疲劳，复仇雪恨的热情已失，于是暗中向在武昌镇守的孙权上了一道秘密书信。信中表示：

夷陵虽是国家军事重镇，但正好在三峡之口，易攻而难守，是以为保持军力的完整，策略性地弃守夷陵，绝非真的害怕刘备的压力啊!

如今刘备违反常理,不据险坚守,反急着求战,是他自己前来送死。臣虽不才,奉主公威灵,以顺讨逆,将在近日击败刘备大军,请勿担心。

臣当初最担忧的是,刘备以报仇雪恨之热情,水陆并进,将给我们相当的压力,如今却舍船就步,处处结营,反而使自己陷入“定形”,刘备败象已现,吾王先可高枕无忧,等待捷报吧!

相持半年的蜀、吴大对抗,终在陆逊的主动出击下,很快展开最初、也是最后的决战了。

第十三章

白帝托孤

　　既然受到刘备托孤，诸葛亮也毫不犹豫地承担起完全的责任。蜀汉建国以来，不断发生战争，所以无法妥善整顿制度，虽然刘备去世，但总算这段时间，还可维持和平。诸葛亮便全力地整顿冗员，修订法制，重做行政编制及政治规范的建立。

·陆逊击败刘备·

　　两股力量从黄初二年（221 年）七月，一直到黄初三年（222年）六月，从准备、调度到对峙，前后整整一年，光是阵前相抗衡，也有六七个月之久。

　　闰六月，一直采取坚壁清野的陆逊，判定时机成熟，决定主动反击。

　　徐盛等将领反而傻住了，表示："要攻打刘备应在他们刚到达猇亭、阵脚未稳的时候才对啊，如今他们已在六七百里间建立坚固阵营，并已运作了七八个月，其各个要害兵力部署早已完善，攻之必无利也。"

陆逊笑着表示："刘备作战经验丰富，而且这次是有备而来。其军队刚结集完成时，思考必相当周到，去攻击他们反而是非常不利的。如今他们驻屯已久，却占不到任何便宜，师老无功，兵疲意沮，已经谈不上有任何规划了，想击败他们正是时候。"

于是由朱然大军分出一支队，前往攻击刘备最前面的营阵，但仍立刻遭到击退。

徐盛讽刺地说："这不是又白白损失了不少兵士吗？"

陆逊却充满自信地表示："我已经知道怎么击败刘备的大军了。"

时闰六月，华中地区东南季风大盛，陆逊下令第一军朱然大军由水路逆流而上，直接攻击驻屯猇亭的刘备大本营，船上载有大量茅草及火器，打算发动火攻。韩当及潘璋大军由右翼绕道，进入两百里后的涿乡，打算切断刘备先锋部队的退路。徐盛及宋谦，先攻向夷道，解除孙桓之围，并会同孙桓军，由南岸直袭夷陵之驻军。若一切顺利，便可渡江在涿乡会合韩当军队，联合西向直接追击刘备军至秭归。

所有军队都带火器及茅草，攻入蜀营，便顺风起火，蜀军从猇亭到秭归约有四十个营，东吴军只烧其二十营区，间隔着烧，节省人力物力，只要造成蜀汉大军之混乱即可。东吴军各军营预带干粮，不准休息或暂退，昼夜追击，必须将蜀军赶至三峡口，当然如果能生擒刘备，更是大功一件。

对于东吴军的迅速出动，刘备的前哨警戒部队自然有所觉察。但由于前些日子，曾在最前面的驻营发生接触战，蜀军认为东吴军战力不强，因此除了很快向刘备大本营报告、听候指示外，并未做任何紧急应变。

果然被陆逊料中，刘备的确在猇亭营区，接获报告后，立刻下令冯习、张南的前线部队迎击，并通知吴班第一军准备北渡，由南方打击陆逊主力部队。

刘备实在想不到陆逊居然无视前线的冯习及张南，而由水陆绕道直接袭击猇亭的大本营。因此当一切派遣就位，刘备仍留在指挥部，想继续等待更多的情报，以安排自己的行动。

大约午夜接近凌晨时刻，岸边哨兵发现大量东吴兵船逆流而上，直攻猇亭大本营。刘备大惊，立刻下令全营备战。时东南风急，朱然在船上发动火攻，刘备营帐立刻起火。尤其因值夏季，刘备营帐大多结扎在树林旁，以求凉爽。火克木，猇亭所有营帐立刻陷入火海。蜀军慌乱中自相践踏，死者不计其数。

祭酒程畿见大势已去，立刻保护刘备向西撤退，并通知各营区前来护驾。

前哨的冯习及张南，听说大本营有变，立刻舍弃陆逊的主力部队，往西撤退，前往救援刘备。

刚渡过长江的吴班，准备袭击陆逊北岸营区，却扑了个空，深知大事不妙，立刻下令向西撤退。不久，便见到岸边蜀军营区火起，吴班顾不得仍包围着夷道的蜀军，只得紧急向猇亭驰援。

夷道包围战的蜀汉第一军部队，在毫无准备的情况下，受到徐盛、宋谦的背后袭击，孙桓又趁机夹攻，几乎全军覆没，投降者不计其数。

朱然军并未登岸，直接由水路攻向涿乡，准备配合韩当、潘璋切断刘备退路。

由于凌晨风势甚大，助长火势，猇亭到夷陵间，所有驻营全部着火，刘备军只好越过夷陵，准备退往防御工事较强的秭归城。

但这时韩当、潘璋军已由北绕道攻占了涿乡，完全切断蜀军退路。由夷道折回的徐盛、宋谦、孙桓军，配合陆逊主力部队由东攻击。朱然军由水路夹击，前面韩当大军又摆出铜墙铁壁般的阻挡阵势。冯习、张南、吴班大军虽已会合，但在慌乱中，大部分军力丧失。

吴班自愿率敢死队直冲韩当军，企图杀出一条血路。冯习军断后，张南则保护刘备，退往涿乡东北的马鞍山区。

吴班奋勇一马当先，突破了韩当的防御阵线，但潘璋军立刻补足空隙，让其他蜀军仍无法通过。吴班想再回头杀人，保护刘备，但军力已明显不足，根本无力再战，只得率领残军越过秭归城，直奔江州，向赵云军营求援。

冯习的断后大军往复冲杀，为刘备争取撤退时间。没多久，冯习身边只剩数十骑，又逢徐盛大军，冯习大喊一声，单骑冲入，立刻被斩为肉酱。

张南及副将傅彤，保护刘备及程畿等文职人员退向马鞍山区，徐盛、宋谦、朱然大军在后紧追，傅彤、程畿等被冲散。张南见大势已去，嘱咐御林军保护刘备先退，自己率残余第三军，回头迎击吴军。徐盛等虽全力攻击，但张南力挡不退，一直支持到刘备已安然撤入山区，张南的残军也全军覆没，张南本身亦死于乱军中。

傅彤保护程畿等退至江边，听说刘备退往马鞍山，程畿便敦促傅彤立刻杀出重围，前往驰援。自己和参谋人员率残部迫不及待在江岸牵制东吴军，没多久便死伤殆尽，程畿不愿被擒自杀而死。

胡王沙摩柯原率领预备师驻守在秭归附近，闻知前线败阵，立刻率军驰援，正逢韩当、潘璋军攻来，沙摩柯不敌，死于乱军中。

江北督军黄权闻变，也率军南下，奋力反击陆逊之主力部队，但军力太少，被打得溃败，黄权只好再向后撤退，眼见南向已被吴军完全阻断，无法退回蜀中，黄权只得遥望刘备营区跪拜后，引军北向投奔曹魏去了。

刘备的残军退入马鞍山后，立刻环山部署防御工事，不久便见到傅彤军向前会合，才稍安心。

陆逊率众军营围攻马鞍山，蜀军拼死抵抗，激战一日余，蜀军死伤惨重，傅彤劝刘备杀出重围。刘备也担心蜀军全军覆没，乃趁黑夜突围，由于秭归城已失陷，刘备只好继续往西，越过巫县，直奔白帝城。

傅肜殿后，沿路将辎重车辆烧毁塞道，阻挡追兵，且战且走，在秭归附近被徐盛、朱然军追及，傅肜被团团包围不得脱身。徐盛惜其忠勇，喊话劝降，傅肜咬紧牙关，上马再战，终因力竭死于乱军中。

刘备退入白帝城后，不禁慨然叹道："想不到我竟败在年轻的陆逊手中，岂非天意！"大有长江后浪推前浪之感慨。

这一次刘备军死伤万余，所带出的舟船、器械、水陆军资，几乎损失殆尽。只有牙门将向宠的部队，在慌乱中仍能维持军纪、无人逃散，全军撤至白帝城，成为刘备的临时侍卫军，强化了白帝城的防御工事，让刘备得以稍事休息。这便是日后诸葛亮前《出师表》上所称"将军向宠，性行淑均，晓畅军事，试用于昔日，先帝称之曰能"的故事。

赵云在江州得到吴班紧急军情，立刻下令全军备战，并派遣急使通知成都的诸葛亮。自己则率领少数军营，到前线视察军情。听到刘备撤入白帝城后，赵云立刻下令部队在巫县附近悐险部署，以抵挡东吴的追军。

有了赵云大军护卫，刘备可以完全放心了，于是他改鱼腹县为永安县，并进驻静养，暂时不回成都，将东战线的防护重任，交由赵云负责。

刘备退白帝城后，以徐盛、潘璋为主的少壮派大军将领，纷纷上表孙权，主张趁机攻入白帝城，必可生擒刘备、击溃赵云大军。

孙权以此询问陆逊意见，陆逊乃联合朱然等上言道："依照北方情报显示，曹丕正在大量编组军队，表面上是要帮助我们征讨刘备，其实是想找机会攻击我们的东战线，因此我认为以大局为重，应立刻结束西战线战事，重新部署国防事宜。"

孙权看到陆逊的态度坚决，而且情报搜集完整，考虑又周全，乃下令全面撤军。

·诸葛亮之检讨·

陆逊回国后，被封为辅国将军，领荆州牧，并改封江陵侯。

《资治通鉴》记载了诸葛亮对这一事的自我反省：

起初，诸葛亮和尚书令法正，在政治上的意见常有不同，但法正的奇谋智术，却颇为诸葛亮所景仰。法正在刘备称汉中王的第二年便病逝了，但当刘备兵败消息传入成都后，诸葛亮仍感叹道："孝直（法正字）若在，必能阻止主上东征，就算主上坚持东征，有他陪伴策划，也不会导致今天的惨败。"

法正曾策划刘备入蜀，并亲自做内应，刘备据有四川，他和死去的张松，功劳最大。日后法正更身任总参谋长，协助刘备攻取汉中。在刘备阵营中，一向有"谋主"之称，其奇画策算，深得刘备信任。因此如果他尚健在，或许能想出好办法，阻止刘备出兵。

严格来讲，刘备的东征事宜，身为丞相的诸葛亮，虽不赞成，但也未极力反对。赵云和秦宓皆曾强烈反对，群臣之首的诸葛亮反而未曾开腔。除了表示他对刘备有充分了解，知道再劝也没有用外，从他对法正的感慨看来，显然在这件事上，诸葛亮有其判断上的偏差。

在"隆中策"里，诸葛亮早已确定了"联吴抗曹"的基本国策，但其更重要的规划，却是掌握荆益两个大州，以作为日后北征中原的基础。

赤壁之战，诸葛亮以巧妙的策略，夺取了荆南三郡，再以杰出外交手段，借得大部分荆州，为刘备取得"争天下"的本钱。

诸葛亮对刘备的弱点，应有相当的了解，但他为何未尽力阻止刘备发动此不智的战争呢？从他日后的行为看来，倒不是像他叹惜法正不在般的缺乏奇谋或刘备对他信任不足，而应该是他太忙了。占有益州和汉中后，一定有不少的内政、经济及财政重建工作，要立刻处理、规划和推动。荆州丧失后，整个国际均势剧变，更增加不少国防和外交的困难。刘备在关羽和张飞先后去世后，方寸已乱，经营的重任完全落在诸葛亮肩上，相信他一定忙得没有时间去思考刘备东征的事情。因此这段时间，他实在提不出较完整或较有建设性的意见，心中干着急，却一点办法也没有，对诸葛亮而言，应是相当痛苦又无奈的。

不过，诸葛亮对刘备东征没有拼命劝阻，相信他对刘备征伐东吴也有相当信心。他认为蜀国力量已成，刘备有数度大胜利的经验，尤其和曹操对阵汉中，而能逼退曹操，显示刘备在指挥大战役上，已完全成熟了。加上东吴方面，周瑜、鲁肃、程普、吕蒙等大将先后病逝，对刘备而言，应无太大危机才对。东吴却出现陆逊这种军事天才，这是诸葛亮始料未及的。

这次东征的参谋总部，几乎全军覆没，主任参谋的荆州元老马良，战死于五溪的阵营。程畿在江边自杀而死。诸葛亮原先最倚重的黄权，在和刘备意见不同后，被调任江北督军，败战后，归路被断绝，不得已投降了曹魏。

刘备在永安养病期间，诸葛亮先后派尚书令刘巴及军议中郎将射援前去请安，但刘备似乎已将军国大事，完全委托诸葛亮，未做任何指示。有几次诸葛亮想亲赴永安，和刘备当面商议国事，但终因成都军政事务繁重，根本离不开，而且刘备也书信指示，国家大事为重，勿以他为念，而婉拒了诸葛亮亲往慰问之意。

不久，传来黄权降魏的消息。在永安服侍的大臣，均主张立刻逮捕黄权的家属治罪。刘备却叹息表示："是我辜负了黄权，而不是黄权辜负我啊！"反而下令特别照顾黄权在成都的家属。

另一方面，曹丕也在洛阳召见了率众来降的黄权。

曹丕对黄权说："将军舍弃刘备，投降于朕，是舍逆效顺，欲追循陈平、韩信弃楚降汉的历史故事吧！"

黄权却坦然地表示："臣过去受刘主的特殊礼遇，因此绝对不可以降吴，归蜀又无路，为免部属无谓的牺牲，才前来投降。而且，败军之将，免于一死就已是很幸运的事了，哪里还敢模仿古人之行志呢？"

曹丕非常欣赏黄权的人格和才华，拜他为镇南将军，封育阳侯，又加侍中职务，随时陪侍左右，作为政治作战的"样版"。

这时候，传来黄权家属被害的消息，曹丕还特地准备为他们发丧。但黄权却反对，他认为："臣和刘备、诸葛亮等推诚相见，他们一定了解我的苦衷，绝不可能杀害我的家属，我相信这个消息不可靠，请再详加追查吧！"

后来再加查证，果然只是错误的谣言。

曹丕对刘备和诸葛亮能对部属如此信任而感叹不已。

不只和刘备，黄权对诸葛亮也一直维持高度的相互谅解。《三国志·黄权传》中特别记载，日后司马懿曾在写给诸葛亮的信中表示："黄公衡（黄权字）为人爽直，常毫不忌讳地表现出他对你的景仰。"

黄权的儿子黄崇，在蜀国灭亡的前夕，追随诸葛亮之子诸葛瞻战死于绵竹。

刘备在静养中，前线有赵云守护，后方又有诸葛亮经营，自然放心多了。但损失关羽和张飞两位创业伙伴，东征又败给了陆逊，对他打击甚大，身心衰竭，健康情形日益衰退。恰好巴西太守阎芝派汉昌人马忠，率领五千人马前来护驾，刘备和马忠交谈后，非常高兴，对来访的尚书令刘巴表示："虽失黄权，复得马忠，可见世上仍不乏贤能的人才啊！"

马忠日后也深得诸葛亮重用。

·托孤白帝城·

　　猇亭战役，对这位有"英雄"盛名的刘备，几乎是致命的打击，新建立的蜀汉元气大损，北征曹魏、光复汉室的宏愿大志，已不可能在自己手中完成了，悲痛之余，健康情形急速恶化。

　　成都方面又传来了几则噩耗。首先是司徒许靖年老病逝，接着年方四十七的西凉名族、骠骑将军马超也病逝了，汉中王时代新建的四大军营将领先后去世，蜀汉王朝能够独当一面，又具有足够声望的大将，大概只剩下赵云和魏延了。

　　到永安来探病的尚书令刘巴，回到成都不久也病殁，刘备万分伤心，便任命犍为太守李严接替刘巴职务。

　　或许刘备也感到生命已到尽头，夺回荆州已不可能，就下令将甘夫人坟墓迁至蜀地。就在第二年春天（黄初四年），刘备病势急速转坏，便派人到成都请诸葛亮急速赶到永安。

　　猇亭战败消息传来，蜀中的确引起不少震撼。越巂郡少数民族领袖高定进犯新道县，为李严所击退。汉嘉太守黄元一向对诸葛亮不善，有伺机作乱的不轨意图，这也是诸葛亮一直不敢离开成都的最主要原因。

　　但既然刘备有事急召，是不得不去了，他以一向有胆识的益州从事杨洪辅佐太子刘禅守成都，自己带着两个皇子鲁王刘永、梁王刘理赶往永安。

　　从黄初四年（223年）二月到四月，诸葛亮待在永安，和刘备共同规划蜀汉未来大计，新任尚书令李严在受命后，便因刘备病重，也一直在永安随侍。由于他是蜀中老臣，因此成为刘备和诸葛亮最好的咨询对象。

猇亭战役后，整个形势有了很大的变化，魏吴联而又分，刘孙之间反而有和好的迹象，天下三分鼎立之势，似乎已完全成形了。

不过蜀汉的情形，却颇为不妙。国防上，威震华夏的四大将领——关羽、张飞、马超、黄忠先后去世，加上猇亭丧失的大军，蜀汉王朝的作战力已几近崩溃，今后和曹魏、孙吴间的对抗，将日渐困难。

益州和汉中的统治未完全稳定，又先后发生荆州失守和东征大军溃败的两大悲剧，对蜀国财政、经济上必造成沉重负担，若是刘备在这关键时刻，有个三长两短，内政的稳定可能会立刻产生危机。

诚如诸葛亮日后在《前出师表》所言："先帝创业未半而中道崩殂，今天下三分，益州疲弊，此诚危急存亡之秋也……"

刘备当然也深知危机重重，他紧急召见诸葛亮，便是想利用生命的最后时日，和这位实质上的继承人，彻底交换意见，共同拟定自己身后的应对计划。

果然，诸葛亮一离开成都，黄元便在汉嘉郡发动军事政变，他烧毁临邛城，毫无忌惮地据地抢掠。杨洪立刻派遣将军陈曶、郑绰前往征讨。

在军事会议上，不少将领和谋士认为，黄元如果军力不足以进攻成都，必会由越巂退往南中，据地称王，进行长期战。

但杨洪却有不同看法，他表示："黄元一向凶暴，对人民无恩信，不可能有如此的力量。他一定想乘江流东下，到永安向皇上请命，或面缚请死。如果他做不到，便会趁机投靠东吴，以求活命。"

因此他命令陈曶及郑绰，在南安峡口埋伏，等待黄元自投罗网。

果然黄元不敢逗留越巂，欲顺江东下，终被陈曶等生擒，送到成都斩首。

杨洪很快派人向成都报告黄元事件，对诸葛亮而言，总算放下了一件心事。

由于蜀汉人才的迅速凋零，诸葛亮也刻意去发掘青年才俊。他对马良的幼弟马谡非常欣赏，以之为参谋，经常带在身边，这次永安行，由于可能需要探讨的事情很多，因此诸葛亮特别将马谡由成都带来，帮忙做意见的整理和讨论。

马谡字幼常，是荆州大老马良之幼弟，头脑机灵，能言善辩远在其兄之上，尤其博学多才，好于议论兵书和谋略，常能观察细微之事，分析精辟，头头是道，颇得诸葛亮欣赏。

刘备在荆州时代，便和马良关系良好，对马谡自然知之颇深，但他却不喜欢马谡的光说不练，话虽讲得漂亮，但总嫌不实在。对历经风霜的刘备来说，马良、黄权、马忠等重经验论的谋士，绝对比好说理论、缺乏经验的马谡可靠得多。

因此，刘备对诸葛亮刻意提拔马谡颇不以为然，他明白地向诸葛亮提醒："马谡言过其实，不可大用，丞相应由多方面详细观察他才是啊！"

但诸葛亮总认为这或许是年龄上的关系，也就是我们所说的"代沟"，所以才不以为意。

四月中旬，刘备病情恶化，立刻下遗诏给成都的太子刘禅，并将之先给诸葛亮和李严过目。其全文如下：

朕初疾但下痢耳，后转染他病，看情形是不会痊愈了。人生五十岁便不称夭折，今吾已六十有余，当无复恨，因此倒不为自己担心，只以你们兄弟（指刘禅）的将来为念。

听诸葛丞相说，你等器量甚大，进步很快，超过他的期望，如果真能如此，我又有何忧，希望你能更努力些，切勿以恶小而为之，也勿以善小而不为。

一切以求贤求德为目标，使臣民能对你完全心服。

你的父亲一向德薄，不值得仿效。

希望你能多读书，特别是《汉书》及《礼记》一定要详读，闲暇时也要多研究《六韬》和《商君书》，可以增强智慧和意志力。

听说诸葛丞相整理有《申子》《韩子》《管子》《六韬》等书籍，宜多向他请益。

诸葛亮看完，红着眼睛表示："请陛下放心，辅佐太子本是臣等职责，愿陛下静心养病，早日康复，以符天下人之期望。"

刘备注视诸葛亮良久，叹了一口气，坚定地嘱咐道："君才十倍曹丕，必能安国，终定大事。若嗣子（刘禅）可辅，辅之；如其不才，君可自取。"

诸葛亮一听，脸色剧变，惊慌和感动交集，泪水滚滚而下，立刻跪在床边，说道："臣怎敢不竭心尽力，效忠贞之节，至死为止呢！"

刘备令内侍扶起诸葛亮，叫李严到前面，嘱咐他协助丞相共辅太子。并叫来刘永、刘理两位皇子，嘱咐他们并转告太子刘禅："你们兄弟今后要把丞相当作父亲一样，同心共事，不可违背。"言罢，泪下如雨。

当日，刘备向永安宫服侍群臣下令，宣布托孤于诸葛亮，并以尚书令李严为副，共同辅政。

魏文帝黄初四年（223 年），蜀汉先主章武三年四月二十四日，刘备病逝永安宫，享年 63 岁，谥为昭烈皇帝。

虽然早已是意料之中的事，但刘备的去世还是引发了新建立的蜀汉王朝相当大的震荡，诸葛亮不敢回成都，暂时留在永安，就近安排东方和北方主国防的事宜。由赵云镇守的白帝城，短期内暂时不会有问题。北方防线由于张飞和马超的先后去世，新任的将领对外声望不足，关中方面的曹魏大军蠢蠢欲动，单靠魏延守在汉中盆地，的确承受着不小的压力。

刘备新逝，蜀中各郡难免有不稳现象。曹魏和东吴都可能趁机骚扰，因此稳定边防成了最紧要的工作。

直到过了两个月，诸葛亮才发丧，返回成都，并令李严为中都护，镇守永安。

五月，太子刘禅即位，尊皇后吴氏为皇太后，大赦天下，改元建兴。

历史上称刘备为蜀汉先主，而以刘禅为后主。

刘禅母亲甘夫人的灵柩，也由南郡转至成都，八月，与刘备合葬于成都之南的惠陵。

当时，刘禅才十七岁，个性温和，又有点害羞，实在不是一名合适的政治领袖，唯一的长处是和他父亲一样，颇富于人缘，一般臣属还算蛮喜欢他的。

由于缺乏经验，刘禅只得依照父亲遗命，封诸葛亮为武乡侯，领益州牧，军国政事，不问巨细全委之于诸葛亮。

诸葛亮首先向蜀汉众大臣，公布他今后治国的政治理念："做政治决策时，应该努力集合众人智慧，广为接受忠诚的建言。若处处害怕得罪他人，或因小意见而疏远别人，便无法获得各种不同的意见，久而久之，会有很多的损失。能从各种不同的观点来看事情，这样的决策才是最为恰当的。"

"只是一般人都很难尽心提供不同的看法，只有过去的徐元直（徐庶，新野时代的军师），再多的纷扰，他都能由各方面详加研究。董幼宰（董和，荆州时参谋）任参谋工作七年，在事情找不到结论时，即使有十种不同的看法，也会不厌其烦地提出。如果大家都能有他们两人的精神，忠于国家，不断提出各种不同意见，这样便可以帮助我在决策时，犯最少的错误。"

接着，他又说到隐居隆中时和朋友相交的一些故事："早年我和崔州平交往，由于他年纪较大，见识又广，因此我从他身上学到很多。后来和徐元直认识，他提供我不少具有启发性的智慧。前参事董幼宰，每次建议，都说得清清楚楚，言无不尽。后来又得到胡伟度（诸葛亮的谋士，义阳人胡济）的协助，经常给我不少直接的谏言。"

"虽然我天性鄙暗，无法完全了解这四位先生的意思，有时候也不尽采纳。但我和这四个人却永远友好，绝不因他们对我有所批评而心里不痛快，对他们的诚意我也绝不怀疑。请大家今后不用客气，尽量表达你们的看法吧！"

《资治通鉴》上记载：

诸葛亮初任丞相时，经常自己核对所有的文书及备忘录。丞相谋士杨顺看到后，直接谏言道："政事的推动，最重要的是要靠制度，上下各有权责，不宜相侵。我现在以一般农家工作，来为丞相做比喻吧！"

"如今有位大农户，他派遣农奴为他耕种，婢女为他处理炊事，公鸡负责司晨，狗负责吠盗，牛负责载重物，马负责跑远路。"

"这样子，他的产业一定处理得很好，所有的工作都有人负责，他大可轻轻松松、高枕无忧地做他的主人。"

"如果，有一天他突然想不通，什么事情都要自己做，不肯交付他人，那么一定会累得半死，为了这些杂事，形疲神困，到最后仍将一事无成。"

"这倒不是说主人的智慧不如奴婢鸡狗，而是因为他丧失了身为主人应有的指挥大局的职责啊！"

"古人记载有'坐而论道，谓之王公，作而行之，谓之士大夫'的箴言。汉宣帝时，宰相丙吉不过问道路相斗而死的人，反而担忧耕牛在初春尚未酷热之时，却气喘不止的现象。汉文帝的宰相陈平，不肯探知国库的钱财，而表示'自有主事者'，便在于他们深谙体制上应'分层负责'的道理。"

"今明公亲自检视文书及备忘录，为此行政上小事，流汗终日，是不是太劳苦了些？"

诸葛亮立刻起而向他致谢，接受他的建议。后来杨顺去世，诸葛亮还为他哭泣哀悼三天之久。

由这段记录，可以看出诸葛亮政风上的真诚及工作上的负责努力。并且可见诸葛亮也是位能接纳不同意见、言行一致的政治家。

像刘备这种"君可取而代之"的托孤态度，的确在历史上空前绝后。大多数的托孤先主，都会想尽办法来保护自己的后代，设计各种牵制方法，来防止辅政夺权的可能。即使像周公旦、霍光这种政风高节的辅政者，最后也差点步上悲剧之路。像刘备对待诸葛亮的这种信任程度，几乎是绝无仅有。

不少读史者认为，刘备在永安托孤时讲的那段话，多少是政治上的"激将法"。三国时代，政治道德沦丧，一切以谲诈相向，因此刘备先把事情讲白了，反而使诸葛亮不敢公然夺权，而承诺忠心地辅佐刘禅。

表面上看来，这种说法似乎颇有道理，但只要深入了解蜀国当时情势，并对刘备和诸葛亮的为人、个性详细分析，便可以看出上面的猜测，多少是以小人之心度君子之腹的偏见。

刘备临终前，和诸葛亮已有十六年交情，诸葛亮是怎样的一个人，刘备心里一定颇为清楚。何况，在刘备军中，诸葛亮虽为首席辅佐，但各方所信服的仍是刘备。如果没有刘备明白地授权，诸葛亮想趁继承危机时期夺权，不一定能争取到足够的支持，刘备对此并不必太担心。反而这种"君可代之"的遗言，更容易帮助诸葛亮拥有夺权的合法性基础。刘备在这方面应该是相当清楚才对。

同样的，刘备对自己的儿子刘禅一定也知之甚深，刘禅是怎么样一块料，刘备心中有数。他给诸葛亮的那段"夺权"指示，多少是在为自己所创的"基业"前途着想，让诸葛亮有足够的"法理"根据，在必要时，使出非常的手段以应变。陈寿在《三国志·先主篇》总评中表示：

先主之弘毅宽厚，知人待士，盖有高祖之风，英雄之器焉，及其举国托孤于诸葛亮而心神无二，诚君臣之至公，古今之盛轨也。

离当时时代最近的陈寿，依据传闻所做的判断，刘备真正担心的，倒不是诸葛亮是否夺权，而是刘禅治理这个充满危机的国家，能否胜任的问题。

日后，诸葛亮在《前出师表》中亦写道："先帝知臣谨慎，故临崩寄臣以大事也，受命以来，夙夜忧叹，恐托付不效，以伤先帝之明……"诚然是肺腑之言。

这对相差将近二十岁的君臣，的确是中国史上难得一见的最佳拍档。刘备当年"如鱼得水"的感慨，相信绝对不是表面上的客套话，陈寿"诚君臣之至公，古今之盛轨"的称赞也绝非虚言。能如此坦诚相待，中外古今仅此一例。

不过，诸葛亮真正独当一面，承负整个"蜀国"内外军政经营事宜，拥有"皇帝"实权，却是在刘备这位强势"皇帝"去世以后的事了。

· 第十四章 ·

诸葛治蜀

陈寿虽否定传说中诸葛亮的军事天才，但对他的治绩也倍加赞赏，在《三国志·诸葛亮传》的评论中表示："诸葛亮执法，科教严明，赏罚必信，无恶不惩，无善不显，至于吏不容奸，人怀自励，道不拾遗，强不侵弱，风化肃然也。"

· 调养生息 ·

　　处于乱世的经营，仍不免较关心自己势力的扩张，口头上固然会挂着"为国爱民"，但真正关心民间生活的领导者并不多。在汉末群雄中，最懂得关怀人民生活，深知其中"疾苦"的，大概只有曹操和刘备了。"天下英雄，唯使君与操耳。"相信是曹操有感而发的。

　　江南一向富庶，孙氏政权颇得地利人和，较无民生问题。中原战乱连年，民生痛苦不堪，曹操能顺利击败势力大他十倍的袁绍，懂得体察民心，便是获得当地人民支持的最主要原因。

西蜀地区固然可远避中原战乱。但原先郤俭和刘焉父子，只懂得增加赋敛，放纵豪强官吏"侵暴旧民"，生产遭到恶意破坏，人民的生活困苦不堪。

刘备能顺利夺取益州，主要原因也在于此，"是以有志之士，欲得明主以统治之"。

因此，诸葛亮接掌益州政治工作时，对这方面特别用心。

作为复兴基地，最重要的是国力的建立，才能不间断刘备在前线上的军事需要。但诸葛亮深深了解，光靠课税敛赋是不可能使国家真正有钱的，富国必须先富民，有效地藏富于民是绝对必要的手段。古代中国以农为主，因此要积极改革益州的国计民生，必须利用当地优异的自然条件，以务农殖谷的政策，来广开财源。人民有钱，政府才有不断能够课税的财源，像刘焉父子的做法，不过是在杀鸡取卵罢了。

要贯彻其政策，对处于弱势的农民，必须给予有效的保护。诸葛亮确定"唯劝农业，无夺其时，唯薄赋敛，无尽民财"的方针，下令各级政府必须从心底真正关心农民，不可以挂在嘴上，只成为美丽的口号而已。他要求蜀汉行政官员，编组军队和征用民间劳役时，绝不可占用农民播种和收割的时节，更要减轻赋税，抑制豪强并吞农民，以确实保护农民有安稳的生活和生存空间。

《三国志·后主传》中，记载诸葛亮辅佐刘禅治理蜀国，主要政策在"务农殖谷，闭关息民"。保持长期的和平，让人民有休养生息的机会。即使战争时，也要充分利用空隙时间，"休士劝农，分兵屯田"，实施兵农合一制，以减轻农民的负担。

和曹操相同，诸葛亮非常重视屯田政策，尤其是前线地区的汉中，更是主要的屯田据点。屯田不但可以使驻军有事情做，搞好军民间的关系，并且可以解决粮食问题。继魏延之后出任汉中太守的吕乂，更有计划地招募当地游民参与屯田。不但解决不少社会问题，还使国家的生产力获得大量提升。《三国志·吕乂传》记载，吕乂为汉中太守时，"兼领督农（主管屯田），供继军粮"，建立了不少的功劳。

早年成都平原，在李冰的刻意经营下，完成千古的大工程——都江堰。不但是当时最大的水利灌溉网，也是益州农民的生活命脉。诸葛亮对都江堰极为重视，他设置专门的堰官，负责保养、整修及管理，并有一千八百多名壮丁常驻在堰区中。以使都江堰永远维持"最佳状况"，提高灌溉能力。在蜀中农业生产上，能发挥最大的功用。

当然新增的水利设施也不少，现在成都市西北郊的柏河上，有一条九里多的长堤，名叫"诸葛堤"。传说便是诸葛亮为了防止洪水冲坏低洼地区农作物，特别组织人员修建的。目前成都仍流传着诸葛亮亲自率民修堤的故事。

盐和铁一直都是益州的特产，也是民生经济发展的重要资源。东汉时期曾废止盐铁经营禁令，把它交给民间经营，结果地方官吏勾结豪强，掌握盐铁的经营权，哄抬价格，不但造成民生困难，也减少了国家收入。

刘备定益州后，在诸葛亮建议下，重新设立盐铁公营机构——"司盐校尉"（第一任是王连），"司金中郎将"（第一任为张裔），负责管理盐铁的生产和农具、兵器等的制造，不准豪强或官商勾结，私占国家资源。

蜀中的煮盐业，在汉王朝时已经很发达了，出产的盐属于井盐。在临邛、广都、什邡等地都有盐井，蜀地居民也熟练于煮盐的技术，有些地方已懂得使用火井（天然气）来煮盐。

据张华的《博物志》记载，临邛有"火井一所，纵广五尺，深二、三丈……诸葛丞相曾亲往视之，后火转盛热，以盆盖井上，煮盐得盐"。

《诸葛亮集故事》卷五，也记载蜀国有盐井十四口。这些记载有部分属地方传说，不尽符合史实，但诸葛亮对火井技术一直相当重视和关心，并努力推广一事，应可确认。

从成都市郊汉墓出土的盐井画像砖图像，可以看出当时井盐的生产情形。盐井一般都在山里，井上搭建相当高的架子，并架上滑车。工人站在架上，利用滑车上的吊桶提取井水，然后用枧筒把井水引入盐锅里去煮。煮掉水分，剩下来的便是井盐了。

蜀中有个叫作仁寿的山区，蕴藏大量铁矿，故有铁山之称。诸葛亮利用它来铸造兵器和农器，即历史上记载"采金牛山铁"铸剑的故事。诸葛亮最重视技术的改良，益州人蒲元，是炼钢高手，以"熔金造器，特异常法"著名，诸葛亮提拔他为蜀汉官吏，以全面提升蜀汉兵器的品质。

战国由于时代的需要，铸铁技术进步甚快。到秦汉时，人们已能掌握淬火等热处理铸剑的方法，所铸造出的兵器相当锋利坚韧。汉武帝时代，便靠着这种兵器，使汉王朝军队作战力大增。

蒲元在斜谷为诸葛亮打制兵器时，发现水质不合乎淬火的要求，还派专人到成都取水。他炼出三千把钢刀，为试其锋利，用竹筒装满铁珠，再以刀砍之，竹断珠裂，时人无不大感惊讶，称之为"神刀"。

当然，铸铁的另一大功能，是农器的改良，使土地能较高度开发，对生产力的提升帮助很大。

《三国志·王连传》记载："迁司盐校尉，较盐铁之利，利入甚多，有裨国用。"

蜀锦也是蜀中地区的特色，锦文分明，绮丽多彩，非常美丽。从四川广汉东汉坟墓出土的"桑园"画像砖，和成都附近曾家包东汉墓出土的汉代石刻画"织机"的图像，可以看出在东汉时代四川早已广种桑树，丝织手工业非常发达。

刘备定益州后，在赏赐诸葛亮、法正等功臣时。便有大量的"蜀锦"。诸葛亮后来上刘禅的议奏中，也表示："今民贫国虚。决敌之资，唯仰锦耳。"可见蜀锦在蜀中经济上所占的重要地位。

诸葛亮为此还特设锦官，加以专门管理，成都因此被称为"锦官城"。

诸葛亮之家,设在成都附近双流县东北八里的地方,在给后主的章表中,提到他家有桑八百株,可见他对养蚕业的重视,令自己的家人也加入了生产的行列。

在他的努力下,蜀锦的生产量空前增加,据史书记载,蜀汉亡国时,库存的蜀锦及彩绢各有二十万匹。

范晔在《后汉书》中,记载曹操曾派人到蜀地买锦的事。裴松之在《三国志》注引中,也有以蜀锦作为国礼、赠送孙权的记载。可见蜀锦在当时国际名声之高。拥有这样的名物,对蜀汉经济发展自然有很大的帮助。

·蜀国富强·

诸葛亮在新野时期,将大量因战乱流离失所的农民,重新编组,自报上册,称为游民,并加以有效的管理。此举不但使治安问题立即得以改善,还促进了生产,对兵员和粮秣的增加,更有直接的帮助。

稳定益州之后,赵云建议把成都城内的屋舍和城外的园地、桑田等全部归还给当地人民,使其安居乐业,然后才可役调。诸葛亮称此为"富国安家"的主张,全力给予支持。刘备因而非常感动,立刻付诸实行。

诸葛亮以丞相兼益州牧时,便公开表示,当时益州"民如浮云,手足不安"。所以为政之道,一切以"安民"为本。诸葛亮当年在为蒋琬的广都令治绩做辩护时,便向刘备表示"其为政以安民为本,不以修饰为先"。他曾下令地方官吏,绝对要杜绝弄虚作假、浮夸不实之风。这也是他认为蒋琬是位真正懂得"安民"的政治家,不求表现,能够确实地体察民情的原因。所以在刘备去世后,他先后提拔蒋琬出任丞相府参军、长史，日后更把蒋琬视为接班人加以培养。

因为诸葛亮的确关心益州人民的生活，所以三年之后，益州足食足兵，可以充分供应刘备在前线所需要的物资。晋朝人袁准对诸葛亮的安民措施颇为赞道："亮之治蜀，田畴辟，仓廪实，器械利，蓄积饶……夫本立而故末治，有馀力而后及小事，此所以劝其功也。"

为稳定蜀汉的财政，诸葛亮采纳刘巴建议，铸造钱币，平诸物价，设立"官市"，并派专任官吏。管理货币市场。

汉末自董卓迁都长安，坏五铢钱，更铸小钱，结果造成货币市场大乱，以致谷石数万，钱币不管用，给百姓的生活带来了直接的危机。

随着政治的三分鼎立，货币制度因而分裂，曹操一度复用五铢钱，仍无法恢复畅通。直到魏文帝黄初二年（221年）不得不明令废止，而以谷帛为市，用实物来代替货币，但却有人乘势囤积货物，造成物价严重混乱，虽处以严刑也不能禁。到了魏明帝又使用五铢钱，使魏国的货币一直陷于混乱中。

东吴在这方面也不轻松，孙权嘉禾五年及赤乌元年，亦即公元236年到238年的三年间，先后两次改铸货币，一次是铸造"一当五百"的大钱，另一次则铸造"当千"的大钱，可见其货币也是非常不稳定，而且还设有专门取缔盗铸的机构，充分显示其问题相当多。

刘备占领益州后，铸造"直百钱"，就再也没有更动了，显然诸葛亮在这方面的处理相当得法。蜀国的货币，不但国内通行而稳定，在目前的湖北，也就是当时的荆州，也出土不少蜀汉王朝的钱币，可见其流行之广，超越了国界。在诸葛亮刻意经营下，蜀汉经济措施，在当时算是相当成功的。

·法制治国·

面对蜀中长期的弛世，特权横行，公权力不被尊重，诸葛亮采取严刑峻法，抑制官僚、豪强，以确保弱势百姓的权益，因此在他治理期间，蜀汉政治上的清平，为当世之冠。

为了贯彻其执政精神，诸葛亮依法行事，不避权贵，不徇私情。刘备的养子刘封，便以违反军纪，在诸葛亮的坚持下，被刘备处以死刑。而更有名的是李严和廖立的案例。

李严，后改名为李平，是蜀汉王朝的尚书令。白帝托孤时，和诸葛亮同为辅任大臣，地位上仅次于诸葛亮。

在诸葛亮第二次北伐时，李严负责供应军需物资。由于他个性一向骄奢，重虚名而不踏实，所以使军粮的供应出现青黄不接的危机。李严自恃官高权重，根本不设法力图补救，反而假传圣旨，要诸葛亮撤军。

等到诸葛亮真的撤军，他又一面派人向刘禅造谣说："军粮供应很充分，不知诸葛丞相为何突然退军。"然后又自圆其说地表示："丞相的退兵大概是假的，目的是想引诱敌人深入，再与其战斗吧！"

他这一搅局，弄得蜀汉军令和军政系统大乱，诸葛亮察觉后，立刻下令彻底清查，并将李严以不以军国之事为重、贻误军机、弄虚作假、企图逃避责任、安身求名且无忧国之事等罪名，上书后主刘禅，免其官职，废为庶民，并流放于梓潼。

廖立字公渊，武陵临沅人，年轻时便很有名望，和庞统同时被尊称为"楚之良才"。刘备在世时，曾以他为长沙太守。

孙权派兵攻打荆南三郡时，驻守第一线的廖立居然未加抵抗，便撤退逃走了。但刘备深重其才华，未加指责，反而又任命他为巴郡太守。

或许的确太骄纵了些，当刘备病逝白帝城时，廖立为长水校尉。但他自命不凡，认为诸葛亮小看了他，因此经常在公开场合，自认是诸葛亮手下的老二，理当掌握大部分朝政。

《三国志》记载他"诽谤先帝，疵毁众臣"。经常肆意攻击蜀汉的施政方针，并指责诸葛亮任用的官吏，都是俗吏，将领也只称得上"小子"而已。这样不断地挑拨是非，终于在建兴三年（225年），诸葛亮上表弹劾廖立，将他废为庶民，流放汶山郡。

向朗曾是诸葛亮非常器重的助理人才，并以他为丞相府长史，诸葛亮南征时，留他代理丞相，统理后方军援事宜。北伐时，向朗为监军，但马谡由街亭私自撤守，向朗因为一向很欣赏青年才俊马谡，故意掩饰其罪行。诸葛亮认为他以私害公，也不留情面，当场罢除其官职，直到返回成都后，再将他调任为位高权轻的光禄勋。

由此可见，诸葛亮执法相当严厉，不管任何人，只要犯法，就一定惩处，绝不通融。特别是拥有权势的高官，更是大家模仿的对象，绝对轻忽不得。

但诸葛亮执法严而不苛。他不赞成连坐，认为个人的错误行为，绝不影响其有才干的后人。李严被免官，但其儿子李丰仍为江州督军，日后更升为朱提太守，一点也不受影响。

向朗被免职，但其侄儿向宠，反而得到破格提拔，在蜀汉国防体系里，承担重要的职责。

诸葛亮虽历行"明法"，却严厉反对"滥刑"。他非常小心地选择忠直廉平的官吏来主管狱政工作。反对给予官吏可凭个人主观喜好"专持生杀之威""喜不可纵有罪，怒不可戮无辜"。他一再自我要求，也要求重要干部，决狱行刑绝对要慎重，切勿"乱世用重典"。滥用刑罚，并不能劝人向善。晋朝习凿齿在评论中指出：

赏罚抓得准，被处罚者自然心服口服。诸葛亮去世后，廖立哭泣道："我终于要老死于边疆了！"李严知闻凶耗后，竟伤心忧郁得病死了。因为他们知道，只要时效过了，诸葛亮认为罪罚已够，便会赦免他们，让他们有自新的机会，但诸葛亮一死，没有人再能如此地公平执法，所以他们重回朝廷的希望也破灭了。

诸葛亮遗留的文集中，也公开宣扬他的法治观念。诸葛亮认为自己是承续商鞅、韩非以及西汉大政治家董仲舒的精神，主张"法""礼"并用，"威""德"并举，并强调"训章明法""劝善黜恶"。他批评商鞅"长于理法，却不可以从教化"，是最大的不足。他反对不教而杀，主张取长补短，把行法和教化共同实施。因此，有关国家和军队的法律例令，他总是三令五申，让大家彻底了解，并加以警戒，不要违犯。

他制定"八务""七戒""六恐""五惧"等章条，具体指出什么是应该做的，什么是不能做的，其目的在于使一切制度化，不须特别的努力，大家也能遵从，这样，国家才能够长治久安，法治精神才能真正地发挥。

诸葛亮的努力，的确发挥了移风易俗的功效。蜀汉不少重要官员，都能领会并执行诸葛亮的法治精神。数十年的积弊，竟在短期内获得改善，这是千年少见的奇迹。就算如陈寿所言，诸葛亮对战场的应变较弱，但只算他的治蜀成绩，其伟大已是无可比拟的了。

益中长老张裔评论道："诸葛亮丞相公正严明，赏罚不分亲疏远近。无功者不能得赏，贵势者不能免罚，这是蜀中人人奋勉向上的根本原因。"

·第十五章·

南人叛乱

刘璋统治期间，特别派出以为官清约而出名的董和，出任益州郡太守，主动进行安抚南中少数民族的工作。史书上虽记载有"南土爱而信之"的治绩，但其实是短暂的，董和的影响范围仍非常有限。少数民族的领袖组织力加强了，他们和汉族的官员及长期在此剥削的豪族们冲突日益加大，有些地方俨然已是割据独立的状态。

·西和诸戎，南抚夷越·

在"隆中策"占领益州的规划中，有"西和诸戎，南抚夷越"的方针。

在和戎方面，成效显然较大，但主要原因是关中大军领袖马超的投靠。马超长期追随其父凉州刺史马腾，在西凉地区经营，因此和羌、戎族关系良好。汉中平定后，刘备封马超为平西将军，兼领凉州牧（虚衔，因为凉州仍在曹魏统治中），进行和戎的工作。

在这方面马超做得相当成功，即使在他本人病逝后，蜀汉王朝和西方戎、羌之间的关系也比曹魏要好得多。

唯一的一次冲突。发生在建兴十年（232年），汶山地区羌人叛变，诸葛亮命治中从事马忠及将军张嶷等前往安抚。虽然蜀汉军队在军力上拥有绝对优势，但马忠和张嶷仍忠实执行诸葛亮的"和抚"原则，很快便平定了羌人的叛乱。

"和戎"方面一直算是相当成功，但"抚夷"方面，却是风波不断。

其实，刘备在一开始，便非常重视南中地区的治理。平定益州后，他首先任命南郡人邓方为朱提太守，后又升任为安远将军、庲降都督，驻军南昌县，负责南中军政及统辖事宜。

邓方为人刚正，为官廉洁，做事颇为果断，他主动调和南人和汉人间的争执，而且执法公正、绝无偏颇，夷人相当信服。

不幸地，就在刘备称帝的那一年，邓方病逝了。加以刘备急着发动对东吴的远征，根本无暇顾及南方，这让诸葛亮相当担心，一再提醒刘备慎选邓方的接班人。刘备仔细思考后，也觉得南中的安定的确重要，在和诸葛亮商议后，立刻召见益州别驾从事李恢。

李恢字德昂，建宁俞元人，曾追随董和治理过南中事宜。他对刘璋的昏弱甚为不满，因此获知刘备在葭萌关起兵进攻刘璋时，便在绵竹投靠了刘备。不久，李恢奉命到汉中交好马超，并说服马超由西北夹击刘璋，成了迫使刘璋不战而降的最直接的因素，建立大功。李恢在蜀汉的官员中，称得上是长于外交的干才。

刘备故意问李恢，谁是邓方最好的继承人，李恢自然看出了刘备的意思，乃引用当年赵充国向汉宣帝自我推荐征伐先零羌的故事，自告奋勇地接替邓方在南中未了的工作。

刘备自然非常高兴，立刻封李恢为庲降都督，领交州刺史。李恢以南中情势日益险恶，便将都督府由南昌县迁移至军事重镇平夷县，随时准备应付可能发生的异变。

果然在刘备出兵后不久，越嶲郡的"叟帅"高定首先举兵叛变，很快进围新道县。犍为太守李严亲自率军和高定对抗，高定不敌，再度退回越嶲郡地区潜伏。

等到刘备去世后，蜀汉政局紧绷，暂时不可能再对南中用兵。高定便肆无忌惮地举兵侵略，他不但攻破越嶲郡都城，还杀害郡将焦璜，并正式在越嶲郡称王，号召南中豪族，共同起义叛离蜀汉王朝。

不久，益州郡的豪强，也是西汉初年什邡侯雍齿的后代雍闿，在建宁县起兵，并杀害太守正昂。诸葛亮派张裔继任益州郡太守，就任后不久，遭雍闿挟持，并将之解送东吴，以表示有意还交孙权，夹击蜀汉政权。

孙权立刻有了反应。他透过交趾太守士燮，封雍闿为永昌郡太守，并让刘璋之子刘阐领益州刺史，驻屯于交州和益州的边界地区。显然孙权在获得雍闿示好后，便积极插手于南中叛乱事件，使刚接受辅国大任的诸葛亮倍感头疼。

·常房谋反·

面对庞大的压力，诸葛亮仍认为不宜贸然行事，他先派遣邓芝，重新交好孙权，断绝雍闿的外援。

对南中的叛乱，原则上他主张"抚而不讨"的策略，派遣长于规划的巴西人龚禄为越嶲太守，住在离越嶲郡八百里的安上县，遥领越嶲郡，从长计议，由内政着手，试图恢复南中的治理。

另外，他又派遣长于外交的益州从事常房为巡行，暗中探查南中诸郡的情势。

常房到达牂牁郡时，透过各部落酋长的关系，得知牂牁太守朱褒有意响应雍闿的叛乱行动，不禁大惊，未向诸葛亮禀报，便下令逮捕郡中的主簿，严加拷问，判断属实后，常房竟公开杀害了该主簿，并正式宣布朱褒谋反。

朱褒闻讯大怒，想要立刻率兵攻杀常房，但恐诸葛亮处分其在成都的家族，反而控告常房谋反。

诸葛亮接获报告后，深悔派出缺乏处理敏感事件能力，又急于表现的常房，因欠缺处理事情应有的审慎态度，逼使朱褒等原"骑墙派"公开造反，使南方更可能陷于大乱。

为了平抚牂牁郡官员的不平衡心理，诸葛亮下令处死常房家人，并将常房的四个兄弟发配越巂。但朱褒后来仍宣布全郡倒向雍闿阵营，公开抗拒蜀汉朝廷，使诸葛亮的"牺牲打"显然未收到功效。

这个事件仅载于《魏氏春秋》中，因此裴松之在引其注时深感怀疑。他认为依诸葛亮之审慎个性，应不致随便处人以死刑，"安有妄杀不辜以悦奸慝？斯殆妄矣！"

常房的态度其实相当不对，因此受到处罚也是有可能的，只是这个重要的事件，《蜀志》应有记载才对，为何完全不见？反记于和"南中事件"关系不大的《魏氏春秋》中，的确令人怀疑其"真实性"。或许诸葛亮处罚常房之遗族，只是政治上的"耍假"也说不定。不过无论如何，这个策略显然并不成功。

从日后南征的军事行动看来，牂牁的叛乱多少是被逼出来的，牂牁军民对此显然没有比其他郡坚定。因此诸葛亮的南征军事攻击中，牂牁的抵抗力最小，几乎是马忠军一到，牂牁各大小部落，便向蜀汉军队归正了。

但牂牁加入反叛阵营，的确使诸葛亮早期的安抚工作遭到完全的破坏。

·攘外必先安内·

"抚而不讨"的策略，也随着南中的全面叛变，到了需要重新彻底考虑修正的时候。

刚开始，诸葛亮仍派都护李严代表朝廷和雍闿做协调和沟通工作。李严写了六封信对雍闿晓以利害，虽然策略上似乎仍缺乏突破性想法，但李严为仅次于诸葛亮的大员，由此可看出诸葛亮对争取雍闿回心转意工作之重视。

雍闿可一点也不领情，他回了一封信表示："盖闻天无二日，土无二王，今天下鼎立，正朔有三，是以远人惶惑，不知所归也。"

既然汉王朝已亡，大家都可以称帝封王，那么独立便没有什么罪恶了。可见雍闿倒不是想投靠东吴，他真正的目的是独立自封，据地称王。

不过在表面上，雍闿仍以孙权所委任的永昌太守自居，甚至有心攻占永昌。当朱褒杀害常房，引导牂牁郡响应后，雍闿仍立刻联络在越巂叛乱称王的高定，共同由东方和北方，夹击永昌郡。

永昌功曹吕凯和府丞王伉，据险坚守，誓死不投降。雍闿和高定只好发动大军，将永昌郡团团围住。永昌位于益州郡之西，经过刻意封锁，其和蜀汉朝廷的联系完全断绝。

但吕凯和王伉仍有足够力量动员所有的吏民，闭境抗拒叛军。这回轮到雍闿发动文件攻势，一连好几篇檄文，希望吕凯能加入叛军。吕凯自然不示弱，反而在回答的檄文中，一再据理而辩，力劝雍闿重新归顺蜀汉，相信其仍可出任永昌太守。

吕凯更进一步替诸葛亮讲话："当朝的诸葛丞相，英才挺出，虽刚开始执政，已可看出其功力。他受先帝之托辅佐遗孤，努力复兴国力，对任何人均无私心，为公事忘却休暇，这样认真的宰相，有关国事，没有什么不可商究的。因此将军若能改变意图，重新修正自己的立场，必能建立古人安邦立国之功，我这块小小的郡县，又有什么值得争取的？"

雍闿等虽声势浩大，却无法一口气吞灭南中，吕凯及王伉奋力抵挡，应居首功。日后诸葛亮便亲自赞赏吕凯等临危不惧、执忠绝域、高风亮节，颇有国士之风。

此后，雍闿的力量日益削弱，《三国志》上记载，益州夷人不再跟从雍闿。雍闿眼见部众散去，便派亲信到益州郡联系附近大头目孟获，希望再度吸取更多少数民族参与。

孟获雄才大略，颇得民心。他建议雍闿公然向夷叟人表示："蜀汉朝廷向大家索取全身都是黑毛的黑狗三百头、螨脑三斗、断木三丈长三千根，你们办得到吗？"

这些都是不可理喻的刁难，一向明理的诸葛亮绝不可能做此要求。全身都是黑色毛的黑狗可谓少之又少，而断木最高不过二丈，哪来三丈三千根？对夷叟人而言，这是不可能办到的。

由于南中地区人民，一向被朝廷官员横征暴敛怕了，自然相信"朝廷"又来找他们麻烦，孟获等人的煽动完全成功，史料谓："夷以为然，皆从闿。"叛军声势再度恢复，席卷了整个南中地区，只有永昌郡成为战火中的孤岛。

刘备去世后，经过两年"闭关息民"，蜀汉的国力已渐恢复，本来应全力筹备北征计划，以完成"隆中策"的兴汉大业。但诸葛亮心中非常清楚，南中的叛乱不平，会牵制蜀汉军力的部署，尤其是军资的供应更会成为致命的问题。因此决定在进行北伐之先，攘外必先安内，南中的危机需要全力应付，五月渡泸南征的艰难战役，由此展开。

·第十六章·

攻心为上

三分鼎立之时，国际局势瞬息万变，不可能有太多时间和机会。处理南中问题，不但要快，而且要彻底，除了诸葛亮亲临第一线外，谁也没有办法扛起这份责任。基于这些理由，诸葛亮不得不亲自出征。

·仁王之师·

蜀汉建兴三年（225年）春天，突然传来魏文帝曹丕大举征吴的消息。这显然是诸葛亮东和孙权的战略所产生的效果。

魏、吴两国陷入军事纠纷，蜀汉北方和东方的防务压力自然减轻了不少。诸葛亮认为这是彻底解决南中问题的最佳时机，因此，他开始编组军队，准备亲自南征。

丞相长史兼任司盐校尉王连，进谏道："南蛮乃不毛之地，瘴疫之乡，不宜以一国宰相之尊前往，万一有任何差错，岂不太冒险了些！"

王连字文仪，南阳人，刘璋执政时入蜀，被任为梓潼令。刘备入蜀时，王连闭关坚守，刘备对他的负责和气节颇为欣赏。平定蜀中后，仍重用之，其治理之郡，成绩斐然。王连除长于行政外，更长于财政，因而受诸葛亮提拔，主管四川井盐的经营，颇有成效。终其一生，虽换过不少官职，但似乎均和财政有关。诸葛亮重用他为丞相长史（机要谋士），仍是让其负责财政规划。

这么一位深受信任的幕僚的建议，相信诸葛亮不可能轻忽。更何况王连的谏言中，必有诸葛亮一向最重视的军粮及财政问题吧！

《三国志》中记载，诸葛亮对王连的建议，的确相当慎重考虑着，他也评估过派遣大将代替他远征的可能性。不过他认为这场战争，最主要的是政治，而非军事。蜀汉中固有不少能征善战的猛将，但政治的器量则大为不足，如要彻底解决问题，非得他亲自出征不可。

但王连不是容易打发的。他的谏言有充分的理由，语言非常恳切，因此诸葛亮深受感动，一再思考研究。史书上记载，由于王连的谏言，的确使诸葛亮驻留了一段相当长的时间。

直到三月，诸葛亮才决心辞别后主刘禅，亲自准备南征。

他先下令汉中太守魏延，加强北方防务，严备曹魏的蠢动。再度调动李严，负责东边的防卫，并注意魏吴间军事冲突的进展，随时掌握最详细的军情。丞相长史向朗则留守成都，调动军饷，以支援前方战线。

这次的军事行动，虽由诸葛亮亲自领军，但动用的将领和兵力均不算大。由于主要的强敌在北面及东面，独当一面的将领必须在这些地方布防。况且成都驻守的工作也非常重要，因此像蒋琬、董允、费祎等重要亲信，都必须留在成都应变。也就是说这场战争的规模，从一开始的规划来看似乎便称不上大。

诚如王连的谏言，只要派一员大将，即可处理这件战事了，何必动用一国之尊的丞相前往冒险。从军事上而言，这论点完全正确，诸葛亮自己心里也明白，的确有点"杀鸡用牛刀"之嫌。但诸葛亮的着眼点放在政治层面，要解决南中问题，不在有无能力以武力镇压，军事只能用来治标，要治本只有靠政治力量。

但南中的问题相当复杂，冰冻三尺非一日之寒，不彻底解决必成为永远的后顾之忧，根本不可能全力对外。

何况如果没有南中地区的协助，蜀汉也没有实力和曹魏与东吴长期对抗，换句话说，南中叛乱事件处理的成败，关乎蜀汉长期的经营。

"政治"层面的处理在"器量"和"权力"上，若事事都需请示，很难机动地拟出应变策略。"器量"不够，则无法透视问题，或缺乏长期规划眼光，南中问题将无法一次解决，反而只是在浪费时间。

就在这个关键时刻，谏阻诸葛亮南征的丞相长史王连去世。诸葛亮失掉了这位勇于直言的左右手，非常伤心，不得已之下，乃以荆州襄阳时代的老干部向朗继任。做完妥善的交代后，诸葛亮便辞别后主，率军出发。

后主下诏赐诸葛亮金制铁钺一具，有顶盖之国用指挥车一台，前后防卫虎贲六十余人，作为受皇命出征的象征。文武百官自然也前往送行。丞相府主任军事参谋马谡，曾任越嶲太守，对南中情势认识颇深。特别在其兄长马良去世后，诸葛亮对马谡提携有加，因此双方关系非常亲密。

当天，马谡送诸葛亮的南征大军出发，直到数十里外，仍依依不舍，似乎有话要说。

诸葛亮便亲切地问道："幼常（马谡字），这几年来我们常相互交换意见，承蒙你多次提供有意义的谏言，对这次南征的军事行动，你有什么想法，请坦白告知吧！"

马谡表示："南方的少数民族，一向仗恃地处偏远，又有险阻可守，长久以来经常不服从朝廷的管辖。即使今天用大军镇服了他们，军队一撤退，难保他们不再叛乱。这次远征行动就算成功，但他日丞相举兵北伐，和强敌曹魏相对抗时，南方这些蛮族，只要探知我们兵力分散，没有实力对抗他们，又会很快反叛的，这样下去，问题永远解决不了。"

"如果硬要将他们赶尽杀绝，以除后患，不是仁者王师应有的作为，且在短时期内也不可能做到，相信这一定不是丞相的本意。"

"依我看来，用兵之道，攻心为上，攻城为下；心战为上，兵战为下。请丞相明察，愿早服南人之心，收长治久安之效。"

这番话，正合乎诸葛亮本意。他不但将其采纳为这次南征的主要精神，而且对这位"善论军计"的马谡，更是欣赏有加。难怪在日后的北伐行动中，诸葛亮要破格提拔马谡，赋予重任了。

·叛军分裂·

进攻牂牁的马忠大军，由今天的贵州省遵义市往南讨伐朱褒的叛军。也许由于早先常房事件中，诸葛亮的安抚政策生效，牂牁一带的部族几乎全部反正，朱褒不战而走。马忠依照诸葛亮既定方针，施惠于当地住民，重新展开安抚的工作。

李恢进攻益州郡的工作相当顺利，今云南昆明一带的蛮族反叛军，也很快安定了下来。

主要的战场自然在诸葛亮的西路大军方面。诸葛亮由宜宾渡过长江，经过安上。由西进入越巂郡。

在大军进逼下，原本包围永昌的夷王高定，立刻撤军。并在旄牛、定笮、卑水一带，筑土垒布防。

诸葛亮进军到卑水附近。下令据险而守，暂时不发动战争，只在精神上给高定施加压力。

依诸葛亮的战术，是希望高定害怕之下，而将所有叛军集结到这里，便可以进行会战，一并讨之。

高定果然中计，他不但全力集结自己的部落，并且派人紧急告知雍闿和孟获，立刻派兵前来驰援。

当雍闿准备出兵时，便接到朱褒兵败、蜀汉军队占领牂牁的消息，且益州郡方面大多已向李恢军投诚了。

雍闿认为情况严重，便暂时婉拒高定的求援，和孟获等先行全力加强益州郡方面的防务后，再整军从滇东前往援助高定。

但因为雍闿迟迟不发兵，使高定对他深感疑虑，尤其是高定属下的部落酋长对雍闿大为愤怒。因此当雍闿到达前线时，反而立刻被高定属下袭杀了。

雍闿死后，其部众也马上和高定闹翻，并由孟获率领，向南逃亡至益州郡。

眼见叛军陷入分裂，诸葛亮立即出兵，攻击高定的土垒。蛮族兵力已削弱，因此高定立刻兵败如山倒。蜀汉军乘势攻破高定大本营，俘虏了高定的妻子。

诸葛亮本有意停止攻击并派人劝服高定投降。想不到高定恼羞成怒，反而集结了两千多人的敢死队，主动袭击诸葛亮的主力部队。诸葛亮大怒下，发动歼灭战，将高定的军队击溃，高定当场战死，越巂郡至此完全收复。

孟获率领的雍闿余众，退回益州郡，再度集结对汉民族长年仇视的南方部落，准备和诸葛亮的南征大军做最后的对抗。

·李恢建奇功·

中路的李恢大军，本已由平夷进入益州郡，包围着雍闿和孟获的巢穴。想不到孟获却率残军退回益州郡，反而在滇东和黔西地带，由南北双方夹击李恢的军队。

这时候，李恢不但处于敌众我寡的劣势下，而且与诸葛亮大军间的联系也被切断了，情势非常危急。

李恢急中生智，便利用他也是南中地方人士的关系，假意对叛军表示："蜀汉之军，官粮已尽，即将退回北方。我因离乡已久，想落叶归根，与大家共谋大计。为表现我的诚意，特别把这些机密告诉大家啊！"

李恢这一缓兵计相当有效，益州郡的蛮族因而放松了包围的压力。

李恢见敌人松懈，立刻亲率敢死队袭击，反而击溃敌军的主力，突围而出，直至盘江，东接牂牁，和马忠的东路大军联系上，共同防御益州郡的蛮族主力。

一方面，诸葛亮由于和李恢失去联系，深恐中路军陷于孤立，亦于当年五月，挥师渡过泸水（金沙江），由后追击孟获的军队。

获知诸葛亮主力部队已进入泸水南岸，孟获立刻再率军南撤，使诸葛亮军队顺利地在滇池附近和马忠与李恢的东、中路大军会师。

当初如果李恢守不住益州郡北方，或者遭到歼灭，必使蜀汉南征大军无法会师，不但不能集结足够的作战力量，反会增加叛军声势，造成不可收拾的后果。所以《三国志》上记载："南土平定，恢军功居多。"

向南撤退的孟获军，遭到李恢军反击，只好再掉过头来面对诸葛亮的主力部队。

双方大军对峙于盘江上游，展开决战，孟获自然不是诸葛亮的对手，在一次决战中兵败被生擒。

这一仗原本意味着征南战事完全结束，但诸葛亮却不这样想。他认为"军事"虽胜利，但"政治"却不见得已取得优势，赢了力，不见得赢了心。他想起马谡"攻心为上"的建议，决定赢得更深、更远，以彻底解决"南人叛乱"问题的根本。诸葛亮让孟获观看了蜀军阵容并予以释放，让孟获整军再战。结果，孟获再次被擒，诸葛亮又放了他。这样再战再擒，前后七次，孟获终于心服，表示不再叛乱。

第十七章

治理边疆

诸葛亮非常重视南中地区的农业的发展，他认为只有农业发展，才能解决人民的衣食问题，衣食不匮乏，政治才谈得上稳定。发展农耕最重要的是水利。诸葛亮在此地做了相当完整的水利工程，以灌溉农田，使耕地面积有计划地扩大。诸葛亮也非常重视南中地区的手工业及商业。毋庸置疑的是，诸葛亮在南中地区所进行的工作造成了很大的影响。

· 即其渠帅而用之 ·

平定南中之后，诸葛亮仍坚持"和抚"政策，随后采行"即其渠帅而用之"的复员方针，也就是说，尽量利用当地有声望的领导人物为官方的行政领导者，甚至采用南中的重要人物为朝廷的高官，例如孟获日后便累官至御史中丞，对蜀汉的政治稳定贡献颇大。

这个想彻底改革数百年来汉人压榨少数民族恶习的策略，自然立刻遭到朝廷中保守分子的强烈反对，他们认为少数民族领袖绝不可靠，这种"放任"的人事政策，将危及朝廷的统治权。

但诸葛亮坚持反对，他并不奢谈理想，反而以实务的立场来分析利害。他表示，以汉人来管理战后的南中地区，将有三大不利：

第一，如果以汉人为行政长官，势必要在南中保持大量的军队。驻军人数太多，必耗费国家军粮，对蜀国抗拒曹魏的基本国策，是相当不利的。

第二，此次平南战事，南方夷人死伤颇重。虽然已经和平了，但父兄被杀之仇恨，不是轻易忘得掉的。将汉人留于此地，日夜相见，反而相当危险。

第三，南中少数民族有他们自己的文化和价值体系。由汉人统理的话，即使秉公论断，也得不到信任，反而将加深彼此的误解，造成日后更多的困扰。

因此，他决定采取"不留兵，不运粮"的政策，让南中的少数民族自己管理自己，使这个地区成为一个"纲纪粗定，夷汉初安"的自治区。

虽说诸葛亮一生行事谨慎，但他绝非保守于特权的政策。只要对大局有利，策略上合理而行得通的，诸葛亮倒相当有魄力去做改革。

不过，"即其渠帅而用之"并不意味着完全放任不管，好不容易平定的叛乱，自然不能让其再度发生。为维持稳定的局面，诸葛亮采取不少策略性措施，以加强蜀汉中央政府对南中地区的控制。

其一，将南中地区改行郡县制，以扩大及健全政治统一的局面。改益州为建宁郡，再分建宁及牂柯郡的一部分设置兴古郡，再分建宁及越嶲郡的一部分，设置云南郡。叛乱最严重的益州郡被缩小了，也就是原有的四个郡增改为越嶲、建宁、云南、永昌、牂柯、兴古六个郡，加上没有参与叛乱的朱提郡，原庲降郡都督所辖的郡，共增为七个。并由参加南征有功的李恢以庲降都督加封安汉将军，兼领建宁太守，并将治府移往中心地区的味县（今云南曲靖）。

郡县制加强了朝廷对行政官员的监督，以免传统的不良政风，再度引发少数民族的不满。郡区的缩小，也有利于解决地方势力过大、容易造成割据的弊端。

各郡太守几乎都是对当地颇熟悉、有影响力，而且能了解诸葛亮南中政策的官员。新任命的永昌太守王伉和越巂太守龚禄，原本便是南中地区的高级官员，建宁太守兼庲降都督的李恢、云南太守吕凯，都是忠于朝廷的少数民族领袖。他们日后成了朝廷与少数民族沟通和取得共识的桥梁。

其二，有计划地削弱大姓、夷帅，并设法收罗有潜力的俊杰之士。他下令强行迁移"南中劲卒，青羌万余家于蜀"。即使如此，南中地区大型的叛乱已不再出现。但小的、局部的叛变事件仍层出不穷，尤其是以越巂郡最为严重。不久连新任的越巂郡太守龚禄都战死了，幸赖将军张嶷率军加以讨平。

更严重的事件，竟发生在庲降都督李恢所驻守的建宁郡。《三国志》记载："李恢亲自前往讨伐，锄尽叛乱余党，并迁徙其豪帅于成都。"可见李恢这次一反以往的和抚政策，改采强硬手段，不但以武力杀尽叛党，而且加强了控制，使有影响力的豪强和夷帅全部迁移到成都，让他们永远脱离南中的政治。

· 削强扶弱 ·

其实，思虑谨慎的诸葛亮，绝不可能真正对那些少数民族豪强领袖放心。他在迁移南中劲卒青羌到蜀中后，特别将较羸弱的部曲留下，分给雍、焦、娄、爨、孟、量、毛、李等大姓为部曲，并设置五郡都尉加以统理，将他们纳入政府正式的地方军队。

这些地方军有如现在的"后备军人"，平时从事生产，战争征调服役，也就是诸葛亮在南中"不留兵"但仍有兵可用的策略。

当然也有不少部落拒绝被并入大姓或迁移蜀中，诸葛亮便下令大姓们用金帛收买他们。收买编组多的，可以世世代代承袭官爵。

这个策略不仅削弱大姓们的经济实力，也以"金钱"攻势，降伏了最不易控制的少数民族，把他们组成"夷汉"部曲，加强了他们之间的认同感，大幅度改善了汉人政权和少数民族之间的关系。

建兴十一年（233年），南夷的耆老刘胄造反，庲降都督张翼率此夷汉军队将之讨平。越巂太守张嶷，因现有兵力不足以固守，便将这些"后备军人"编组成赤甲、北军二牙门，以强化军力。

又永昌郡常有寇害，太守霍弋征用"偏军"——即此种"后备军人"征讨之。

可见这些预伏的"后力"，对日后南中地区的安定，的确发挥了不小的作用。同时，为加强对南中的掌握，诸葛亮大量提拔南中有声望的豪族领袖，出任蜀汉朝廷的高官。例如建宁郡耆老爨习是李恢的姑父，后来随诸葛亮北伐，官至领军，朱提郡的蛮族领袖孟琰，亦曾参加北伐，官至辅汉将军、虎步监。叛军的领袖孟获，更官至御史中丞，执掌监察大权。这些策略，对南中蛮族向心力的培养有很大的帮助。

·入乡随俗·

诸葛亮对少数民族的文化非常尊重，他一向重视庲降都督的人选。首任都督李恢，本身便是南中地区人士。李恢于建兴九年（231年）去世，诸葛亮以蜀郡太守犍为人张翼继任。由于张翼执法严格，经常禁止南中民族的宗教习俗，因此惹起南中耆老刘胄等人的反叛，影响到其他郡的安定。

诸葛亮立刻紧急召回张翼，改以对南中了解较多的益州治中马忠为庲降都督。马忠很快讨平了刘胄，使南中地区恢复治安。

马忠字德信，巴西阆中人。刘备在猇亭战败后，黄权投奔曹魏，刘备非常伤心。巴西太守阎芝携马忠率军以强化刘备亲侍部队，刘备在与马忠详谈后，便转忧为喜地对他人表示，失掉黄权，复得马忠，可见世上真不乏贤人呢！从此刘备以马忠为亲信。

诸葛亮开丞相府时，以马忠为门下督，南征时马忠更出任主要大军领袖而建立大功。战事平定后，马忠受命代遵诸葛亮在南中执行抚恤复员的工作，甚有威惠。建兴三年（225 年），马忠被召为丞相参军，曾为诸葛亮政权核心的成员，并领益州治中从事。由于长期和诸葛亮共事，彼此默契深厚，对诸葛亮的政风体会甚深。

他继任庲降都督后，处事能断，恩威并立，将诸葛亮的和扶政策精神，发挥得淋漓尽致。《三国志》记载："蛮夷畏而爱之。"马忠去世后，南中各族人民流涕尽哀，并为他建庙立祀，可见其治绩的辉煌。

后来继任的霍弋，也能立法施教，轻重允当，使夷境安。南中治理的成功，慎选人事可说是最主要的原因。

越巂太守张嶷，也是位颇能体认诸葛亮"和抚政策"的南中行政长官。越嶲郡原任太守龚禄在夷人叛变中殉职，继任的代理太守，根本不敢到越巂郡上任，而寄居于八百里外的安上郡。越巂郡徒有其名，完全陷入无政府状态。这个时候临危受命，整顿越巂郡的便是张嶷。

张嶷字伯岐，巴郡南充国人，年轻时以勇敢又富谋略而著称，拜为牙门将，和马忠共同讨伐汶山叛羌，以谋略筹划建立功劳。

张嶷在正式授任越巂太守后，率直属大军深入越巂境内，诱以恩信，使不少部落酋长皆来降服。张嶷主动缩小打击范围，把敌人仅限于杀死龚禄的荆都耆帅李求承，将其余部落一律视为友军，使李求承很快陷入孤立，没多久就被抓到，被处以死刑。

张嶷一向反对用武力解决少数民族的叛变，他认为治理南中，应首重恩信，一定要尊重他们的宗教及文化，站在同一阵线上，才能得到夷人的心悦诚服。

这件任务他做得非常成功，据说他在修复越巂郡旧城郭时，夷人男女无不致力而为，使工程在极短时间内便告完成。

除了精神生活外。张嶷也很重视物质上的富足，他在郡内的定筰、台登、卑水三县，有计划地开采盐、铁和漆，并设立专任官员进行管理，让少数民族的各部落都能参与，以改善他们的生活。

更重要的治绩是张嶷成功地打通邛都经旄牛到成都的旧道，并修复古亭驿站，以利商旅往来，不但强化蜀汉朝廷和南中地区的行政管理，也使南中经济有了突破性的发展。

张嶷在越巂做了十五年的太守，当他卸任取道旄牛回成都时，夷人男女老幼夹道欢送，无不伤心流涕、依依不舍，甚至有一百余人随张嶷直到成都。

后来张嶷跟随姜维北伐，战死于沙场上。越巂夷民接获消息，无不痛哭流涕，并为他建立祠庙。

·第十八章·

出师表

南宋的末代丞相文天祥，在其弃世遗作《正气歌》中，对《出师表》有相当高的评价，"或为出师表，鬼神泣壮烈"。后世的儒者也常谓："读《出师表》不哭者，不可谓忠。"《出师表》的确充分显现诸葛亮对蜀汉王朝忠心耿耿的情怀。

·曹丕去世·

诸葛亮在平定南中后，取道云南东北班师回朝。丞相府重臣蒋琬及费诗，也由成都前来会面，同行并带有新近由魏国投奔蜀汉的李鸿。诸葛亮在朱提郡汉阳县接见了他们。

《三国志·费诗传》中记载：

李鸿对诸葛亮说："我来这里以前，曾在新城孟达（蜀国将领，和法正共同引刘备入蜀有功，后因刘封事件，投降曹魏，被任为新城守将）那儿，见到李严的部属王冲。王冲因和李严闹翻，投奔了魏国，他告诉孟达，当年孟达降魏时，诸葛丞相大发脾气，想处斩孟达全家，好在先帝（刘备）念旧，原谅了孟达家族。孟达听了以后，却不以为然，当面对王冲表示，诸葛丞相一向重道义，对人有始有终，绝不会做出这种事，后来，孟达将军知道我将南奔，便暗中嘱咐，来时要对诸葛丞相特别致意……。"

诸葛亮听了，对蒋琬和费诗交代说："回成都后，设法和孟子度（孟达字）通个讯息吧！"

费诗听了，立刻表示："孟达这家伙，一向三心二意。早年侍奉刘璋时，便不够忠诚，后来又背叛先帝，这种人还是少来往为妙。"

诸葛亮摇摇头，默然不语，心中自有主张。

十二月回到成都后，诸葛亮立刻召见侍郎费祎。

南征结束，接下来的工作自然是承续刘备建立的蜀汉王朝的任务，击败曹魏，兴复汉室。但北伐绝不是件简单的事，用什么策略，从何处着手，的确是个长期的"头痛问题"，不是那么容易下决策。不过，从现实的立场，倒有件事非先做不可，就是彻底探究东吴孙权的态度和想法。

费祎曾有出使东吴的经验，人际关系不错，而且年纪较轻，没有刘备时代官员的包袱，或许正是这敏感复杂的交涉谈判最好的人选。

诚如诸葛亮所料，孙权对诸葛亮南征这件事，态度上是相当矛盾的。他曾在交州和益州边境布置大量兵马，并且任命刘璋之子刘阐为益州刺史，驻扎于这个地方，表示孙权对南中地区相当有野心。

不过，这方面诸葛亮的确棋高一着，他对孙权的布局假装不在意，而在刘备死后，派出多位使节，积极主动地建立关系，使孙权根本无法公然派兵支援雍闿等人的叛乱。加上诸葛亮出兵南中的时间抓得太巧妙，正好是曹丕亲征江南、对孙权和蜀汉的交往给予威吓的时候。孙权虽深知曹丕目的只是在吓他而已，并无大战决心。但面对曹魏大军，孙权不敢大意，只有眼睁睁看着诸葛亮再度将南中地区纳入掌握。

虽然孙权的确没有力量干涉，但诸葛亮也深深体会到孙权心中的不平衡必会影响日后两国的外交来往，进而成为诸葛亮无法放心北伐中原的重大因素。

费祎的任务，便在于平抚孙权因诸葛亮平定南中之乱所产生的心理不平衡。

既然诸葛亮方面已主动表示尊重，孙权到底是位有器量的务实政治家，知道蜀汉和东吴联盟的重要性，不但主动召回刘阐及交、益边界驻军，还送给刘禅（后主）两头驯象，表示亲善之意。

隔年，即建兴四年（226年）、魏文帝黄初七年的五月间，发生了一件对国际均势剧变有重大影响的事故，那便是魏文帝曹丕的突然去世。

在曹操的刻意训练下，曹丕算是位文武全才，并且相当有器识的政治领袖。但这都是"装"出来的，其实曹丕本性上比曹操更感性。他酷爱文学，情绪起伏颇大，因此在人际关系上无法像曹操般放得开。他爱皇后甄氏，但彼此间的争执却从未停止过，最后甄氏更因而被赐死。曹丕和胞弟曹植间的相处，更是问题重重，虽然他占有优势，但精神上却是非常苦恼，也严重地影响健康。

为报当年曹操败于赤壁的仇，曹丕经常利用冬天校阅水军，在前一年的十月。他集合十万士卒，在广陵故城临江阅兵。由于那年冬天特别寒冷，江水结冰，舟船不能行，阅兵最后被迫取消。曹丕心里自然很不是味道，或许因而受了风寒，使他一向不太好的健康进一步恶化。

隔年春天，曹丕返回曹魏建国的重镇许昌，却碰到许昌南城门崩坏。生病的曹丕见此，心情更加恶劣，便不入城，直接返回洛阳，在九华台上养病。

到了五月，曹丕病情加重，立刻召见中军大将军曹真、镇军大将军陈群、征东大将军曹休、抚军大将军司马懿，并遗命众大臣辅佐嗣子曹叡。五天后，曹丕去世于嘉福殿上，享年四十岁。

曹丕笃好文学，喜好著作，陈寿在《三国志》上，称赞他天资文藻、下笔成章、博闻强识、才艺兼备。即使贵为皇帝，每天繁忙于政务，仍写有百余篇的论文。此外他又令儒学国士撰集经传，凡千余篇，号曰《皇览》。

曹叡是曹丕长子，也是废后甄氏的遗子，小时候深得祖父曹操喜爱。曹操死后，甄氏和曹丕冲突日大，因此曹丕不立之为嗣子。尤其是甄后被赐死后，曹叡基于孝心，对父亲深表不服。曹丕便有意以其妃子所生的京兆王为嗣子。

但继甄氏为皇后的郭氏，却非常怜爱曹叡，加以郭后无子，便以曹叡为养子。曹叡外表俊秀，天性善良，对郭后极为孝顺，因此深得郭后支持，加上曹丕仍属壮年，也就不急于指定继承人了。

有一次，曹丕带着曹叡去打猎，见到一对母子鹿，曹丕立刻射杀母鹿，并要曹叡射杀子鹿，曹叡当场拒绝，曹丕惊问其故，曹叡答道："陛下已杀其母，臣不忍复杀其子。"曹丕深奇之，乃下令停止狩猎，并以曹叡善良而坚毅，决心立为嗣子。

曹丕重病，便在众大臣前，立曹叡为皇太子，并遗命辅佐之，是为魏明帝。

曹丕遽逝，曹魏政权必定陷入短期的紧张及混乱中，对诸葛亮来说正是发动北伐的最好机会。

人物档案

魏明帝曹叡（204年—239年1月22日），字元仲，沛国谯县（今安徽省亳州市）人。曹魏第二位皇帝。魏文帝曹丕长子，母为文昭甄皇后。

黄初三年（222年），曹叡封平原王，黄初七年（226年）五月，魏文帝病重，立曹叡为皇太子，即位于洛阳。曹叡在位期间指挥曹真、司马懿等人成功防御了吴、蜀的多次攻伐，并且平定鲜卑，攻灭公孙渊，设置律博士制度，重视狱讼审理，与尚书陈群等人制《魏律》十八篇，是古代法典编纂史上的重大进步。魏明帝在军事、政治和文化方面都颇有建树，但在统治后期大兴土木，广采众女，因此留下负面影响。

景初三年正月丁亥日（239年1月22日），曹叡病逝于洛阳，庙号烈祖，谥号明帝，葬于高平陵。曹叡能诗文，与曹操、曹丕并称魏氏"三祖"，原有集，已散佚，后人辑有其散文二卷、乐府诗十余首。

不过，诸葛亮倒不会真的认为，可以一举击破曹魏政权，他的目标其实只是西北边疆的凉州，运气好的话或许可攻占关中地区的长安。凉州一直是蜀汉政权夺得汉中后的下一个目标。当年孙权向刘备要回荆州时，刘备便以取得凉州、再还荆州作为答复。刘备在伐蜀时，刻意拉拢关中名将马超，也是希望在日后征伐凉州时，有所助益。

如果能顺利夺得凉州，由西北和西南方向夹击，可攻取关中地区，只要长安城在握，即可直接威胁曹魏的新京城洛阳。若能同时夺得名城——长安和洛阳，即使曹魏政权能据守在曹操以来的军政重镇——许都和邺城，蜀汉仍能反败为胜地掌握中原枢纽，恢复汉室的目标也就更进一步了。

审慎又务实的诸葛亮自然不会做白日梦，他将北伐的目标只锁定在曹魏政权一向防卫较弱的凉州而已。如果要有效地攻陷凉州，孟达所镇守的新城，乃是必争之地。

虽然费祎出使东吴后，东边战线的紧张关系消除了，但防务仍不得不强化，以免意外事件发生。其实诸葛亮早在这年年初，便奏明后主，加升同为辅佐大臣的李严为前将军，并将其大军移屯于江州，防务东吴并兼管后方军事。此外，他特别将护军陈到的大军，移防白帝城。加封他为永安都督，附属于李严的防卫体系，并协助强化东方的防务。

准备妥当后，诸葛亮便想对孟达下功夫。虽然年前费诗曾进谏言，认为孟达不可靠，但如果孟达能在新城起义，蜀军的确可以轻而易举攻陷关中，甚至有机会直接取得洛阳，因此诸葛亮仍执意要试试看。

首先他请和孟达交情不错的李严，先以密函试试孟达心态。李严在信中直接表示，自己和诸葛亮同时受到刘备托孤重任，忧深责重，希望得到孟达这种有能力的老友相助，以全其功。

不过，孟达最关心的，倒不是李严是否还记得这位老友，而是诸葛亮对他的态度，是不是真能原谅他当年投奔曹魏的罪过。就在犹疑不定的时候，孟达意外地接到诸葛亮的亲笔密函。信中表示：

去年岁末，我南征班师回朝途中，在汉阳巧遇李鸿，得知足下之现况，甚为感慨。以足下平素之志向，相信绝非贪图富贵，而背离正道的人啊！

当年之事，我和先帝早知足下是受到刘封欺凌，义愤之下，才弃职离去。刘封的行为，本来便违反先帝爱才重士的义理！希望足下对以往之事不需特别在意。

据李鸿之言，当时王冲故意造谣，伤害我和足下情义，幸足下能体谅我的心意，不为所惑，使我感到非常安慰。为表示我内心感受，让能了解我心志的好友知道，特写此书，以致依依怀念之情！

信中不但没有责备孟达之意，更表现出知己般的体谅，这封信自然让孟达感激万分，也开始和诸葛亮有书信的往来，特别是在曹丕去世后，孟达更坚定了叛魏归蜀的决心。

当年孟达投奔魏国的时候，不少大臣对他深为疑虑，但由于孟达博闻强记，文学基础又好，深得曹丕喜爱，不仅完整地保留了他四千多名原属大军的编制，更将房陵、上庸、西城三县合并为新城郡，任他为新城太守，直接委以西南（对蜀国）防务之大任。

虽然魏国朝中大臣对孟达相当不信任，但尚书令桓阶及西南军区总司令征南大将军夏侯尚，对孟达倒相当友善，使孟达的任务获得足够的支撑力。

如今曹丕死了，辅佐大臣——特别是司马懿对孟达相当不信任。加上桓阶和夏侯尚又已在曹丕之前去世，孟达顿感形单影只，非常没有安全感。

诸葛亮立刻加紧对孟达进行"政治喊话"，孟达也很快有反应了，彼此约定在适当时刻，献出新城郡，起义来归。

孟达暗中遣亲信赠送诸葛亮"绘帽"一顶、"玉殃"一副，以表心意，审慎的诸葛亮却警告孟达，要沉住气，耐心等待时机，特别要严守秘密，不可大意。

· 蜀军北伐 ·

蜀汉后主建兴五年（227年）三月，诸葛亮下令中书令陈震、丞相长史张裔、参军蒋琬等留守成都，代替他处理国政。将军向宠为成都留守部队的总指挥，负责京城的安全警卫任务。

北伐大军的编制，几乎动用了蜀汉所有的将领，但依史料记载，大军编组之军力，大约五万人。显然诸葛亮并未倾巢而出，他似乎不打算一举击灭曹魏，以前军总指挥魏延的官衔凉州刺史来看，北征的第一目标锁定在凉州而已。

除了本部主力军，各军营的编制较小，前、后预备师团中的兵员大约五千。诸葛亮的指挥，采用相当的分权制，各路大军指挥都拥有相当的独立作战能力。

蜀汉建国不久，加上刘备在政权未稳定前便去世了，因此北伐虽然重要，内部稳定的维护更是生死关键，虽经诸葛亮数年苦心经营，蜀汉政权已拥有相当实力，但诸葛亮不在成都期间，是否会有野心分子趁机作乱？这仍是大意不得的。北征大军未能集结足够兵力，诸葛亮有他不得已的苦衷。

三国时代，北方曹魏势力最大，统辖地共有九州（包括冀、兖、青、并、徐、

人物档案

魏延（？—234年），字文长，义阳人。三国时期蜀汉名将，深受刘备器重。刘备入川时，魏延因数有战功，升为牙门将军。刘备攻下汉中，拔为镇远将军、汉中太守，成为独挡一方的大将，镇守汉中十余年。刘备即位后，拜镇北将军。随同诸葛亮北伐，拜凉州刺史，封都亭侯，曾在阳溪大破费瑶和郭淮。打算亲率兵马由子午道袭取关中，仿效韩信故事，与诸葛亮会师潼关，遭到谨慎的诸葛亮反对。魏延作战勇猛，性格孤傲，与长史杨仪不和。诸葛亮死后，两人矛盾激化，相互争权，魏延败逃，为马岱所追斩，并被夷灭三族。

豫、雍、凉及司隶），总户数大约有六十六万户，人口约四百四十三万。

吴国统辖有扬、荆、广三州，总户数约五十二万户，人口九十四万左右。

蜀汉只统有益州，总户数约三十八万户，人口九十四万左右。以每户抽一壮丁计算。蜀汉总军力，不超过三十八万，要防卫东战线、京城、南中以及全国各地区的安全，能动用在北伐的军力自然不多。

日后魏明帝曹叡派遣来迎击诸葛亮的军队，先发的曹真、张郃大军便达二十万，而由司马懿编组、曹叡自己率领的后备大军，更高达三十余万，虽然后备大军并未投入战场。但光是先发部队，面对诸葛亮的北征军，已拥有压倒性的优势了。

不但兵员不足，蜀汉大军中，有丰富作战经验的将领其实也不多。关羽失荆州，刘备败于秭归，使当年在第一线的大军几乎全数溃灭，唯一幸存的身经百战的老将军赵云，年岁已高，不适合太辛苦的战斗，因此只能编入预备军，负责第二战线的指挥。

魏延、马忠等大将，虽有防卫本土、征伐国内叛乱的丰富经验，但远征进行国际性的战争，是否能十足发挥其能力犹未可知。

作战最需要的是财政，经过诸葛亮有计划的经营，蜀汉的经济力量在三国中，属最优异者。平定南中以后，又获得不少金银、盐铁、耕牛、犀革、战马等贡品，对蜀汉军费的筹措，的确有很大帮助。但伐吴失败，加上南征的军事行动，势必花上不少的经费，对只有一州管辖权的蜀汉，要连续准备这么多经费，的确是相当不容易的。

不论兵力、财政上都明显居于劣势的诸葛亮，为什么反而要主动采取攻击的行动呢？一向务实的诸葛亮，这种决心实在令人费解。

有些史学家认为，诸葛亮是大义所在，不得不然，由此更可看出诸葛亮的忠心和伟大，"汉贼不两立，王业不偏安"，不顾一切以恢复汉室为职志，显现诸葛亮浩然的精神。

这种说法，其实是相当"八股"的，打仗是要耗费大量人力及钱财的，明知没有胜算，知其不可为又勉强为之，在个人工作上或许可称为英雄，但对于统率数万人马于一身的统帅，这种心态，是非常不负责任的，相信绝非审慎又有智慧的诸葛亮所愿为。

也有部分史学者认为，请葛亮的北伐行动，是以攻击代替防御，其实并无求胜心，只希望让蜀国军民有所警惕，不要耽于享乐。这种说法，显然缺乏军事学常识。

除了游击队，必须不断采用不定点的主动攻击干扰战术外，一般有效的攻击者，都要比防御者多出五倍到十倍的兵力，《孙子兵法》上便有"十则围之，五则攻之"的说法。兵力、财力比别人少，却以攻击代防御，尤其是一而再地发动长途远征，这无疑是自掘坟墓了，相信就算诸葛亮再笨，也不会采取这样的战略和战术。

比较合理又可能的判断，应该是不论是想有效防御蜀汉的安全，或是想找机会击败曹魏，恢复汉室，诸葛亮都必须尽快地占领北伐的第一个目标——凉州。

刘备东征失败后，荆州确定已夺不回来了，只凭一个州，蜀汉政权随时都像处在风雨飘摇中。因此诸葛亮必须尽快再找一块足以真正维持三分鼎立局面的管辖州。

最可能攻占的便是曹魏所统辖的凉州及司隶以长安为中心的关中地区了。这些地区都是在曹操晚年才并入管辖的，加以关中及凉州大军的名誉领袖马超，在被曹操击败后投奔刘备，受到重用。马超和仍留在该地区的地方领袖间颇有来往，因此地方军民对蜀汉的印象相当不错，反而曹魏政权的统治者，对这一地区的管理一向颇为头痛。

如前所述，若能顺利攻占凉州及关中，便可联合东吴分别由西北、西南、东南夹击曹魏，尤其是曹魏的京城洛阳，将会受到直接威胁，对曹魏政权的民心士气打击很大。不但可以改变蜀汉的劣势，并且对恢复汉室的大业也会有实质的帮助。

相信诸葛亮必是在这样的体认下，来发动北伐的。

·鬼神泣壮烈·

北征大军编组完成后，诸葛亮向后主刘禅呈上那本千古传诵的《出师表》。

先帝创业未半而中道崩殂，今天下三分，益州疲弊，此诚危急存亡之秋也。然侍卫之臣不懈于内，忠志之士忘身于外者，盖追先帝之殊遇，欲报之于陛下也。诚宜开张圣听，以光先帝遗德，恢弘志士之气，不宜妄自菲薄，引喻失义，以塞忠谏之路也。

宫中府中，俱为一体，陟罚臧否，不宜异同。若有作奸犯科及为忠善者，宜付有司论其刑赏，以昭陛下平明之理，不宜偏私，使内外异法也。

侍中、侍郎郭攸之、费祎、董允等，此皆良实，志虑忠纯，是以先帝简拔以遗陛下。愚以为宫中之事，事无大小，悉以咨之，然后施行，必能裨补阙漏，有所广益。将军向宠，性行淑均，晓畅军事，试用于昔日，先帝称之曰能，是以众议举宠为督。愚以为营中之事，悉以咨之，必能使行阵和睦，优劣得所。

亲贤臣，远小人，此先汉所以兴隆也；亲小人，远贤臣，此后汉所以倾颓也。先帝在时，每与臣论此事，未尝不叹息痛恨于桓、灵也。侍中、尚书、长史、参军，此悉贞良死节之臣，愿陛下亲之信之，则汉室之隆，可计日而待也。

臣本布衣，躬耕于南阳，苟全性命于乱世，不求闻达于诸侯。先帝不以臣卑鄙，猥自枉屈，三顾臣于草庐之中，咨臣以当世之事，由是感激，遂许先帝以驱驰。后值倾覆，受任于败军之际，奉命于危难之间，尔来二十有一年矣。

先帝知臣谨慎，故临崩寄臣以大事也。受命以来，夙夜忧叹，恐托付不效，以伤先帝之明，故五月渡泸，深入不毛。今南方已定，兵甲已足，当奖率三军，北定中原，庶竭驽钝，攘除奸凶，兴复汉室，还于旧都。此臣所以报先帝，而忠陛下之职分也。至于斟酌损益，进尽忠言，则攸之、祎、允之任也。

愿陛下托臣以讨贼兴复之效，不效，则治臣之罪，以告先帝之灵。若无兴德之言，则责攸之、祎、允等之慢，以彰其咎。陛下亦宜自谋，以咨诹善道，察纳雅言，深追先帝遗诏，臣不胜受恩感激。今当远离，临表涕零，不知所言。

从这篇《出师表》中，我们也可以看出，诸葛亮对北伐之事拥有相当强的信心，绝对不是一件无奈的"苦行"。相反地，他担心的并不是前线，而是国内。

刘禅的确是"扶不起的阿斗"，暗弱无能，头脑不清，喜欢接近身旁的服侍者，对喜欢讲道理、作谏言的大臣一向敬而远之。诸葛亮在朝期间，刘禅管不管事倒不重要，但诸葛亮不在朝中时，如果刘禅仍亲近小人，则可能会影响政务的推动。这篇《出师表》犹如一位即将远离的父亲，谆谆告诫儿子要"亲贤臣，远小人"，辞意恳切，真情流露，实在令人感动。

为了让刘禅能居安思危，诸葛亮提醒他如今虽天下三分，但仅有益州的蜀汉在三强中仍属最弱，加上刘备建国后不久便去世，的确是创业未半而中道崩殂，益州疲弊，正处于危急存亡的关头呀！

指出了危机点，当然也要明示其机会点，蜀汉的文武众臣在资质和忠诚上，的确高于曹魏，所以最重要的是身为"主帅"的刘禅，切不可妄自菲薄，反使这些忠义的部属无法发挥才能。

接下来，诸葛亮更具体地告诉刘禅如何做"主帅"，辅佐和实际工作的人才，则由诸葛亮事先安排，文事方面，有郭攸之、费祎、董允，武事方面有向宠。"主帅"刘禅只要不论"营中、府中"之事，均谦虚坦然地向他们咨询便可以了。

怕刘禅年轻气盛，诸葛亮特举实例，阐释前汉及后汉兴衰的主要原因，并将刘备抬出来，严厉警告刘禅，切勿如同汉桓帝、灵帝般的腐化、愚昧。

第三部分则明述自己必须发动北伐的主要原因，是在完成刘备的遗志。不是为了自己的野心，更不是在趁机扩张权势。所以要求刘禅一定要尽量配合，亲贤臣，远小人，做好国内政治，以免他身在前线，还要担心后方。

最后，诸葛亮具体地将自己和刘禅的工作，做了明确的界定。北伐的工作委由自己负责，若失败则应责成其过失；内政则由刘禅和辅佐人员负责，以求能彻底扮好彼此的角色。

这不但是篇远行前对君王的正式谏言，且是一篇精辟的经营领导建议书。没有八股式的忠义空言，句句都是具体可行的策略。此外，《出师表》更是相当具有文学价值的优秀论文。名列唐宋八大家的北宋文豪苏轼，认为诸葛亮称得上是优秀的文学家：

他的文字可以清楚而流利地表达自己的想法，毫无赘言。《出师表》文体简洁，内容相当完整，词意率直，情感丰富却又颇为内敛，实在是千古难得的好文章。

苏轼更进一步地指出，诸葛亮最伟大而令人倾心的地方，在于他的名实一致，只有志虑忠纯、诚恳的人，才能写出如此精辟感人的文字来。

第十九章

北伐

姜维当年二十七岁，和诸葛亮出隆中时同龄，个性上颇为相似——好学不倦，深通兵法，企图心甚强，而且头脑清楚，长于议论，又颇有胆识，可以挑起临危重任的担子。这一切和诸葛亮本人太像了，难怪后人常把姜维视为诸葛亮的继承人。

·收服凉州·

诸葛亮带着北征大军，越过剑阁进入汉中盆地，并在曹魏国境边阳平关的白马立下大本营，摆出一副要由秦岭进攻长安的姿态。

秦岭地势险恶，必须靠栈道才能进入，想发动突击是不可能的。因此诸葛亮停顿了下来，在大本营里一方面派人修筑进入秦岭的栈道，另一方面则让各军进行山中作战训练，有意误导曹魏的防守策略。

魏明帝曹叡听说诸葛亮率大军进入阳平关，便召开御前军事会议，研判诸葛亮显然将出斜谷，进攻南郑，直接威胁长安。

散骑常侍孙资表示："关中地势险恶，易守难攻，若派大军迎击，可能遭遇当年太祖武帝（曹操）出师不利的困境，何况如今东吴和蜀国有再联合的迹象，如果由东西战线同时北上，必会对我们造成威胁，绝对不能忽视……"

孙资更进一步建议曹叡，应派遣拥有独力作战能力的大将，据守各地方险要，采取"威慑强寇，镇静疆场"的策略，长久下来。吴、蜀两国必自疲，到时可收不战而屈人兵之功。

的确，如果诸葛亮采取的策略，真如曹魏大臣们所做的研判，那么就和孙资的建议一样，只要曹魏派遣大将，据险而守，那真的是一点办法也没有了，长期下来，势必弄得自己师老兵疲，反而容易为曹魏所击破。

但诸葛亮到底不是一般的俗将，脑子里深藏的策略是不容易被预料的。他所规划的正兵战术，是由祁山进入陇西，以攻占凉州。对诸葛亮而言，北伐的第一个目标，应该是曹魏政权最没有威胁、防守能力也较弱的凉州。只要稳住凉州，再配合汉中部队，由西南和西北同时夹击关中，获胜的机会便大得多。

不过，诸葛亮还有一个奇兵，那就是据守在新城郡的孟达。孟达的大本营设在汉水北岸的上庸城。如果他能及时起义，引诸葛亮车队直入新城，便可以一举切断洛阳和长安的联系。整个司隶的西半部或可纳入蜀汉的掌握中，到时魏国的京城——洛阳会受到莫大威胁，甚至被迫迁移都城，那么蜀汉即可在政治声势上，取得绝对优势。而且只要攻占长安，就能进一步取得凉州和雍州，在长期的对峙战上，对蜀汉是相当有利的。

因此孟达这着棋非常重要。绝对大意不得。诸葛亮到达汉中后，停止练兵长达半年之久，主要是在等待孟达，让他掌握最佳机会，叛魏归蜀。

不过孟达到底是空有才学、缺乏器识的儒将。虽然诸葛亮一再要求他切勿轻举妄动，一定要抓住最好的时机，才可发动兵变。但孟达似乎沉不住气，急着想把这件困难又危险的任务赶忙完成。

偏偏在这年六月间，曹叡接受孙资的建议，派遣骠骑大将军司马懿，都督荆、豫两州，并在宛城附近设置指挥总部。宛城离上庸不远，因此孟达有点着慌，不断派遣使者向诸葛亮告知情况的变化，一方面也加紧调度人马，准备起义。

也许动作太频繁了。终于引发附近魏兴太守申仪的疑虑。申仪和孟达一向不和，因此以半猜测的方式。暗中上表密告孟达有与蜀潜通的嫌疑。

曹叡颇欣赏孟达的儒将风度，对申仪的密告不很相信，但由于新城和上庸均在通往蜀国的重要管道上，实在大意不得，于是他命令司马懿暗中观察孟达的行动。

司马懿故意先派人，透过耳语传播，让孟达知道申仪暗中对他提出了密告，让孟达心存警惕。如果没有这回事，孟达一定会公然为自己辩护，如果真有其

人物档案

司马懿（179年—251年9月7日），字仲达，河内郡温县孝敬里（今河南省焦作市温县）人。三国时期曹魏政治家、军事谋略家、权臣，西晋王朝的奠基人之一。

司马懿自幼聪明多大略，博学洽闻，伏膺儒教。因汉室被曹氏所控制，司马懿一度拒绝曹操授予的官职，但建安十三年（208年），曹操任丞相后，强行辟司马懿为文学掾。因司马懿曾支持曹操称帝，所以逐渐赢得了曹操的信任。曹操封魏王后，以司马懿为太子中庶子以佐助曹丕，帮助曹丕在储位之争中获得胜利。曹丕临终时，令司马懿与曹真等为辅政大臣，辅佐魏明帝曹叡。明帝时，司马懿屡迁抚军大将军、大将军、太尉等重职。明帝崩，托孤幼帝曹芳于司马懿和曹爽。曹芳继位后，司马懿遭到曹爽排挤，升官为无实权的太傅。正始十年（249年），司马懿趁曹爽陪曹芳离洛阳至高平陵祭陵，起兵政变并控制京都洛阳。自此，曹魏的军政权力落入司马氏手中，史称高平陵事变。司马懿善谋奇策，多次征伐有功，曾率军擒斩孟达，两次率大军成功抵御诸葛亮北伐，远征平定辽东。对屯田、水利等农耕经济发展有重要贡献。

嘉平三年（251年），司马懿病逝，享年七十三岁，辞郡公和殊礼，葬于首阳山，谥号宣文。其次子司马昭封晋王后，追谥司马懿为宣王；其孙司马炎称帝后，追尊司马懿为宣皇帝，庙号高祖。

诸葛亮传

第十九章 北伐

193

事，孟达必会恐慌，而在行动上露出破绽。

孟达得到消息，果然深为惶惧，司马懿又派参军梁畿，带了一封司马懿亲笔写的慰问信，故意对这种传言表达关心之意，并劝告孟达亲自回朝廷，晋见曹叡，以表明心迹。

这使缺乏器量的孟达大为惊慌，他根本无心思虑应变之道，只想尽快完成叛魏附蜀这件事。当司马懿的使者一离开上庸城，孟达立刻派人送信给诸葛亮，请求发兵接应。这些动作自然都在司马懿的窥伺中，因此，他判断孟达造反之事应属事实。

孟达也知道司马懿必对他展开监视，但他实在不知该怎么办，所以只好狠下心来着手起义行动。在写给诸葛亮的信中他表示：

司马懿驻军宛城，离洛阳八百里，离新城有一千两百里。要是司马懿得知我起义，必会向洛阳的曹叡报告，再由曹叡发出正式命令，派司马懿由宛城带兵攻打新城，这样一来，至少要一个月。到时，孟达早已将新城地区的守备做好事先的都署。就算司马懿大军到来，也不用担心了。

况且，司马懿防御的对象，主要是东吴，加上新城地势险要，不是短期内攻打得下来的。因此，司马懿为了不影响正式工作，一定只会派出其都将前隶，只要司马懿不亲自到来，前来围剿的曹魏军，便不会太多。

其实，这只是一般"官僚"的想法，对于一个有胆识的将领，岂会如此地怕事而不负责任。

因此，当诸葛亮看到这封信，不禁大惊失色，顿足叹息道："太大意了，太粗心了。孟达既熟读兵书，岂不知'将在外，君命有所不受'。在自己的管辖区内，有人叛乱。哪有还要向皇帝报告，才加以征讨的道理，孟达必会败于司马懿之手了。"

诸葛亮知道孟达这着"伏棋"失败了，因此不再寄望。他必须保持实力，进行西战线的安排，所以只派一支偏军前去接应，设法救出孟达即可。

果然不出所料，不到半个月，再度接到孟达的急报。表示："出兵才第八天，想不到司马懿亲自率兵。将上庸团团围住了，请速派遣救兵前来援助。"

其实，即使诸葛亮有心再前往援助，也不可能了。原先派去的接应部队，被挡于木兰道上，根本无法进入新城郡境界。孟达起义时曾联系孙权，希望获得支援。孙权亦派出接应部队，同样被挡在西城安桥附近。孟达在准备不周的情况下，完全被孤立。

蜀汉建兴六年（228年）春天，司马懿完成对新城郡的包围，下令攻击。孟达见援军不到，心慌意乱，原先答应他共同叛变的部队，也纷纷背离。因此只花了十六天，新城郡治城便陷落了，孟达被斩杀，原先较亲蜀汉的孟达直属大军七千余人，全部被调往北方。诸葛亮东战线突击计划，到此完全失败。

建兴六年（228年）春天，诸葛亮的北伐大军在汉中驻扎了将近一年，在孟达事件失败后，立刻由阳平关出发。但诸葛亮大军并不往北进攻，反而向西行军，绕一大圈到祁山南端。

首先他制造疑兵阵，让曹魏参谋本部，认为诸葛亮的确想由秦岭攻击关中，占领长安。负责此一任务的是审慎负责、顾全大局的老将镇东将军赵云，这时候的赵云已近七十岁，仍头脑清楚，冷静而有毅力，诸葛亮更派出足智多谋、善于应变的扬武将军邓芝协助赵云，以应付曹魏主力部队可能产生的攻击。

为了达到吸引敌人注意的目的。赵云大胆地采用分散扎营策略，将一万多部队，组成数百个可以独立作战的小组，分派比人数更多的旗帜，在箕谷一带做纵式鱼鳞阵的部署，看起来如同诸葛亮的主力仍在于此，并且做出准备从斜谷道去攻打关中西南区军事重镇的态势。赵云坐镇于伪装的诸葛亮大本营中，以静制动地准备迎击曹魏大军。

诸葛亮则亲率主力部队四万多人，暗中往西急行。第一军魏延率军先行，诸葛亮的主力军紧随其后，马忠的后军殿后。每一个军营均分成数小组，分开于夜间急速行军，相约在祁山之南的武都郡作集结点，在此重行部署，以向祁山发动攻击。

诸葛亮自己也放弃乘坐常用的车，改穿武装铠甲，并乘坐骑随军行动。表面看来这是支小型特遣支队，以有效欺骗曹魏的情报人员。

这个战术果然空前成功，曹叡的作战参谋本部完全受骗。曹魏的辅国大臣——大将军曹真亲率十万大军，布阵于鄠县，准备和蜀汉北征军决一雌雄。显然曹魏关中大军的主力，已被赵云指挥的偏师牵制在东战线上了。

诸葛亮的主力大军用了不到十天的时间，便在武都完成集结，神不知鬼不觉地做好了攻击发起线的部署。祁山以北的曹魏郡县还以为这只是蜀军的特遣支队，配合东战线发动局部攻击行动而已，因此并未集结足够的防御军力。

从武都越过祁山的诸葛亮北征大军，如疾风暴雨般地攻向曹魏管辖的凉州。魏延大军更深入凉州和关中直辖司隶的边界安定郡。陇西的南安、天水两个军事重镇在诸葛亮主力的攻击下，相继叛离曹魏，归顺蜀军。这和诸葛亮及刘备时期，不断向凉州进行政治号召有关。不久，安定郡陷没，陇西郡的攻占看来是迟早之事，诸葛亮的突击战，获得了相当程度的成功。

但对诸葛亮而言，最兴奋的倒不是辉煌的战果，而是获得了一位空前优秀的将才——姜维。这位日后成为诸葛亮军事继承人的年轻将领，和诸葛亮的相遇却是相当偶然的。

姜维字伯约，凉州天水冀县人（今甘肃省甘谷县南方），少年时父亲去世，和寡母相依为命。但姜维一点也不丧志，他努力研究郑玄之学，希望在仕途上顺利发展。由于其父亲姜冏以前做过天水郡功曹，正值羌人和戎人叛乱，姜冏亲自率军征讨，兵败被杀。因此在姜维成人之后，太守特请朝廷赐姜维为官中郎，得以参与天水郡军事，不久便出任郡计掾，更由凉州刺史聘任为从事。

诸葛亮大军由祁山攻入天水郡时，太守马遵认为在祁山集结的蜀军，只是特遣支队而已，根本未真正做准备，反而轻敌地率领姜维和郡功曹梁绪、主簿尹赏、主记梁虔等，到郡内各县视察。等到确定诸葛亮本人在军中，而这支即将攻来的军队，就是蜀汉北征大军的主力部队时，马遵不禁大惊失色。加上南方诸县一一向蜀军响应，马遵也怀疑姜维等可能会反叛。乃深夜独自脱离队伍，向东逃往上邽（今甘肃省天水市），并且下令封城，任何军队都不准进入。

姜维无可奈何之下，只好解散部队，独自返回故乡冀县，但冀县已为蜀军攻陷。依照《魏略》中记载，姜维还冀后，冀县父老大喜，共推他与诸葛亮进行谈判。姜维硬是被赶鸭子上架，只好代表故乡父老，向诸葛亮投降。

看来，姜维的投降倒不是诸葛亮使了什么计策，让他心服口服。最主要的原因，是被马遵的不信任所逼，故不得不如此。

不过，确如《魏略》上的记载，诸葛亮见到姜维时，大为高兴。诸葛亮在给留府长史张裔及参军蒋琬信中表示："姜伯约忠勤时事，思虑精密，……其人，凉州上士也。"并且对姜维的能力颇为肯定，"姜伯约甚敏于军事。既有胆义，深解兵意，此人心存汉室，而才兼于人……"

但诸葛亮并未马上重用姜维，除了在个性和心态上需详加观察外，二十七岁的姜维思考力到底尚未成熟，而且经验不足，只能算是有待琢磨的璞玉，仍需诸葛亮有计划地加以教导和训练，才能发挥其才。

不急于把姜维捧上台面，正是诸葛亮爱才之心所致。但在同时，诸葛亮却严重地错用人才，不但酿成对方悲剧的命运，并且也使第一次北征计划遭到致命地打击。

·街亭失守·

凉州三郡失陷，关中大为震动。

曹叡终于发现箕谷的蜀汉军只是疑兵而已，深感自己判断错误责任重大，由此立刻御驾亲征，到长安坐镇。他一方面下令曹真倾全力攻打箕谷的赵云军，一方面动员五万生力军。由左将军张郃率领，急速赴前线，阻止蜀军的攻势。为了彻底击退蜀军，曹叡更下令留置洛阳的官员动员编组三十万的后援部队，随时准备驰援前线。

张郃字儁乂，河间郡鄚县人。黄巾军起义，张郃响应朝廷征募，投入官军，屡立奇功，升为军司马，后编组属冀州牧韩馥属下。袁绍代替韩馥为冀州牧时，张郃归属袁绍，在和公孙瓒的对抗中，功劳甚大，升宁国中郎将，年纪轻轻便成为独当一面的将领。

官渡之战时，张郃和大军指挥郭图意见不合，遭到郭图谗言相害，不得已投奔曹操。曹操非常欣赏张郃才华，称之为"韩信归汉"，拜张郃为偏将军，封都亭侯。

汉中大战，夏侯渊殉职，曹军陷入严重危机，在郭淮建议下，张郃临危受命，代理统帅职。在他冷静的安排下，终于有效地挡住刘备大军的攻势。由此可见，张郃是位颇富智慧和经验的大将。

经过多年的磨炼，张郃的作战经验更为丰富、老到了。为应付凉州失陷的危机，张郃以左将军的高级职衔，奉命领军对付诸葛亮的北征大军。

张郃率领五万主力军。由洛阳出发，在长安拜见曹叡后，立刻西进。他先到达郿县，和曹真会商，彼此交换东西战线作战策略的意见后，便即刻攻向凉州。

张郃作战计划相当大胆，他无视于蜀军已同时占有安定、南安及天水三郡，采用中央突破战术，直攻陇山北麓，通过陇山和六盘山之峡道，直接进入凉州北境。换句话说，他由中央直接切断了在安定的魏延大军和天水的诸葛亮的主力军的联系。

张郃之所以如此大胆，是因为他判断凉州诸郡的反叛是慑于诸葛亮突击的声势。魏延虽已占领安定郡，其实未获当地军民的诚心支持。只要曹魏军能有效攻入凉州，安定郡诸县必会很快反正，到时候，魏延大军反而成为孤军。收回安定郡、天水和南安必有光复的希望。

张郃这一战术，的确又狠又准，使一下子攻占太多地方、而尚未稳定战局的蜀汉北征大军大为惊慌。尤其是安定郡的魏延大军更有被切断后路的危机。

诸葛亮立刻在天水召开军事会议，参谋本部建议派大军在祁山东北的咽喉要地街亭（今甘肃省秦安县东北），迎击越山而来的张郃大军。由于这场会战，将是两军胜败的关键，故须派遣富于智慧又能独当一面的大将负责这一重任。

大多数将领都认为最好调回目前在安定郡指挥的宿将魏延。但诸葛亮认为据守在安定郡的蜀军正陷入极端不安中，调回大将可能会导致崩溃，何况魏延绕道赶回，也是缓不济急。左思右想下，诸葛亮决定派任他一贯器重的参军马谡。

马谡是马良的幼弟，自幼熟读兵书，组织力甚强，又好为议论，是一流的军事参谋，可惜一直被编组在参谋本部中，缺乏临场作战经验。

马良死后，诸葛亮基于和马良的深厚友情，更为怜惜马谡，经常将他带在身边，随时教诲磨炼。刘备在永安宫托孤时，见到诸葛亮过

诸葛亮传

第十九章 北伐

199

分重视马谡，遗言警告诸葛亮，马谡为人言过其实，自视甚高，思虑常不切实际，不可赋予重任。

有一段时间，诸葛亮将马谡置于参谋本部，严加磨炼，不敢赋予实际作战责任。直到诸葛亮南征前夕，马谡告以"攻心为上"的建言。诸葛亮大为高兴，更以之为南征军事行动的指导方针。

或许由于这件事，使诸葛亮判断马谡已经完全成熟，因此这次的北征行动中，不再将他编置在参谋本部，而以参军长身份成为诸葛亮本部大军的首席将领。

当年马谡已三十九岁，正值壮年，如果不借机建立战功，日后可能不会再有独当一面的机会。因此。诸葛亮有心刻意重用他。

不过，街亭会战实在太重要了，大部分将领都怀疑马谡能否胜任，纷纷不表赞同。诸葛亮独排众议，认为张郃经验老到又富于作战智慧，一般的战术不见得敌得过他，派任没有传统包袱的马谡，发挥创新的作战方法，正好可以难倒张郃，得胜的机会较大。

为弥补马谡临场经验的不足，诸葛亮特别派遣行伍出身、经验丰富的裨将军王平为副将，除了保留少数近卫军外，诸葛亮的主力军，几乎完全交付给马谡，即刻在街亭附近布阵。

临行前，诸葛亮特别嘱咐马谡，要沿河边布阵，只要挡住张郃的攻势，挫其锐气，等待魏延由安定郡而下，南北夹击，即可彻底击溃张郃军。若街亭战役获胜，凉州便能稳稳地掌握住了。

但马谡和王平到达街亭，观察地形后，却对诸葛亮交代的布阵方式不表同意。马谡发现街亭在渭水南方、祁山的西北方，街亭和渭水间是一片盆地。诸葛亮交代沿祁山山麓，一直到渭水旁的盆地沿线布防，阻挡张郃军渡水而来，只要张郃攻击受阻，安定郡的魏延军便可由后面夹击之。

马谡却认为张郃越过陇山而来，若在河边布阵，张郃军等于由上而下，不但可清楚地看出马谡军的全盘部署，而且上攻下的气势比较锐利，虽说有渭水阻挡，但张郃大军在人数上占优势，如此布局是非常不利的。

就算能勉强阻挡张郃过河，仍需靠魏延由后面攻击，才能击败张郃，到时候战功一定反为魏延所夺，这对一个战场的指挥官而言是很没有面子的。因此，他决定要引诱张郃渡河，进入街亭再进行决战。如果要达到此目的，就必须在街亭正南方的祁山上布阵，在这里不但可以由高望下，清楚地看到张郃军的部署，决战时，蜀军更可由高往下冲，《孙子兵法》有言："高陵勿向。"这样一来，对张郃军相当不利。

审慎的王平自然不赞成马谡的看法，他担心万一战事拖长，不能马上进入决战，则在祁山半山上布阵的蜀军，在饮水上会陷入困难，数万大军集结，如果没有水源是非常危险的。

但马谡不接受劝谏，他认为派遣少部分军力，部署街亭西北角上邽附近，便可维护水源的供应。王平以街亭战役关系重大，不可违背丞相（诸葛亮）事先嘱咐为由劝谏，马谡则认为"将在外，君命有所不受"，何况战场上的指挥官，身在第一线，怎能完全接受后方参谋人员的指挥？所以坚持依照自己的方法。

马谡大军的部将黄袭和李盛也赞同马谡看法。王平不得已之下，只好率本队千余人，在街亭的西北角盆地布阵，以和山上的马谡主力军，互为掎角。

张郃的主力军日夜兼程越过陇山北方，由东北接近街亭附近。半路上，张郃得知街亭的指挥官是诸葛亮一贯器重的少壮派将领马谡，因而一点也不敢大意。他一方面派遣斥候部队，探察安定郡魏延军动静，计算魏延军可能赶到战场的时间；一方面详细观察马谡在街亭布阵的情形，以及街亭北方渭水的宽窄深浅，以做渡河的准备。

在搜集完详细情报后，张郃先下令大军在渭水北岸驻扎，自己亲临前线，观察马谡大军的动静。

他仔细地对照画下来的地图和实际的情景后，不禁哈哈大笑道："马谡空有其名，必被我所擒矣！"

张郃先派出部分兵力，在陇山口据险而守，以阻挡魏延军可能的从后夹击。再派出副将率领突击队夜间渡河袭击街亭东北角负责水源保护的蜀汉特遣队。只要突击成功，便立刻在渭河南岸建立桥头堡，掩护魏军渡河进入街亭盆地。

张郃将部队分成数拨。第一拨选择最容易渡河的地方，分成数队个别行动，渡河成功者，立刻在南岸建立桥头堡，互相掩护。第一拨军队完成渡河后，其余第二、三、四拨大军，可旌旗整齐地摆出正兵姿态，堂堂渡过，以声势震慑伏布阵于半山上的马谡大军。

经验丰富的张郃，在到达战场的当晚，便派突击队渡河发动奇袭，蜀汉负责水源供应的部队措手不及，全部被抓。渡河成功的曹魏军，彻夜在渭河南岸完成桥头堡以掩护前锋部队的渡河行动。

接到突击成功及桥头堡工事完成的报告后，张郃天未亮便下令第一波部队各就各位展开渡河行动，只要到南岸者立刻着手建立防御工事，以协助后续部队到来，其间若遭到敌人攻击，一律由原先建立桥头堡的突击队抵抗，不得延缓工事的进度。

马谡在凌晨接到曹魏军突击水源部队的消息，立刻派特遣队前往调查，不久又接获曹魏大军开始渡河的消息，马谡下令全营备战，并派黄袭率领先锋军，下山攻击渡河中的部队。

黄袭的先锋部队，遭到曹魏临时桥头堡军队顽强抵抗，由于曹魏军的防御工事陆续完成，黄袭部队无法作有效的突破，眼看曹魏渡过河的部队愈来愈多，惊慌之中，竟下令部队退回半山上营区。

等马谡到达前线时，张郃大军第一拨渡河行动完全成功，南岸边已建立整片的防御工事。马谡下令攻击，但曹魏兵在掩护下以箭雨抵抗，蜀军根本接近不得，只好暂时退回本阵中。

这时张郃已亲临渭水南岸，在建立好的大本营中，指挥第二、三拨大军渡河。蜀军在半山上往下望，只见漫山遍野的曹魏军，渐渐进入作战位置。水源已被切断，山下曹军兵力更在数倍以上，蜀军将领和军士无不吓得面色惨白，士气逐渐崩溃。

不到一天，张郃的五万大军，已完全渡河完毕，并在街亭平原上，将马谡大军团团围住了。

相反地，山上的马谡大军，一天没有水喝，也煮不成饭，靠着干粮勉强喂饱肚子，早已心慌意乱了。加上一眼望去漫山遍野、军容严整的曹魏大军，蜀军哪有心情作战。马谡虽亲自率队往下冲，但很快便被击败。张郃又下令不得上山，马谡所设计的木石战具也发挥不了杀敌的功效，越僵持下去对蜀军越是不利。

天黑前，已有不少蜀军违背军令，下山向曹魏军投降。眼看士气已完全崩溃，李盛和黄袭建议放弃本寨突围而出，马谡迟疑不决。

夜间，张郃下令沿山放火。火势虽不大，但火光更助长蜀军崩溃的心理，慌乱中，马谡率领本营军士下山突围。剩余的蜀军由山上舍命往下冲，曹魏军不能挡，张郃不愿造成不必要的损伤，乃下令放过马谡，重新布置防线，并安排招降山上蜀汉大军的事宜。

蜀汉大军群龙无首，只好全军向敌人投降。张郃在街亭获得全胜，俘虏了近万名蜀汉部队，所获得的辎重更不计其数。

王平在西北角，见张郃渡河攻击，大势已去。他下令千余名部队分成数组，尽量在隐蔽处部署，如有魏军攻来，便锣鼓大作，以为疑兵。

果然不久后，见到马谡带领残余部队前来投靠，后面又有不知其数的曹魏追兵。王平下令掩护马谡撤退，亲自在前线督阵，锣鼓喧天，制造疑兵。由于天黑，视线不良，张郃怕有埋伏，不敢过分冒险，乃鸣锣撤退，使蜀汉的军队损失降到最少。

魏延的支援军，在六盘山附近，便得知街亭战败的消息。经验丰富的魏延知道，街亭一失，北征大军的补给线将被切断，诸葛亮势必退兵。自己的大军远在北边的安定郡，很可能成为孤军，而遭到全军覆没的悲剧，因此，不赶快行动是不行了。他派遣急使通知留守安定郡的部队，立即绕道六盘山北麓，向陇西撤军，自己带着支援部队，在六盘山西边接应，再共同前往与诸葛亮会合。

·挥泪斩马谡·

果然，在祁山本阵的诸葛亮，接到街亭战败报告，为顾及全军的安全，立刻下了撤军的指令。

他先将总部撤退至西城，重新布防，准备接应由前线陆续退回的北征部队。马谡单身和少数残兵，首先返回本阵，向诸葛亮请罪，其余败军在王平指挥下，安全退回，损失高达三分之二以上。魏延的前军军营历经千辛万险，勉强逃了回来，失散将近一半。

诸葛亮下令尚属完整的马忠大军殿后，部署于祁山南麓，以阻挡曹魏追兵。为避免蜀汉军情泄露，诸葛亮下令将西城千余户民家，强制移往汉中，第一次北征行动到此宣告失败。

得知诸葛亮主力在祁山后，防守邱县的曹真立刻向箕谷的赵云大军发动攻势，但由于箕谷地势险要，曹真空有数十倍兵力，一时间也拿赵云没法子。

街亭败讯一传出，赵云判断诸葛亮必会撤军，曹真也必乘势发动猛攻，于是下令原先布置各险要地段、虚张声势的蜀军，立刻迅速集结，选择几个要害关口，以防卫曹真发动猛攻。

果然不久后，曹真军便全面发动雷霆万钧的攻势，赵云料不能守，于是下令由邓芝集结辎重和部队，有秩序地先行撤退。他自己则率领少数直属部队殿后，烧毁栈道，让曹真军无法越过箕谷，以确保汉中和褒城的安全。在这次北征的败退行动中，只有赵云大军全军而退，兵员、装备和辎重损失非常少。

回到汉中后，检讨战败责任，总指挥官诸葛亮难辞其咎，他上书后主刘禅表示：

"臣凭着微弱的才能，窃居着不该占据的高位，亲率军队掌握斧钺大权，总是严格地训练三军。但是因为不能宣扬军令，训明法度，临事小心谨慎，以至于有马谡在街亭违背命令，作战失败的过错，以及箕谷警戒不严的失误。所有的错都在我个人授人任官不当而告成的。臣的见识不能了解人才的好坏，考虑事情大多不够聪明，《春秋》经书记载，军队战败该督责的是主帅，臣下的职位正当受此罪责。我自请贬职三等，来督责我的罪过。"

后主刘禅依照诸葛亮的要求，贬诸葛亮为右将军，但仍行丞相事，照常总揽军政大权。赵云虽是预备师，却是偏师之主帅，自然也应负起战败责任，刘禅把他由镇东将军，贬为镇军将军。

魏延本身是受害者，自然不用负责。马忠军负责殿后，也无过错，所以不做任何奖惩。

其实，在这次撤退行动中，表现最佳的应算是赵云，面对曹真的主力部队，老将军自己殿后，使军队损失到最少，实在是了不起的行为。诸葛亮从邓芝口中，了解赵云在指挥撤军行动中，所显示的智慧、责任和勇气，深为感动。他把赵云带回的军资余绢分赐给将士们，却被赵云郑重其事地拒绝，他表示："军事上失利了，怎么能够接受赏赐呢？"他请求将这些赏赐，全部存入国家的府库中，留作十月时的冬天赏赐用。

打从年轻开始，赵云一直就是位勇敢、负责又能顾全大局的将领，也最能替国家、部属和人民着想，他品格高尚、尽忠职守，一直深为诸葛亮所钦佩。

责任最重的自然是马谡、李盛、黄袭和王平了。但王平曾经对马谡进谏，且在

人物档案

马谡（190年—228年），字幼常，襄阳宜城（今湖北省宜城市南）人，侍中马良之弟，三国时期蜀汉官员、将领。初以荆州从事身份跟随刘备入蜀，历任绵竹县令、成都县令、越嶲太守。

蜀汉丞相诸葛亮任用他为参军。马谡才气过人，好论军计。诸葛亮向来对他深为器重，每次接见谈论，从白天到黑夜。

建兴六年（228年），马谡在诸葛亮北伐时，因违背诸葛亮作战指令，而导致街亭失守，蜀军撤军后，马谡被诸葛亮处死，另说死于狱中。

最后的撤退行动中，主动以少数兵力掩护战败的主军，功大于罪，不但不被处罚，反而被加拜参军，统五部兼掌管事，进位讨寇将军，封亭侯，是这次战役唯一得到重赏的将领。

王平这位蜀汉后期的著名将领，正是在这次大败仗中，以优异表现而崭露头角的。

王平字子均，巴西宕渠人，他在洛阳投入曹军，由基层干起，后在汉中之役投奔刘备，拜牙门将和裨将军。他行伍出身，手不能书，所识不过十字，但头脑清楚，组织力甚强，口授而成的作战计划颇有条理。和马谡的言过其实、好论军计，正好形成鲜明而尖锐的对比。

街亭战役的主要干部李盛被判处死刑，黄袭被废为庶人，罪责最重的自然是现场指挥官马谡了。

《三国志·诸葛亮传》记载："遂戮谡以谢众。"军士损失惨重，马谡自然是非杀不可。但《马良传》中则记载："诸葛亮判马谡下狱监禁，不久马谡死于狱中，诸葛亮为之感伤流泪。"这里没有讲明马谡被斩杀，但下狱不久后死去，应属实，而且诸葛亮还颇为感伤。

《资治通鉴》根据两者说法，再加上《襄阳记》中有马谡死后诸葛亮亲自临祭的记载。表示："诸葛亮将马谡下狱而后杀之，亲自吊祭，为之落泪，并且抚恤抚养马谡的遗孤，恩赐如同马谡生前。"

依史料判断，马谡应是被斩杀的，因为宰相府首席参军蒋琬，曾替马谡求情道："古时候，楚成王因战败之责，杀害大将成得臣，楚国的敌人晋文公闻之，非常高兴，像晋文公这样的心理是可以理解的，在天下未定之时，杀害有智慧又善于谋略的将领，岂不是太可惜了吗？"

诸葛亮回答道："孙武所以能制胜天下者，在其用法严明也。如今四海分裂，正必须依赖战争以解决问题，若是军中法令不行，又如何有效地讨贼？"

由此可见，马谡是被处以军法的。

马谡在狱中，曾上书诸葛亮表示："明公视我马谡犹如儿子，马谡也视明公如父亲，希望明公能发挥大舜诛杀鲧而提拔大禹的精神，让我们平生的交往，不要因为这件事而中断受损，我虽死于黄泉之下，无遗恨也。"

马谡知道自己罪行深重，非死不可，希望的只是诸葛亮不要移怒于其家族，仍能重用马家之人。

裴松之在《三国志》注解中，引《襄阳记》中故事，马谡被杀，蜀汉军民感其才华，无不悲叹流泪。对这件事不得不用重刑，相信诸葛亮的确是非常伤心的。

诚如《三国演义》作者罗贯中的描述，诸葛亮痛哭马谡，一方面固然是念及马谡的才华及彼此间的交情；但一方面也是严厉的自责行为。刘备临终前，特别交代马谡言过其实，不可委以重任，诸葛亮却为了破格提拔马谡，一时欠缺深思，以致酿成大错，的确"有伤先帝之明"，因而悔恨不已。

后世小说和戏剧中"挥泪斩马谡"的情节，描述的便是诸葛亮这种深为自责的心理挣扎过程。

· 卷土重来 ·

建兴五年（227 年）第一次北伐时，诸葛亮四十七岁，当年他的长子诸葛瞻诞生。诸葛亮结婚甚早，老年得子，自然值得珍惜。这件事也显示，此时诸葛亮的健康情形仍相当良好。

隔年春天，街亭战役惨败，结束了第一次北伐的军事行动。诸葛亮亲信、少壮派的首席参军蒋琬继任长史，并加封为抚军将军。换言之，诸葛亮逐渐能掌握朝政的动向了。

蒋琬果然能彻底实施诸葛亮的大政方针，处理朝政以"安民为本"，谦让节约，摒除浪费，以求"足食足兵"。诸葛亮每与左右亲信说及蒋琬，都不禁要称赞道："公琰（蒋琬字）托志忠雅，当与吾共赞王业者也。"

不少人表示，街亭失败，主要罪过在马谡，但箕谷对峙及陇西郡一度降服，显示蜀军已有足够力量对抗曹魏军了。因此向诸葛亮建议，应编组更多的兵力，再度北伐攻占凉州。

诸葛亮却不表赞同：

我军在祁山和箕谷时，声势及实力丝毫不亚于曹魏军，但却在紧要关头遭到大败，问题不在作战的将士，而是我做总帅的用人不当、指挥错误所致啊！因此，应检讨的是我自己。从今以后，我决定精简兵力，严明赏罚，彻底改善决策的弱点，重新拟定策略，否则兵再多也没有用，今后，凡忠于国家的人，更应努力发现我的弱点，不用客气地提出建议，大家同心同力，敌人会很快地被消灭，胜利不久就属于我们了。

这段话便是有名的《劝将士勤攻己阙教》，正是诸葛亮为人谦虚、广纳众言的最佳证据。

由此可看出，第一次北伐失败，并没有动摇诸葛亮复兴汉室的决心，反而让他再接再厉地准备着。对诸葛亮而言，最重要的是下一次的策略。从实际上进攻凉州是不可能了，接下来必须再想出一个敌人无法料到的通路，这对诸葛亮应该是最困难的。

于是，他一方面奖励有功人员，抚恤阵亡将士家属；一方面厉兵讲武，重整军容，准备再一次出发。

·近取固本·

陈仓是自古以来兵家必争之地。当年韩信成功攻入关中，便是从这个地方"明修栈道，暗度陈仓"。在秦岭山脉中，唯一可容纳较大大军经过的，唯有这条管道。加上陈仓地势隐蔽性高，"暗渡"的时候较不容易被发现。

另一个特色是，陈仓城腹地很小，容不下太多军队，城外山路崎岖，无法驻扎，故此虽然重要，守军却不能太多，只能在有紧急情况时，再派兵队前来驰援，这一点对进攻的一方较为有利。

但陈仓地势险要，易守难攻，即使少数军力，也可以挡得住数倍以上的进攻部队。

陈仓属关中军区管辖，属于曹魏大将军曹真的指挥范围。

曹真在审视地形后，判断诸葛亮既然在祁山失利，下次北上，一定会选择陈仓为攻击目标，因此特别安排智勇双全、忠诚负责的豪将郝昭，负责固守陈仓城。

诸葛亮仍以魏延为前军司令，用数万兵力包围陈仓。陈仓城是利用山形为城墙而建立的，一般的攻城武器对之产生不了任何效力，魏延数度攻城，皆无功而返。

诸葛亮眼见硬的不行，只好用软的。由于陈仓守军只有两三千人，而魏延的攻城部队有两三万人。曹真由长安来的援军，至少要二十天才能到达。诸葛亮便派郝昭的同乡好友靳祥前往劝降，郝昭却答以："吾受国恩和曹将军重用，只有死而后已。"严词拒绝之。

诸葛亮无奈下，只好以云梯车，企图强硬登城而上。云梯是长形的登城梯子，前面张有牛皮，这种牛皮浸过火油，坚固异常，普通刀箭无法穿过。

云梯一般是放在冲锋车上，故称为云梯车，冲锋车是由马匹拉动的巨型战车，车前有大铁柱，是击破城门的工具。

当魏延以云梯车展开猛攻时，郝昭也不是省油的灯，他早探知这种附有牛皮的云梯刀剑不入，但由于浸过火油，所以特别怕火，于是命令部下由城墙上射下大量火箭及滚火球。云梯车瞬间便被烧毁。

郝昭更准备绳连石磨，由城门上砸下来，不久，冲锋车完全破损。

由于陈仓城离城外平地甚高，一般弓箭射不上去，诸葛亮于是设计百尺高的井栏，让士兵在上面用弓箭攻击城墙上的防卫士兵。郝昭令士兵躲在掩体内，只要蜀军不攻进城墙，一律不与之对抗，诸葛亮白白浪费数万羽箭，却无可奈何。

诸葛亮下令边放箭，边以土填壕沟，准备强硬攻破城墙，郝昭则下令在城内建筑重墙，使蜀汉大军一点办法也没有。

诸葛亮又下令由城外挖地道，郝昭也下令在城内挖横沟，阻断地道进入城中心，使动员数万兵力的地道工程，同样无法发挥攻城实效。

这样的攻防战连续进行了二十多天，由于郝昭早就接获曹真命令，有相当周全的准备，因此不论诸葛亮智慧再高、魏延勇气再够，都丝毫奈何不了他。

相反地，这次诸葛亮是由汉中的行营直接出散关，攻击陈仓，军队未曾重新编组及补给。因此，准备的粮秣根本不够。依照诸葛亮的估算，陈仓防守兵力不过数千，如果采用突击战，应该三五天内便可攻破。只要占有陈仓，强化北方防务后，再补足粮食也不算晚。否则在前线的编组和补给工作上耽搁太久，必会泄露军机，到时就难以发挥突击的实效了。

想不到曹真早有准备，加上郝昭英勇无比，诸葛亮的数万大军，一时间束手无策，反而因为兵员过多，每日粮食消耗庞大，才二十天左右，临时补充的粮秣、器械已严重不足了。

加上敌后情报显示，曹真派遣的费曜大军及由曹叡指挥的张郃大军，即将到达陈仓。审视敌我力量之消长，诸葛亮决定暂时撤军返回成都。

这时候，由王双率领的费曜先锋部队已到陈仓城外。听说诸葛亮退兵，王双恃其猛勇，拒绝郝昭的苦劝率军追赶。诸葛亮早已派遣殿后的魏延在散关附近埋伏，王双不察，全军陷入埋伏圈，魏延一声令下，埋伏四起，当场斩杀了王双。

王双为胡族的猛将，身长九尺，力敌万人，是曹真最倚赖的先锋大将，想不到却死在这场己方几乎是全胜的战役中。

斩杀王双，成为诸葛亮二次北伐的唯一重大收获。

不过，这次北征行动规模不大，除了诸葛亮参谋本部也到达前线外，真正动用的只是魏延原先率领的前线大军，且整个大军并未做重新编组，严格来讲，只能算是第一次北伐的延续行动。因此，不少史学家不认为这是第二次的北伐行动。

连续两次无功而返，诸葛亮痛下决心，全盘检讨自己在战略和战术上运用的得失。

明显地，前两次采取的都是突击战，直攻敌人军事要害。第一次虽然获得相当的成功，但由于深入敌境，补给线不够稳固，在街亭战败后，有被切断后路之虑，不得不仓促撤军。

第二次因一开始情报判断便有错误，而无法发挥奇兵战术的应有功能。

这两次的失败，均在于急于求功。彻底检讨之后，诸葛亮决定采行更务实的方法，先建立进攻的桥头堡，以做搜集情报的中心，缩短战线，使补给不致发生困难，彻底了解敌情后，再做进一步计划，换句话说，诸葛亮有意采取长期战的策略。

前面两次都在于敌方发生剧变，一次是曹丕新逝，另一次是曹休新败，但继承人魏主曹叡表现极佳。在政治上对方已无可乘之隙，现在只有靠己方逐步努力累积的力量了。

建兴七年（229年）春天，诸葛亮发动第三次的北伐，这次完全采行近取固本的策略，只要赢取小成绩即可。

进军的目标是祁山之南的武都及阴平，这两个地方都在魏蜀的边界上，虽是军事重镇，却是人迹罕至的地方，离凉州尚有一段距离，即使被攻占了，对曹魏政权来说只是"小皮肤病"而已，应不致有太大的反应。但为了重建两次失败的蜀军士气，诸葛亮仍决定全力以赴。

这次动用北征军和第二次北伐相同，大约只有两万余兵力。

第一波，由将军陈式率领（《资治通鉴》上作陈成）由武兴出发，直接攻打武都郡及阴平郡。

第二波，诸葛亮亲率万余主力部队，暗中西向，随时准备接应陈式。

武都（今甘肃省成县）及阴平（今甘肃省文县）两郡，当时都属于雍州管辖，因此曹魏的雍州太守郭淮亲自率军南下，准备狙击陈式的前锋大军。

郭淮字伯济，太原阳曲人。汉中战役时，郭淮任夏侯渊大军参谋长，天荡山之战前夕，郭淮重病，未曾参与规划。夏侯渊战死，曹军陷入危机中，郭淮抱病复出，说服大军将领，共同拥立张郃为临时总司令，稳住曹军的士气，也有效地阻断刘备的攻势。因此深得曹操欣赏，赐爵关内侯，迁升为镇西长史。

街亭战役时，郭淮攻占了高翔所据守的列柳城，阻断诸葛亮退路，逼得蜀军不得不紧急大撤退，郭淮亦以军功迁升为雍州刺史。

由此可见，郭淮是位智勇双全的将领，并不容易对付。因此，诸葛亮的二波部署，隐藏主力大军实力，暗中行动，也有他用心之处。

果然郭淮并未发现诸葛亮的主力部队，只全力迎击陈式大军的攻势，双方在武都郡展开数度接触战。

正当郭淮的部队逐渐掌握优势时，诸葛亮的主力军却突然出现在武都西北的建威郡，有可能再出祁山，攻向西县及街亭。郭淮闻讯大惊，没时间详做思考，便下令放弃武都、阴平，即刻退回街亭，重新部署防线。

诸葛亮这次突击行动，不战而吓走郭淮大军。诸葛亮留下陈式大军驻守此地，并对当地少数民族氐、羌做了完善的安抚后，便又收军退回汉中，进行组训军队的工作。从此，武都和阴平正式归入蜀汉政权的版图，并纳入管辖之下。

基于这次成功的战术，后主刘禅立刻下诏，恢复诸葛亮之丞相职位。其诏书内容如下：

街亭战役失败，其实错在马谡，相父却引咎辞职，自请贬为右将军，为了不违背相父自责以明法大义，朕已勉强同意。

但前年，相父再度光耀我汉军荣誉，斩杀魏国名将王双。今年的远征，更逼退郭淮的大军，降服氐、羌族人，光复阴平、武都二郡，威镇凶暴，功勋显然。

如今天下骚扰未定，罪魁祸首的曹魏政权尚未枭首，相父承受复国大任，是我朝廷最重要的支柱，却长久居于自我委屈的地位，实在不是光扬我军民忠诚爱国精神的好现象。因此，现在便恢复您丞相之职，请勿推辞。

这篇诏书自然事先征求过诸葛亮的同意，因为接获诏书不久，也就是同年的 12 月，诸葛亮在南山建立丞相府（四川省南部县），并在汉城（今陕西省勉县东）和乐城（今陕西省城固县）建立城寨，完全做好长期在前线作战的准备。

不幸地，在同时，诸葛亮加入刘备军以来仅存的长期战友、蜀汉首席老将赵云病逝。

对诸葛亮和后主刘禅而言，这是相当令人伤心的噩耗。赵云在战场上一向勇猛，能以七十二岁高龄寿终正寝，也算是值得安慰的了。

但在刘备的元老级重臣中，赵云最支持诸葛亮，尤其是他能顾全大局、爱护部属、照顾人民、生活俭朴、从不浪费军资，为武将中的楷模。这位高风亮节、相处二十三年的同事兼老友病逝，自然让诸葛亮深为感伤。

对后主刘禅而言，赵云更是大恩人，前后两次单身救主的功劳，忠诚之心令人怀念。三十二年后，刘禅在追谥刘备时代的元老将领——关羽、张飞、马超、庞统、黄忠之时，也特别对赵云做了追谥。

·孙权称帝·

在同年夏天，东方政局发生了巨大的变化。

击败曹休的大军后，东吴和曹魏关系已完全恶化，孙权一不做二不休，干脆也称起皇帝来了。他改元黄龙，追尊父孙坚为武烈皇帝，兄长孙策为长沙桓王，儿子孙登为皇太子。并以诸葛瑾之子诸葛恪为太子左辅，张休为右弼。以建业（今南京市）为京都，国号仍为吴。史称孙权为吴大帝。

孙权派使节到成都晋见刘禅，要求今后两国以平等的皇帝名义相来往。蜀汉朝廷文武大臣议论纷纷，大多认为孙权称帝，无疑否认了蜀汉政权承继汉王朝的正统地位，绝对不予以承认，并主张立刻和东吴断绝关系，有的甚至要求出兵讨伐。务实派的大臣蒋琬等当然拒绝这种激烈手段，因为这样不但会削减北伐曹魏的力量，而且双面树敌，可能危及蜀汉王朝的稳定。因此，大臣们认为应由正在汉中组训军队的诸葛亮来做裁断。

孙权称帝，对诸葛亮一向以"清流派"传人自居的"正统"观，也是严重的挑战，经过深思长考后，诸葛亮派使者对刘禅上书表示：

孙权很早便有僭逆的野心，我们一直不过于计较，在于必须得到他们的支援，而互为犄角。

如果现在我们公然拒绝承认，并断绝其盟好，必会引来他们的仇视，也将迫使我们移师伐吴，和他们拼一长短，只有并吞了东吴领地后，才能再有力量进兵中原。

但孙权手下贤才众多，文武大臣也能和睦相处，绝不是一朝一夕可以讨平的。长期在此地相持不下，必得益于曹贼，此非为上策。

孝文帝以卑辞谦让应付匈奴，先皇帝也主张和吴国通好，这都是应权通变之道，弘思远益。考虑国家长远大计，而非为匹夫逞一时之愤。

因此，孙权僭越称帝的罪行，不宜公开揭露。

诸葛亮不但承认这个既定的事实，并且以目前国家的实际利益为考虑重点，他坚持自己的战略目标，必须集中攻击曹魏这个首要敌人，对"不是敌人便是同志"的吴国，采取变通原则才是明智的。诸葛亮更派遣卫尉陈震为使者，到建业祝贺孙权称帝。

双方在经过协商，约定将来平分曹魏疆土时，西部的州归蜀汉，东部的州归吴国，并发表共同声明："勠力一心，同讨魏贼；若有害汉，则吴伐之；若有害吴，则汉伐之；各守分土，无相侵犯。"俨然是古代版的友好安全同盟，使蜀汉和东吴的关系得以维护稳定的发展。

诸葛亮在孙权称帝事件上的公开谈话中所提到的"孙权无力渡长江，犹如曹魏无力渡汉水"说法，在隔年春天，便遭到挑战了。

蜀汉建兴六年（228 年）六月，继曹休出任大司马的曹真，建议曹叡主动进攻蜀汉，以解决西南军区的防务。

曹真向曹叡表示："汉人数入寇，请由斜谷伐之，诸将数道并进，可以大克。"

曹真有意采用人海战术，倾全力攻击蜀汉，一次将之彻底击溃，因此动员的人力非常庞大。曹真大军人数超过五万人，司马懿有三四万，郭淮军由各将领的小部兵马组成，人数也有一两万。

这也是司马懿第一次参与对蜀汉的战争，诸葛亮和司马懿这两位日后北伐战场上的宿敌，首次正式交手。

不过，汉中及益州都以地势险要闻名，诸葛亮在防守上面，要比攻击轻松得多，何况诸葛亮一直在汉中前线，蜀汉一直处于备战状态，所以敌军来得虽多，诸葛亮心理压力倒不是很大。

诸葛亮的作战计划相当简单，所谓"兵来将挡，水来土掩"。蜀汉的兵力较薄，却不乏独立作战的大将，加上据险而守，又在自己境内，拥有地利及人和的优势。

他自己率领主力部队，驻屯东方城固地区的乐城，抵挡曹真由子午线进入汉中的主力，又可阻止曹真和司马懿会师。

同时他下令李严由江州率两万人马，前来汉中支援，并封李严之子李丰为江州都督，接替其父亲镇守江州，谨防东吴的动静。

严阵以待地防备了一个多月，却没有看到"一只老鼠或蚂蚁"，到底曹魏的大军哪里去了？诸葛亮每天派遣大量细作，搜集敌人动向情报，并未发现曹魏军越山而来的动静。

曹真于六月中到达长安，首先等待张郃大军的到来，他命令张郃由斜谷道进攻汉中，自己则由子午谷道推进，约定在南郑会军。

曹真的大军于八月初出发，刚进入子午谷山区，便碰到连续三十多天的大雨。在谷中绕了一个多月，面对庞大的山雾区，全军迷路了。加上刚建好的栈道被大水冲坏，建了又坏，坏了又建，光是工程就浪费了一个多月时间，曹真的数万大军在大雨中奋斗，真正成了英雄无用武之地。

张郃的大军也不比曹真好多少，斜谷道地形险恶，下雨天根本动弹不得，又和曹真失去了联系。老经验的张郃判断天险难斗，干脆退回邱县驻扎，伺机而动。

由东路溯汉水而上的司马懿，碰到雨季的大洪流，根本上不了路，只好一直停留在豫州，等"天公作美"了。

曹魏的朝廷大臣反对这次的军事行动，同属辅佐大臣的陈群，首先进谏："当年太祖由阳平攻张鲁，是趁丰年收割完成之时，但张鲁未攻下，我们就已发生粮食短缺情形。如今未到收割期便出兵，粮食问题必更严重，而且斜谷险阻，难以进退，补给运输费时费力……不可不熟虑也。"

太尉华歆也以大雨为患，不宜发动战争，劳民又伤兵，绝非治国之道。少府杨阜亦上疏表示："徒使六军困于山谷之间，进无所略，退又不得，非王兵之道也。"

散骑常待王肃建议，天气短期内无法转晴，是"贼偏得以逸待劳，乃兵家之所惮也"。

曹叡左思右想后，下诏令曹真班师回长安。

曹真退兵后，张郃和司马懿各自返回其驻扎地。

倒是西战线的郭淮大军行动较顺利，他和费曜分别攻打武都和阴平，使蜀汉防务一度告紧。

诸葛亮确定曹真等退兵后，便立刻命令魏延和吴懿率军入西羌，由后方干扰郭淮等补给线。郭淮和费曜不得已回军迎击之，双方会战于阳谷（陇西南安祁）。魏延大败郭淮军，也算向曹魏证明了蜀汉国防上的实力。

魏延和吴懿击败郭淮，但以大军深入陇西，防卫和补给方面困难太多，清理完战场后，不敢久留，便再度退回武都郡以南。郭淮虽被击败，仍很快守住了祁山的防线。

诸葛亮以战功上表升魏延为前军师、镇西大将军，进封南郑侯。吴懿为左将军，进封高阳乡侯。

·第二十章·

高手对阵

或许曹真早已看出，由于曹氏第二代精英皆英年早逝，曹叡固然贤明，但年纪太小，曹氏政权的实力已大幅削弱，必须靠在洛阳地区属于世家的司马家声望，来维护曹氏政权的掌握力，所以希望司马懿能够和曹叡密切配合。

·第四次北伐·

建兴九年（231 年）三月，经过将近两年休养生息，诸葛亮在汉中集结了大量人马，准备发动第四次北伐。

第一次北伐，规划上最完整，掌握的时机也最好，不幸错用了马谡，造成凄惨的败局。

第二次北伐，只能算是第一次的延续行动，由于敌军统帅曹真早有准备，加上陈仓守将郝昭表现优异，迫使诸葛亮无功而还，虽谈不上失败，却相当没面子。

第三次北伐，规模小，目标也不大，只是用来重建自己的信心，及加强西战线的基础实力。

建兴八年（230 年）的那场被大雨阻止的蜀魏对抗战之后，诸葛亮认为时机已成熟。风闻魏军总司令曹真病重，一旦去世，曹魏的军政结构将因连续丧失曹氏第二代精英曹休和曹真，而产生重大变局，也将削弱魏军的作战力量，因此诸葛亮准备趁机展开一场大规模的北伐行动。

这次，他仍选择祁山的西战线，可见在战略规划上，诸葛亮的目标不变——仍是曹魏最西方的凉州。

三月初，诸葛亮完成编组。

去年调到汉中的蜀汉江州防卫司令李平（即李严），一直在汉中帮忙，东方的防务由其子李丰接任。诸葛亮上表拜李平为中都护，在汉中开署治事，督办这次北伐大军粮秣的运输、调配工作。

这次动员兵力将近十万，所需的辎重粮秣相当多，因此动用了一批新制的"木牛"负责运输。掌管后勤补给的李平，工作压力庞大而繁重。

北征大军依编制，于三月底从汉中出发，预计在武都、阴平集结，准备向祁山发动总攻击。

就在这个紧要关头，曹魏的西战线司令——大司马曹真，却进入病危中。

去年，曹真主导南征蜀汉的军事行动，动用的军力空前庞大，连东战线荆、豫两州的督军司马懿也被借调。不幸碰到连续三十多天的倾盆大雨，秦岭山区整日浓雾笼罩，对此区地形不熟的曹魏关中大军主力部队居然迷路了，将近一个月进退不得。

曹真又急又气，亲自冒雨指挥行军，因而得了严重风寒，回到长安后，心情一直抑郁不安，病情更为恶化，到了建兴九年（231 年）入春，已经是一病不起。

魏主曹叡亲赴长安探望，曹真知道自己将死，乃推荐司马懿接任。

由于司马懿和曹真一向不和，曹真遂亲自写了一封急函，派人送给司马懿，信中表示："非仲达（司马懿字）不足以救国家。"要求司马懿承续自己未完成的工作——消灭蜀汉及东吴，统一华夏。

司马懿字仲达，河内温县人，比诸葛亮大两岁，温县大约在洛阳东北七十公里的地方。

司马家为当地望族，祖父曾任河内郡太守。司马懿在家中八个男孩排行老二，由于这八个男孩子表现都很优异，当地有"司马家八达"的美誉。

司马家兄弟受过完善教育，学问渊博，尤其在佛学方面造诣颇深。长兄司马朗年轻时便颇有声望，当时的军事强人董卓有意重用他，但司马朗以董卓乱政，拒绝受聘，反而弃家投奔举义旗反抗董卓的曹操。

司马朗个性善良、豁达，工作相当干练，曹操曾封之为成皋县令。"治务宽惠，不行鞭杖，而民不犯禁"，曹操非常欣赏，认为是千古难得的治世能臣。可惜他在随军南征东吴时，罹患疫病，以四十七岁的英年，死于军旅。

曹操怜惜司马朗英年早逝，因此特别将他年仅二十九岁的大弟司马懿，聘为私人谋士，刻意提拔。

年轻时代的司马懿和兄长有很大不同，虽然个性上都显得温和，但司马朗比较诚恳，司马懿则城府深，友人们常批评司马懿"内忌而外宽，猜忌多权变"。也就是说，他虽热情有气度，却机警善变，又有点狡诈，很像年轻时代的曹操。

官渡大战前，曹操广征人才，司马懿自然是其中之一。但司马懿怀疑曹操是否有力量敌得过袁绍，因而不愿出仕，便假装中风，无法应征，居然连兄长司马朗都以为他是真的病了。

曹操的首席内政辅佐崔琰曾对司马朗说："你那位大弟弟，智慧和胆识都在你之上呢！日后一定是名了不起的将才。"

不过，司马懿不久还是被任为文学掾，陪曹操的儿子曹丕研究学间，两人有相当亲密的交情。由于曹丕比司马懿年轻八岁，故对待他有如兄长一般。

汉中大战前夕，司马懿由书记升任军事参谋，在曹操最后的十二年间，司马懿一直跟随在曹操身边，学会不少曹操思考、应变及待人处世的技巧。

编年史的《资治通鉴》中，司马懿是在曹操征伐汉中五斗米道教大军领袖张鲁时登场的，当时已出任军事参谋。他在征服汉中后，建议曹操要乘胜进攻益州，曹操却笑着对他说："人的欲望真是无穷呀！又何必得陇而望蜀乎！"

建安二十四年（219年），关羽发动北伐，以水淹法击溃于禁大军，威震华夏，曹操有意迁许都以避之。司马懿全力劝阻，并建议联合东吴袭击关羽后方，一举解决襄樊所受的压力。

曹丕即帝位，司马懿立刻成了曹魏政权的大红人，深获曹丕信任。曹丕病重时，更将司马懿与曹氏第二代精英曹真、曹休等，加上陈群组成托孤的辅佐大臣，还特别交代曹叡，任何事情都可以和司马懿商量。

不久，孙权在江陵方面军力不断强化。使樊城和襄阳倍受压力。曹叡乃任命司马懿为骠骑大将军，兼任豫州和荆州督军，并进驻宛城，负责抵挡东吴势力的扩张。

正在这段时间，孟达打算在新城起义，响应诸葛亮的北伐，被司马懿的火速行动加以敉平。

建兴八年（230年），曹真发动征讨蜀汉的军事行动时。曾约司马懿由汉水西上，由西城攻打汉中盆地的东方，这也是司马懿第一次参与和蜀汉的作战。却因为连续一个多月的大雨，汉水洪流暴涨。司马懿连船都还没有登上，曹叡已经下令撤军了。

曹真和司马懿之间，虽明争暗斗，常有冲突发生，但彼此仍相当尊重对方。因此曹真在临终前，乃基于公义，推荐司马懿代替自己和诸葛亮对阵。他的理由是孙权力量虽大，但重点在自己为皇帝，原则上是以自保为主，蜀汉自认为汉王朝正统继承人，因此诸葛亮北伐的企图心旺盛，不得不严密防御之。

· 以静制动 ·

平心而论，司马懿的作战经验还不如诸葛亮，这个弱点，在司马懿的心里自然是非常清楚的。

既然临危受命，司马懿不敢怠慢，立刻由荆州返回京城洛阳和曹叡会商。曹叡将曹真的推荐函当面交给司马懿，并嘱咐之："西方事重。非君没有可以托付的人了。"

当场，曹叡令司马懿即刻进驻长安，总督张郃、费曜、戴陵、郭淮等，共同对付诸葛亮的北征大军。

隔月，曹真病殁，从此以后，亲司马懿的大军逐渐成为曹魏军权的主流派。原曹真、曹休的主力反而退为附属地位。

司马懿到达长安后，立刻着手编组对付诸葛亮北征的大军。司马懿编组的防御大军，人数约二十万人，由长安出发后，魏主曹叡也在洛阳编组后援大军，目标三十万人，以应随时需要，分批驰赴前线支援。看来，曹叡打算全力以赴。

司马懿令费曜和戴陵率四千精英，防守凉州军事重镇，一方面可以阻止诸葛亮再度趁机攻占陇西三郡。另一方面也可以确保曹魏在祁山前线的守卫军和雍州后方之间的补给线。

张郃向司马懿建议，由他带领前军军营，由郿县和雍县附近，循褒斜道南下，攻击诸葛亮在汉中的补给阵地，以摧毁诸葛亮的作战力。

但司马懿担心自己在这地区的作战经验不如诸葛亮，张郃正可弥补自己这方面的弱点，因而加以婉拒。他坦白地对张郃表示："目前军营中，能够独当一面对抗诸葛亮的，大概只有将军一人了，若再分散兵力，对我方可能会不利。况且，秦岭山区多险路，想必诸葛亮会以少数兵力，据险而守，去了也不见得能建功，相信他的主力一定会放在祁山。我们应集中最大的兵力来对付他才对啊！"

另一方面，诸葛亮的主力军，由武都直接攻击祁山山下的曹魏军防卫要塞，他预测司马懿将由陇山南麓渡过渭水，经由街亭南下木门，来拯救祁山的曹魏守军。

因此，他留下王平指挥由南中少数民族组成的无当飞军，继续围攻祁山，自己亲率魏延、高翔、吴班等大军北上迎击司马懿的主力部队。

不过，在到达木门附近时，诸葛亮突然变更行军路线，他表示不愿和司马懿硬碰硬，而转向西方，先攻打由费曜镇守的凉州军事重镇上邽。或许诸葛亮早有此打算，因为他北伐的第一个目标仍是凉州，只是为了欺骗司马懿，才故意摆出要在渭水河畔进行决战的姿态，却避实击虚地攻打凉州第一道防线上邽。

司马懿原本认为以上邽的天险，又没有多少兵力驻守，诸葛亮应不会在那里浪费时间才对。想不到诸葛亮竟动用庞大军力，围攻上邽。

这下司马懿慌了，立刻派郭淮大军，火速驰援上邽，自己则随后赶到。

费曜在得到郭淮的支援后，胆量变大了，为确保上邽的安全，他和郭淮商议，想趁诸葛亮大军到来之前，先夜袭刚到城外驻营的蜀汉前锋魏延大军的大本营。

但魏延经验老到，又勇猛善战，他判断郭淮军一到，魏军必会主动求战，因此日夜严守。

夜袭的魏军，反而陷入苦战，在将近半天的肉搏血拼后，费曜和郭淮好不容易才脱险而出，幸留守的戴陵军还算审慎，他除了据险坚守本关外，还派出接应部队，打开一条回关的道路，使郭淮和费曜的败军得以顺利入关。

就在这段时间内，高翔和吴班的大军也赶到了，他们趁机攻占了上邽周围的外线防守阵地，使费曜等只好退回本关死守，上邽外围的麦子，被蜀汉大军收割一空。

等到司马懿大军渡过渭水时，发现上邽外围的防守已完全落入诸葛亮手中，想要驰据上邽也不太有把握打胜仗。在此进退两难之际，只好来个以静制动的策略。

司马懿下令在渭水河畔，构筑防卫营寨，据险而守，以消耗诸葛亮远征军的粮秣。不管蜀汉军如何挑衅，司马懿一律相应不理，让诸葛亮一筹莫展。

率领数倍于敌人的大军，却能够在得到十足把握之前，强忍着不进行决战。司马懿坚忍不拔的耐力，的确称得上日后雄霸一时的豪杰。

·以退为进·

面对司马懿的坚守战术，诸葛亮决定暂时把军队退到祁山东北约五十里的卤城，在这里可以同时监视司马懿的大军和上邽守军的动静。如果司马懿想趁机解救上邽之围，诸葛亮便可配合魏延大军内外夹击之，或许还可以在街亭安排另一次会战，以报当年马谡溃败之仇。

但司马懿似乎没有中计，他虽然移动了军队，却只是尾随在诸葛亮大军后面跟踪，不过，也不是趁机从背后袭击，而是像监视般地远远盯着，并且若即若离地和诸葛亮保持一段安全距离。

诸葛亮实在无法了解司马懿到底要的是什么战术。只要诸葛亮一动，他立刻跟着动。诸葛亮停下来，他也跟着停下来，并且立刻构筑防御工事，搭建营寨，以等待蜀军来攻。但诸葛亮下令攻击时，他又闭营坚守，相应不理。

不过，比诸葛亮更受不了的，却是司马懿大军的将领们，他们觉得这样太没有面子了。曾在这里立下彪炳战功的老将张郃，实在看不懂司马懿到底在干什么，便坦然地建议道："蜀汉大军远来攻击我们，我们避其锐锋不愿和他们会战，主要是想消耗他们的粮秣和士气。这种战术我也颇为同意。我方的祁山守军，知道我们大军南下，相信必能信心十足，固守住他们的本营，因此我建议分出一支奇兵，绕到他们的后方。一方面可以强化祁山的防御力量，一方面也给蜀军压力。像这样尾随他们前进，又不敢逼近，一副很害怕的样子，是会让众人大失所望的。"

司马懿认为时机未成熟，还是不同意，决定仍然跟着诸葛亮跑，每到一个地方，立刻建立营寨，但就是不肯出战。

后军指挥官贾诩和魏平实在看不下去了，便纷纷议论道："司马公畏惧蜀军犹如老虎，实在是我们的耻辱，这会使我们成为天下的笑柄呀！"

这种传言多少会进入司马懿的耳朵，司马懿心里自然很不好受，加上军中又不断有耳语表示蜀军最怕的是张郃，像司马懿这种胆小鬼，根本不必放在心上。这些传言的确使一向冷静的司马懿，开始有点沉不住气了。

到了五月，诸将求战的压力更大，司马懿不得已，只好依照张郃的建议，让张郃分出一支奇兵，到祁山之南攻打王平的部队，他自己则带着魏平和贾诩，由正面和诸葛亮挑战。

张郃的步骑混合组，大约有六千名，由探马搜集消息得知，王平的无当飞军不到三千名。

因此张郃暗自计划着，王平军看到曹魏援军到来，一定会立刻撤退，祁山之围自然而解。到时候，他便可会合祁山守军，由南向北夹击木门附近的诸葛亮大本营。和街亭之役相同，将很快迫使诸葛亮退回汉中。

王平的无当飞军人数虽不多，却个个勇猛善战、视死如归。王平一听到张郃援军到，不但没有逃走，反而天天在第一线督战，并在祁山外围，根据地形，构筑了一道相当坚固的防御工事。张郃的军队攻势虽猛，却一步也踏不进去，更不要说和内围的曹魏守军取得联系了。

王平早年曾任曹操关中大军的中坚干部，本身又是行伍出身，实战经验丰富，对张郃关中大军的作战方式知之甚详，两军相峙达数十天之久，张郃对他一点办法也没有，反而使自己的军队，开始有了粮秣供应上的问题。

司马懿的主力部队，进行得也不顺利。

原先司马懿的策略是，先由魏平和贾诩带领万余人马埋伏在卤城东北角山区，然后他亲率主力部队，和诸葛亮军做正面的对抗，当两军陷于胶着时，魏平等可绕道山路由侧面袭击蜀军。由于曹魏军力在人数上占有绝对优势，或许能有效地将诸葛亮北伐的主力军围困在卤城附近，这样曹魏军便胜券在握了。

为达此目的，司马懿还下令自己的两个儿子司马师和司马昭，由正面发动试探性攻击，吸引蜀军注意，让魏平和贾诩得以顺利行动。

不幸地，进入山区绕到侧面的魏平和贾诩，迫不及待地想袭击蜀汉军队，让审慎的诸葛亮有所察觉，进而展开巧妙的反制行动。

诸葛亮令魏延迎击并搜索魏平在山区的军队，双方刚一接触，魏延便发动猛烈攻击。曹魏军兵力虽较多，但因为在山区调动不易，反而被魏延军一一击败。这场仗打下来，魏军损失了甲士三千多人、玄铠五千多套、角弩三千一百多张。司马懿看到魏平大军溃散，便放弃和诸葛亮对峙，再度退回营寨坚守。

在祁山外围胶着的张郃大军，听说司马懿战败，急忙引军退回，双方再度合为一军，守住阵地，任凭蜀军再怎样挑战也不出来了。

这场宿敌对阵，高手相逢，从头到尾如同在捉迷藏，双方仍无缘当面交锋。

·张郃阵亡·

双方相持到六月间，诸葛亮的粮秣陷入了严重的供应困难。

新设计的木牛固然功能不错，到底还是速度太慢，诸葛亮的战线又拉得太长，使负责运输粮秣工作的李平，感到非常困扰。

不久，参军马忠和督军岑述紧急来到卤城前线，要求晋见诸葛亮，代李平传达后主刘禅的口谕，表示后方的行政工作出了严重问题，粮秣和装备供应上有困难，希望诸葛亮先行退军，从长计议。

诸葛亮正为粮秣供应不足而烦恼着，听说后方出了问题，也认为勉强不得，便紧急下令撤军。

看到诸葛亮突然撤退，司马懿判断蜀军已经粮尽，军心必然不稳。如能趁机追击，或许能洗刷魏平遭击溃的耻辱。因此他命张郃率领前军军营，组成骑兵组，火速追击。

司马懿下令追击蜀汉退军，张郃以《孙子兵法》上"归师勿遏，围师必阙"的道理反对，但司马懿执意不肯放弃，张郃只好勉为其难从之。

依诸葛亮的个性，即使在危急关头，他也是井然有序的。街亭之役后，除了魏延大军距离太远，损失较大外，其余的部队大多能安返。由此看出，诸葛亮相当懂得败而不乱。初次交手的司马懿。低估了诸葛亮这方面的能力，想趁机讨回点"利息"，却造成曹魏大军的空前悲剧。

由于王平在祁山仍拥有绝对优势，诸葛亮根本不必担心归路遭到切断，因此他先指示包围邦城的高翔大军先行撤军。郭淮和费曜虽暂获解围，但和主力部队的联系已断绝多时，谨慎的郭淮不敢擅自行动，让卤城的蜀汉主力在压力不大的情况下，迅速而颇有秩序地撤退了。

但诸葛亮担心司马懿或郭淮，在确定蜀军撤退后，会趁机追击，便亲自断后，在木门的山上安排大量弓弩队，并配置部分刚改良成功的损益连弩，想试试其杀伤威力。依诸葛亮原先的构想，只是杀杀曹魏追军的威风，打击其士气，让他们不敢追来而已，不料却钓到了一尾大鱼。

在这次的攻防战中，一向在这个地方相当威风的张郃，却吃了不少暗亏，心里颇为不平。加上第一次和司马懿配合，处处受限制，一股怨气正没处发泄，又被强制命令追击撤退敌军。因此几乎是不顾性命地往前直冲，即使到达山谷地区，也未特别警戒，以致遭到诸葛亮断后部队的袭击。

若是一般的传统武器，依张郃的作战经验，要逃过这个劫难不是不可能，只是损益连弩威力太大，一发十数支飞箭，挡也挡不住。在首次的攻击行动中，张郃的右膝中箭，落下马来，使他气愤难消，大吼一声，愤怒地杀向山上，不一会儿，便死于乱箭之中。

这位让诸葛亮颇为头痛的魏国一代名将，就这样意外地送了命。张郃大军中分出追击的骑兵组，也几乎全军覆没了。

·假传圣旨·

当诸葛亮大军回到攻击发起线的武都和阴平时，驻守汉中负责粮运的李平突又宣布："粮袜充足，补给上全无困难。"然后派人向诸葛亮表示："为什么突然退军呢？"

这下子把诸葛亮搞糊涂了，不是李平派马忠传令，后主因粮运困难，而下令先行退兵的吗？为什么李平会不知道这件事呢？难道是马忠误传，或另有内幕？

李平以尚书令身份，成为刘备托孤大臣之一。换句话说，依刘备临终的意思，李平所承担的责任，仅次于诸葛亮而已。

刘备为什么会如此重视李平？这大概是因李平在蜀中官僚最久，人脉及人际关系要比诸葛亮好得多，为了蜀汉新政权的稳定，刘备特别要求李平给予诸葛亮有力的协助。

但刘备死后，李平由于要应付东吴方面可能的攻击，一直驻扎在江州，根本没有时间返回成都发挥他的影响力。相反地，诸葛亮回到成都后，在很短的期间内，以高度的政治技巧，独立组合了蜀中各股力量，使不稳的蜀汉政权，在刘备去世后不久便稳定了下来。尤其是自南中凯旋后，诸葛亮的声望达到最高峰，很快便掌握了蜀汉政府的主要大权，似乎一点也不需要李平帮忙。即使他北伐中原进驻汉中之后，成都的政治也由诸葛亮提拔的第二代精英郭攸之、费祎、蒋琬等负责。特别是张裔去世后，诸葛亮似乎已把主要的政治运作交由少壮派承担，像李平这种元老级大臣，都不再负责实际运用的职责了。

即使原本驻守江州负责东吴防务的工作，也因东吴及蜀汉关系缓和，不再是那么重要。诸葛亮下令李平将江州防务交给儿子李丰负责，李平自己则到汉中来协助诸葛亮北伐工作有关粮秣的供应及运输事宜。

对诸葛亮而言，这正是他大公无私和高度政治智慧的表现。诸葛亮个性上虽审慎细心，但却自信十足，对本身的能力有充分把握，而且不会患得患失，总是尽全力工作着。

他比刘备更了解蜀中政治和社会结构，为了避免刘备死后可能产生的争权，他决心尽快建立接班的班底，将蜀汉政权的重心，很快转移给第二代精英的少壮派。他自己则承担最困难的"业务开拓"工作，将剩余的生命贡献在为国家未来前途所做的"南征北讨"上。

因此，他希望元老级的大臣和他一样，不再掌握实际政治权力，只求做事不再做官。

但对李平而言，这种崇高的思虑和情操，是无法理解的。好不容易受到刘备之托成为辅佐大臣，便应该好好发挥其权力。诸葛亮不在国内，照理讲，他应留在成都指挥大局才对呀！怎么被调到汉中管理这吃力不讨好的后勤补给工作呢？

　　相信李平的心理一定非常不平衡，他认为诸葛亮剥夺了他的权力，并且在内心严厉地指摘诸葛亮。

　　和李平有同样想法的元老重臣，便是在前面提到过的廖立。廖立认为自己的才华，足以做诸葛亮的副手和接班人，因而不满诸葛亮把政权直接交给少壮派的第二代精英。廖立的个性不像李平那般温和、容忍，他常情绪化地公开恶言批评郭攸之、蒋琬等人，甚至挑拨元老派和少壮派间的关系，因此被诸葛亮弹劾，废为庶人。

　　李平忍受了相当长的一段日子，甚至把自己的名字由"严"改字"平"，多少在心理上有"自我疗伤"的作用。但心中的不平并没有消失，所以只要机会到来，他总想报复和发泄一下。

　　这次的运粮工作，进入五月后。便碰到和去年魏国曹真南下时同样的难题，大雨接连数十日不停，运粮工作阻碍重重，前线的诸葛亮又不断急迫催促着，使李平在情绪上再也无法平稳下去了。

　　他先派马忠假传圣旨，表明后方的困难。再派自己的部下岑述催促诸葛亮立刻撤军。但他似乎没有仔细思考诸葛亮真的回来后，在这个假传圣旨的事件上，应该怎么交代。或许他认为诸葛亮绝不可能说退军便退军，一定会派使者来交涉。到时候他或许可以向诸葛亮建议，这批少壮派执政经验不足，才会造成后方行政上的困难，不如由自己回成都，彻底从政治及经济层面上解决这些问题，这样便名副其实地掌握辅佐大臣的权力了。

　　诸葛亮远在数千里的前线，就算郭攸之等想和他联系，也没有自己来得方便与快速，只要处理得当，诸葛亮是不可能发现事情真相的。

　　他实在没有想到，诸葛亮对战场条件的要求非常审慎，因此在接到粮秣困难的消息后，便立刻宣布撤军。

这下子李平着实慌了，他害怕诸葛亮回汉中发现真相后，会追究他假传圣旨、贻误军机的重罪，但他也不知道应该如何来为自己辩护及解脱罪行。有一阵子，他甚至想谋杀马忠和岑述，以推卸责任，但事情到了这个地步，这样做未必骗得过诸葛亮，使他一直迟疑不安。

在成都的后主刘禅，接到诸葛亮突然撤军的消息。由于当时通信不发达，这掌政的第二代，不了解诸葛亮退军的原因，或许认为蜀军又打了败仗而心焦不已。因此，刘禅派人向后勤留守的李平，询问诸葛亮为何突然撤离前线。

面对这个问题，李平不知怎么回答才好，起初他表奏后主刘禅，称说这次的退军是假的，是诱敌之计吧！但从诸葛亮直接和后主的通信中，刘禅很快发现，这似乎不是假退军，因而再度要求李平澄清。李平实在是方寸已乱，干脆向后主表奏，诸葛亮或许临阵畏敌，有无故撤军的嫌疑。

留在成都的诸葛亮心腹重臣，接到这种奏呈，不免大惊失色，立刻紧急向前线的诸葛亮密报。诸葛亮不动声色，迅速回到成都。他把李平给自己的书信，以及上给后主的奏呈详加对照，并召见马忠、岑述等有关人员，了解事实真相。由于人证、物证俱全。李平的野心及不负责任的态度完全暴露。诸葛亮下令暂停李平所有职务，在家闭门思过。

即使没有李平的欺骗，诸葛亮也可能因粮运困难而被迫撤军，因此李平贻误军机的罪行其实并不严重。但他以个人野心，欺上瞒下及逃避责任的作风，让诸葛亮深为气愤，他给后主刘禅上了一份弹劾奏章：

先帝去世以来，李平便一再以自身利益为主，求取虚名，而无忧国之心。当臣准备北征之际曾要求李平在汉中镇守后勤，但李平以该职务对其利益不大，而要求出任统辖五郡的巴州刺史。

去年，臣欲由祁山西征，征召李平主督汉中后勤事宜，李平却说司马懿已开府招抚，影响东方边境的稳定，臣因知李平之野心，想用这件事取得更多的个人利益。是以臣特别表李平之子李丰为江州大军总督，特别隆重优遇之，希望李平对朝廷能有更多的认同。

李平到达汉中时，臣亦将所有后勤工作完全交由他全权处理，许多臣属都责怪臣过分迁就李平，对他太好了些。但臣认为大事未定，汉室倾危，与其过分指责其短处，不如褒扬其长处，强化其忠诚，团结一致为国事而努力。

想不到李平心里所想的只有虚名及个人利益，因此颠倒黑白，瞒上欺下，造成严重的军事贻误。当然这一切过错，臣也无法逃避责任，固这也是臣用人不实的缺失呀！

由于李平乃托国重臣，地位崇高，这件事情应该予以怎样的处分？蜀汉朝廷重臣们为之议论纷纷。

诸葛亮清楚地表达他对这个事的看法："人的忠诚心，就如水中之鱼一样。鱼如果没有水，一定会死，人如果失去忠诚心，也必会发生凶事，是以良将更应谨守自己的忠诚，才能够扬名立万啊！"

八月底，后主刘禅下诏，免除李平所有职权，废黜为平民。

李平所统辖的蜀汉最大非主流派大军，也被解散并入各大军中。在江州督军的李平儿子李丰，调回成都，但诸葛亮仍升之为中郎将，成为不直接带兵的参谋官职务。

当时很多人判断李平家族可能会遭到罢黜，想不到诸葛亮严惩李平，对其家族却意外宽容，嫡子李丰除继承其爵位外，仍可参与蜀汉朝廷军政大事，诸葛亮还特别写了一封慰问信，要求李丰谨守职责，和长史蒋琬"推心从事"，尽心为国建功。

李平虽遭严厉处分，到底他也能自我反省，对诸葛亮并无怨恨，使李平大军的解散及分并得以顺利完成。尤其对李丰继续受到重用，李平深为感激。日后，李平在梓潼郡听到诸葛亮病逝的消息，深为伤心，不久便以突发的疾病去世了。

· 第二十一章 ·

秋风五丈原

就一位政治人物来讲，诸葛亮谦虚、谨慎、认真又尽职，或许谈不上雄才大略，但在实务管理上几乎是第一流的，人格、担当、技巧也的确无懈可击，称得上是中国史上杰出的政治人物。

· 五度北伐 ·

第四次北伐失败，主要在粮食供应的困难。但诸葛亮在连续和曹真、张郃及司马懿等曹魏一流名将对阵后，信心大增，特别是袭杀张郃之后，诸葛亮对击败曹魏、占领关中已是越来越有把握了。

为改善粮运问题，他对"木牛"和"流马"又做了进一步的改善。建兴十年和十一年，诸葛亮加紧粮源及兵源方面的规划。他在黄沙（今陕西省勉县）大规模垦殖，并在景谷（今四川省昭化县）的白马山操练木牛和流马的运输作业。十一年冬天，在斜谷道筑成空前巨大的仓库，做好再度北伐的完整准备。

这两年，诸葛亮大部分的时间仍在汉中"休士劝农"、"教兵讲武"，有时候则返回成都探望家人，他的一儿一女诸葛怀和诸葛果也在这段时间出生。这时候的诸葛亮已五十二岁了，却能连续生育子女，可见他的身体健康情况仍然相当不错。

不过，诸葛亮之所以经常往来于前线和京城，并非为了和家人团聚，主要是蜀汉的军政系统中，产生了严重的纠纷。

前锋大军首席猛将魏延领导的"战士"派，和车骑将军刘琰、绥军将军杨仪所领导的"参谋"派之间，由早期的意见不合，逐渐演变成意气之争，彼此相互排斥，使军队的运作产生问题，诸葛亮为此头痛不已。

魏延一向深得军心，加上勇猛善战，是前线不可或缺的将才。杨仪则擅长行政作业，对诸葛亮最为困扰的粮运问题，常能提出有效的解决办法，深得诸葛亮器重。这两人都是诸葛亮少不了的左右手。

为协调彼此间的歧见，诸葛亮只好将官职最高的车骑将军刘琰，以酗酒的理由，下令遣返成都，减轻魏延的心理压力和对"杨仪班"的敌视。

因此，诸葛亮的忧心和工作量，同时增加了不少。就在这个时候，他听到隆中时代的老友、曹魏御史中丞徐庶和典农校尉石韬相继退休，诸葛亮不禁感叹道："魏国人才何其多啊！连他们两人都有机会退休呢！"

就在这段时间，诸葛亮的食量和睡眠明显减少，无因的焦虑越来越严重，大小事如果不自己经手，都会有强烈的不安，健康情况也开始衰退。

建兴十二年（234年）二月，诸葛亮率领第四次北伐原班人马，再度出征。这次他的路线有很大的改变。两次远绕西战线攻打凉州的策略，均遭失败，尤其是粮秣运输问题，由于战线拉长，更加严重。而且，连续数度的对峙，曹魏阵营在这里的防卫能力也大大加强了。由子午道进攻长安，虽最快速，但路途最难行，也有可能造成运输上的困难。

因此，他选择由褒斜道、出斜谷、攻击关中西南军事重镇郿县的计划。去年，在斜谷道建构大仓库时，便已决定了此一战术。

这个战术效果虽较直接，但反弹也一定较大。为分散曹魏的力量，诸葛亮特别派使节到东吴，约同孙权一起出兵，得到了孙权的首肯。

二月间。诸葛亮仍以魏延为前锋，出斜谷直接攻击郿县，自己率领主力部队共约十万，随后到达五丈原附近，并在此扎下营寨。

曹叡再度以司马懿为总司令，率领二十万兵马，沿着渭水南岸布阵，背水建构防御工事，准备长期抵挡蜀军的攻击。

五丈原在今日陕西省岐山县南端，是一片低矮丘陵地，土质肥沃，适合种植粮食，诸葛亮选择这个地方，显然是为了粮秣供应问题，他有做长期战的打算，有先为不可胜以待敌之可胜的准备。可见这个时候，诸葛亮对自己的健康，仍有相当的把握。

其实，司马懿最怕的是诸葛亮发动决战。当时，参谋本部原建议他将大军部署渭水北岸，但司马懿认为这会引诱蜀军越过郿县以东，为了保护长安，便不得不进行决战。虽然曹魏大军在人数上占绝对优势，但张郃去世后，曹魏阵营实在缺乏能和魏延在战场上相抗衡的指挥官，因此进行大会战，并不见得有利。

他下令移师渭水南岸建立防御营寨，主要目的在全力阻挡诸葛亮向东或向北的攻击。

由于双方仍如第一次对阵般谨慎，五丈原上外弛内张，战局暂时呈现胶着。

二月底，诸葛亮下令自己统率的主力部队，在五丈原散开布阵，并沿着太白山下的丘陵地进行屯田，准备长期的粮食自给自足。

表面上，诸葛亮显得好整以暇、从容不迫，其实他的焦虑行为日渐明显。据说，他自己兼任"品质管理"人员，每天审察木牛及流马的运作成效，并亲自改良损益连弩，审察二十杖以上的罪刑。显然，诸葛亮是利用这种不用花太多脑筋的工作，来消耗时间、平缓心里的压力。

三月，和诸葛亮同年的汉王朝末代皇帝——汉献帝，在被罢黜十二年后，病死于许昌，享年五十四岁，结束了他坎坷的政治生涯。

魏明帝曹叡，下令司马懿坚守阵地，避开敌军锐锋。让蜀汉大军进退两难，只要他们陷入粮食不足的情况，便可轻易地击败之。

坚守战略已成为曹魏决策中心的共识。不管诸葛亮如何挑衅、示弱、引诱，司马懿一律不理睬，对蜀军的攻击，一律以箭雨对付，兵士们一步也不离开营寨，倒让诸葛亮真正束手无策了。

这段时间他写了一封信。给他的兄长诸葛瑾，表示：

瞻儿今年已八岁（虚岁），聪明又可爱，只是稍嫌早熟了些，恐日后不成大器。

《诸葛亮集》中，收录了两篇《诫子书》，一篇探讨求学之道，一篇说明宴请宾客时饮酒的节制。想必是为养子诸葛乔（诸葛瑾次子，为诸葛亮养子，街亭之役殉职）所写的，否则为刚满六岁的儿子作此训诫，有何意义？

不过，诸葛亮的屯田政策，做得相当成功。由于他治军严明，屯田的士兵和当地百姓相处颇为融洽，《三国志》上记载："百姓安堵，军无私焉！"加上原本的准备充裕，蜀汉大军的粮秣供应似乎没有什么问题。

守在营寨后面的司马懿，也想不出什么方法对付，只好向后方要求更多的支援，继续坚守下去。

西线无战事，东战线倒热闹了起来。

·虚晃一招·

五月间，孙权亲率十万大军，攻击曹魏最东边的军事重镇合肥。同时，诸葛瑾和陆逊也领军进入江夏，出沔口，准备向襄阳进攻。另外，孙韶、张承等也以少数人马，布阵于广陵、淮阴一带。

蜀、吴同时北伐，曹魏政权面临着空前未有的庞大压力。

代替司马懿指挥魏东战线防务的是作战经验丰富，而且文武双全的老军头满宠。

满宠在曹操时代便常膺重任，尤其富于独立作战能力。只是魏国大军这几年大多调往关中，去对抗诸葛亮的连年北伐，致使满宠能够动用的军力不多，加以防御地区广大，他一时也感到非常头痛。

经过审慎的评估，满宠决定采取坚守策略，他下令各地守将封城，自己则率主力部队。准备亲自迎击孙权的北上大军，一方面则向曹叡申请援助。

审视战局，曹叡决定御驾亲征对抗孙权。

七月，满宠募集敢死队，突击孙权的大本营，孙权侄儿孙泰殉职，吴军遭到严重挫折，加上天气炎热，吴军多数染病，又听说曹叡亲率三十万大军，已逼近约数百里，孙权担心硬战对自己的军队不利，乃紧急下令撤军。

孙韶在淮阴的部署，也因孙权的撤退，失去屏障，跟着退回长江以南。

荆州战线的陆逊闻讯，立刻派遣亲信韩扁，向孙权请示作战计划，不幸韩扁在途中，为魏军斥候部队俘虏。

诸葛瑾在前线听到这个消息，大为恐慌，立刻派人向陆逊通报："主上（指孙权）的大军，已退回江南，贼人又抓到了韩扁，对我们目前的困境应了解颇多，看来还是赶快撤退吧！"

陆逊见到使者也不答话或回复，反而当着使者的面，催人去做薪豆，还和部将们下棋、射箭，一点也不紧张。

使者回报诸葛瑾，诸葛瑾不禁感叹道："伯言（陆逊字）一向器量大、多智略，想必早已有应对之策了。"于是亲自前往陆逊处请教。

陆逊表示："贼人既知主上退路，这对我们是相当不利的。前进已不可能，退路又有截断之危，处理不当，可能会全盘崩溃。因此目前最重要的是保持冷静，出奇兵以应变，才能够脱困。如果现在急着退军，贼人更会认定我们已心慌意乱，必前来相迎，这样我们是非败不可了。"

两人商议反守为攻。诸葛瑾负责指挥水军，布阵于汉水险要之地。陆逊自己率领所有主力部队，北上襄阳城进攻。荆北地区曹魏守将一向害怕陆逊，全部快速退回守城，不敢出击。诸葛瑾指挥船队，进入汉水主流，陆逊也将其部队，慢慢接近船队，由于军容整齐，曹魏军不敢逼近，陆逊军顺利会合诸葛瑾后，快速撤离。行至白河口时，陆逊还假装上岸狩猎，却暗中派遣部将，袭击曹魏江夏郡北方的新市、安隆及石阳，俘虏斩杀了千余曹魏守军，使东吴大军在这次军事行动中不致完全失败，振奋了不少士气。

· 诸葛亮激辱司马懿 ·

东吴大军撤退后，不少大臣屡劝曹叡趁机御驾亲征，到长安为司马懿大军打打气，或许可一并解决诸葛亮的威胁。

曹叡笑着表示："孙权逃走，相信诸葛亮早已吓破胆了，司马懿的大军足可应付他们，根本不用我去担心。"

当然，这只是在替自己军队打气罢了，曹叡担心的是自己一撤军，孙权可能再度北上，因此不如在东方镇住东吴，让司马懿全力去阻止诸葛亮，他相信只要司马懿不进行会战，诸葛亮是一点办法也没有的。

当然，诸葛亮的北伐计划，一向不仰赖东吴帮忙，孙权撤军不会对他有太大的影响。

最让诸葛亮头痛的是司马懿一直相应不理的策略。从四月进入五丈原以来，已将近一百多天，诸葛亮不断下战书进行挑战，司马懿总高挂"免战牌"。诸葛亮迫不得已只好进行大规模屯田，准备和司马懿周旋到底。

七月，诸葛亮以没有办法中的办法，将自己打扮得一副很悠闲的样子，坐着白色木头制的车子，改用侍童作护卫，穿戴白色葛巾，手持白羽毛扇，在前线指挥，完全解除武装，视曹魏数十万大军如无物，故意想激怒曹魏的将士们。

这便是京戏和图书中诸葛亮的固定形象。平常诸葛亮自然不会这样完全没有武备，只是为了引诱司马懿开战，故意将平时服装用在前线而已。

虽然曹魏将士有很大反弹，但张郃死后，司马懿已能完全控制住曹魏军的动向，因此，他严禁曹魏大军有任何行动。

这段时间，诸葛亮的健康情形，可能发生严重的变化，因为他已失去往常的冷静，而显得急躁。

司马懿很快地发现这个迹象，不过从诸葛亮外表的装束和潇洒的行动中，他仍不得不感叹道："诸葛亮的确是世上无双的名士啊！"

这一招行不通，诸葛亮更着急了，他干脆派人送一套妇女的服装给司马懿，讥讽他如妇人般没有胆量。司马懿虽然没生气，但的确已经不易抵挡得住部将求战的压力了。

为平抚将士们的情绪，司马懿召开阵前会议表示："皇上在返回洛阳前，曾下旨意要求我们坚守，既然大家都认为开战比较好，我们还是立即向皇上请求批准吧！"

于是，他将诸葛亮侮辱挑衅的情形，向曹叡呈上奏文，并表示将士们义愤填膺，是否可以出战，以孚众望。

急于求战的曹魏将士们，只有暂时等待曹叡的指示了。

曹叡自然深知司马懿的意思，他立刻派遣卫尉辛毗为军事参谋，持节到前线慰劳将士。

辛毗将至前线指示是否开战决策的情报，也被蜀汉的探马截获了。

参谋姜维向诸葛亮表示："辛毗持节而来，看来司马懿是不会出战了吧！"

诸葛亮也感叹表示："的确如此，司马懿原本便无战心，他所以上奏表请示，不过是为了应付求战心切的部属罢了，兵法有云：'将在外，君命有所不受。'他如有意和我们一决雌雄，哪需要千里向皇帝请示呢？这不是反会贻误军机吗？"

诸葛亮派使节去见司马懿，探询接受巾帼衣饰的感想。这时候的司马懿已经完全冷静下来，他判断诸葛亮的健康一定出了问题，因此坦然地正式接见前来讥讽的蜀汉特使。他避开尴尬的军事不谈，很亲切地和特使们闲谈家常。

司马懿："诸葛丞相最近可好。他实在是个很认真、很了不起的人啊！"

由于闲聊的气氛相当融洽，使节们不知不觉中，透露出诸葛亮的健康情况：

"是啊！诸葛丞相工作非常辛苦，早起晚睡，责罚在二十板以上的案子，他都亲自审问，而且胃口愈来愈差，有时候一连好几天，都吃不下饭……"

使者回去以后，司马懿立刻召集军事会议。慎重地表示："对峙的时间不会太久了，诸葛孔明食少事繁，不可能再撑太久的。"

他下令各大军指挥官，坚守自己的阵营，绝不可出战，以等待诸葛亮不得不退军时，再加以追击。

·汉丞相归天·

诸葛亮的健康情形已有显著变化。前几年，从他连续有子女出生的情况看来，健康应该不会太差才对。而这两年没有战争，诸葛亮应该也不至于太紧张焦虑。

但到了七月底，即诸葛亮经常以葛巾羽扇出现在前线的时候，他的健康情况已明显恶化了。送出巾帼服饰讥讽的策略，的确是在焦虑下缺乏审慎的做法。

从诸葛亮的病势来看，他焦虑、忧心而咯血、食量减少，但却无咳嗽的记载，毛病应在胃部。诸葛亮高大雄伟，个性审慎冷静，一向颇注重养身之道，即使胃有毛病也不致如此快速恶化才是，因此他有可能罹患了胃癌。

七月初，他写了一封信给后主，表示自己健康情况不佳，希望后主刘禅多留心国事，心里要有所准备，显然诸葛亮已判断自己病情严重，有生命之虑了。

诸葛亮颇具科学头脑，对生理学也有相当研究，加上一向健康情形良好，如果是一般胃病，应不至于让他如此担心，而健康也不至于急速恶化。显然诸葛亮和他的军医们，对他的病情是完全束手无策的。

八月初，他写了一封密函，呈奏后主刘禅表示："臣若有不幸，后事可交付给蒋琬。"

他表示蒋琬有能力继续他的安定蜀汉、光复汉室工作，并希望刘禅早做安排，以免临时造成政治混乱。

刘禅接到这封密函，自然是吓坏了。

他立刻派尚书仆射李福，披星戴月赶赴五丈原前线探询诸葛亮的病况。

诸葛亮这时已完全不能起床了，他在病榻上和李福密商良久，向李福交代，自己受先帝刘备托付，眼见北伐大业未成，却因天命不得不离去，希望朝中大臣仍一本初衷，尽心辅佐王室，继续完成自己未竟之志业。并且要求李福转告后主，他去世以后，不必迁葬成都，直接安葬在前线的定军山即可，以象征自己马革裹尸、战死疆场的志向。

李福一一记下诸葛亮遗言，便迅速赶回成都复命。

接着诸葛亮召开本阵参谋会议，参加者为长史杨仪、司马费祎和护军姜维。没有大军将领参与，显然诸葛亮仍不愿让部署在五丈原的蜀汉大军，知道自己命在旦夕。从日后杨仪、费祎、姜维等人的行动看来，这次会议商讨的应属退军事宜。

几天后，李福再度匆匆赶来，他进入诸葛亮本营时，见到诸葛亮已经昏迷不醒，不禁痛哭表示："来迟了一步，是我误了国家大事。"

奇迹似的，或许弥留中的诸葛亮听到李福的哭声，回光返照地清醒了过来。

他看到李福，便表示："我知道你要问的事情，可以立刻承续我工作的人，是公琰（指蒋琬）。"

李福："公琰百年之后，又有谁承续呢？"

诸葛亮："文伟可也（指费祎）。"

李福："费文伟以后呢？"

诸葛亮默声不答，众人急视之，他已气绝了。

建兴十二年（234年）八月底，蜀汉一代俊杰——诸葛亮病殁于五丈原前线的军营中，享年五十四岁，从他出隆中茅庐以来，已历经了二十七年的岁月，就蜀汉丞相之职，也长达十四年。

据东晋人孙盛的《晋阳秋》记载："传说诸葛亮孔明去世当天，在北方芒角的位置，有颗巨大的赤色星，由东北向西南方向闪逝而过……"

诸葛亮突然急逝，天地也为其未竟之志向含悲吧！

唐朝诗圣杜甫，日后拜访武侯祠时，写下了《蜀相》这首传诵千古的名诗：

> 丞相祠堂何处寻，
>
> 锦官城外柏森森。
>
> 映阶碧草自春色，
>
> 隔叶黄鹂空好音。
>
> 三顾频烦天下计，
>
> 两朝开济老臣心。
>
> 出师未捷身先死，
>
> 长使英雄泪满襟。

蜀汉丞相诸葛亮的祠堂在哪里呢？成都府外锦官城边那有着茂盛柏树的地方。祠堂前的阶梯上长满碧绿的小草，显现着蓬勃的生命力。在柏树的叶荫中，轻轻传出黄鹂鸟的美妙歌声。

想起当年先主刘备三度拜访隆中草庐，探询争取天下的大规则。感其恩义，诸葛亮鞠躬尽瘁，连续效忠刘备父子两代，克尽老臣之心。征讨曹魏、光复汉室的军事行动尚未完成，身为主将的诸葛亮却病死军中，听到这样的事迹，长使后世英雄们为之感伤而落泪啊！